52 MANERAS DE CAMINAR

ANNABEL STREETS

52 MANERAS DE CAMINAR

Descubre sus beneficios físicos, emocionales y espirituales.

Traducción de Marta de Bru de Sala

DIANA

Obra editada en colaboración con Editorial Planeta – España

Título original: *52 Ways to Walk*

Bajo el sello editorial DIANA M.R.
Avenida Presidente Masarik núm. 111,
Piso 2, Polanco V Sección, Miguel Hidalgo
C.P. 11560, Ciudad de México
www.planetadelibros.com.mx

Diseño de portada: Planeta Arte & Diseño / Marilia Castillejos
Fotografía de la autora: © Del archivo de la autora
Ilustraciones del interior: © Alexis Seabrook

Primera edición impresa en España: abril de 2022
ISBN: 978-84-18118-98-2

Primera edición en formato epub en México: noviembre de 2022
ISBN: 978-607-07-9460-5

Primera edición impresa en México: noviembre de 2022
ISBN: 978-607-07-9449-0

Impreso en los talleres de Litográfica Ingramex, S.A. de C.V.
Centeno núm. 162-1, colonia Granjas Esmeralda, Ciudad de México
Impreso en México –*Printed in Mexico*

Para Hugo

ÍNDICE

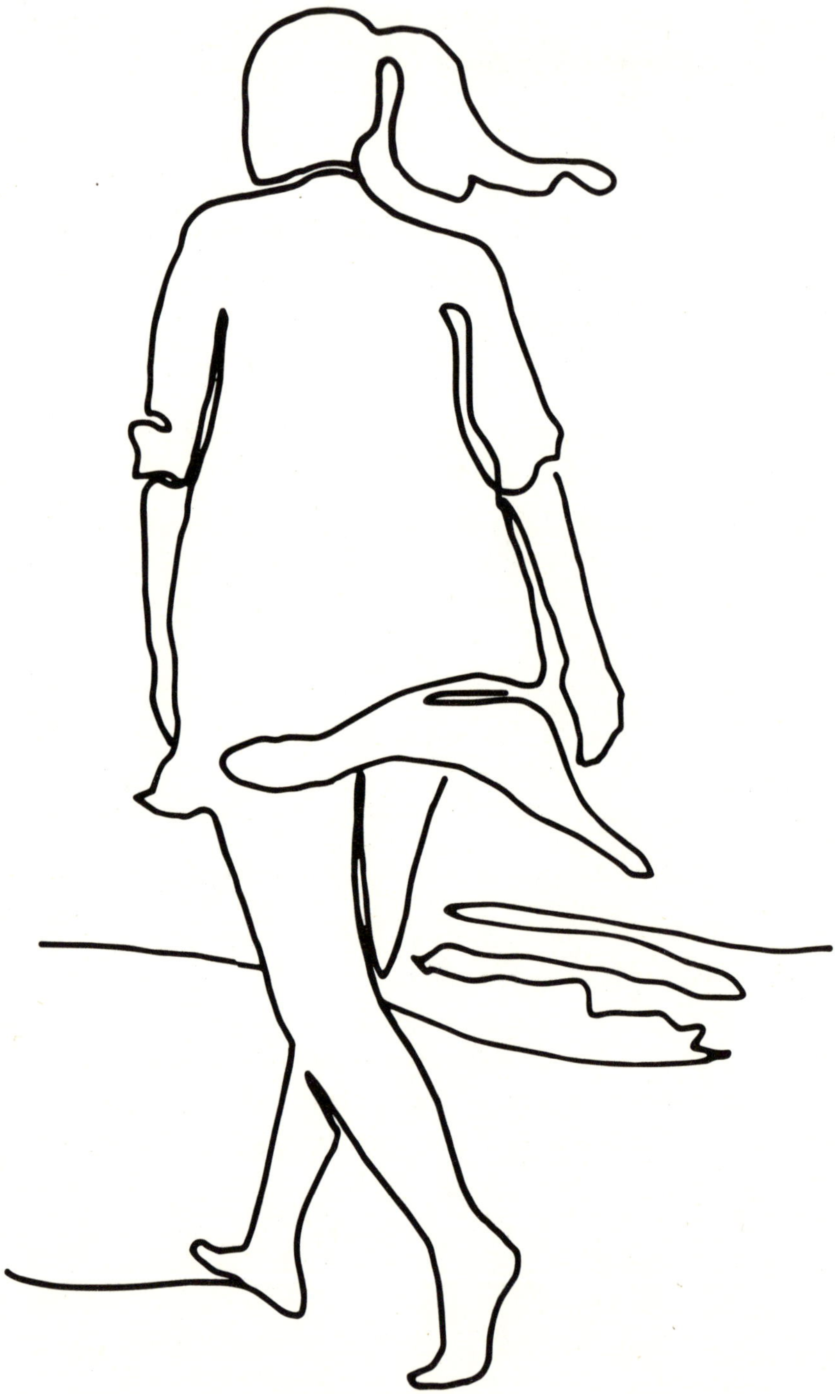

INTRODUCCIÓN

Cuando tenía veintitrés años y poco dinero en el bolsillo, aprendí a manejar y me compré un pequeño coche que vibraba. Me encantaba mi coche y a menudo lo conducía solo por el puro placer de hacerlo. Verás, cuando era pequeña, mi familia no tenía coche. Mi padre nunca tuvo uno y nunca aprendió a manejar. Mi madre finalmente decidió inscribirse en la escuela de manejo a los cuarenta años, pero reprobó orgullosamente el examen siete veces. Vivíamos en sitios recónditos y remotos donde el transporte público era, como mucho, impredecible y, como poco, inexistente. Si necesitábamos cualquier cosa, teníamos que caminar, normalmente kilómetros y kilómetros. Quizás esto explique por qué mi pequeño coche me hacía tan feliz.

Esta época de conducción coincidió con un trabajo de oficina. Y con el tiempo, ambos coincidieron con unos curiosos cambios en mi cuerpo (se volvió más redondeado, blando, dolorido, rígido y encorvado) y mi mente (estaba más ansiosa, inquieta e insatisfecha). También por aquel entonces me topé con un dato que me dejó atónita. Leí en el libro de Bill Bryson *Un paseo por el bosque* que el estadounidense medio solo camina 2.25 kilómetros a la semana.[1]

En aquel momento me di cuenta de lo drásticamente que había cambiado mi vida. Y es que, a decir verdad, yo no lo estaba haciendo mucho mejor: me subía al coche siempre que se me presentaba la oportunidad, me pasaba el día encorvada encima de un escritorio y me quedaba toda la noche tirada en el sillón. De repente, empecé a anhelar la vida que había perdido, la simple alegría de caminar, las interminables aventuras a pie y el aire puro. Decidí introducir más movimiento en mi vida, reoxigenarla.

Me impuse una norma a mí misma: nada de utilizar el coche excepto en casos absolutamente necesarios. En vez de manejar, caminaría. Durante los meses siguientes, me di cuenta de que la mayoría de los trayectos que hasta entonces había hecho en coche eran para ir a destinos ridículamente cerca de mi casa. ¿Por qué había ido en coche al supermercado si solo estaba a veinte minutos a pie? ¿O al dentista, que estaba a quince minutos andando? Y aún más ridículo, ¿por qué demonios había ido en coche al gimnasio para luego usar la caminadora o pedalear en una bicicleta estática?

También me di cuenta de otra cosa: al primer indicio de lluvia, viento, oscuridad, calor, hambre, aburrimiento o falta de compañía (por nombrar unas pocas de mis muchas excusas), mi pequeño coche me resultaba irresistiblemente atractivo. Así que me compré un perro y ropa impermeable; ya no podría utilizar el frío, la lluvia o la oscuridad como excusa para no caminar. Me acabó encantando pasear de noche, caminar empapada por la lluvia y llena de lodo, deambular después de cenar, subir montañas el fin de semana con el viento soplando, y seguir mis líneas ley. Caminar nunca me había resultado tan atractivo y emocionante.

Más adelante, aquejada de un dolor de espalda terrible debido a mi trabajo de oficina, me impuse una segunda norma: transformar todas las actividades sedentarias que pudiera en actividades a pie. Trabajaría caminando; me pasaría las vacaciones andando; aprovecharía la compra semanal para hacer *rucking* (es decir, caminar con una mochila llena);[2] en vez de sentarme a tomar un café con mis amigos nos lo tomaríamos dando un paseo... Pero tan solo escuché las mismas excusas que antes me decía a mí misma. Mis compañeros de trabajo rehusaron mi propuesta de hacer reuniones andando: demasiado viento/calor/frío/temprano/tarde. Mis amigos (algunos) y familiares (especialmente) reaccionaron de manera parecida: demasiado lejos/empinado/enlodado/pesado/aburrido... sobre todo aburrido.

Todo esto empezó a carcomerme: ¿Y si, paradójicamente, todas esas excusas en realidad fueran buenos motivos para caminar? Por aquel entonces ya estaba investigando y escribiendo con asiduidad sobre la relación entre caminar y la buena salud. No paraban de llegarme estudios a la bandeja de entrada sobre los increíbles beneficios que podemos obtener del movimiento y de la naturaleza (la luz del sol, la tierra, la nieve, el silencio, los olores) que confirmaban algunas de mis recientes sospechas. Empecé a llevar a cabo mis propios experimentos a pie: caminar a cierta altitud, por el bosque, descalza, de espaldas; caminar bajo la luz de la luna; seguir el curso de un río, rutas de peregrinación, fractales o mi propia nariz; cantar y bailar a cada paso; recoger basura, recolectar, practicar mindfulness, hacer caminatas rápidas, caminar en silencio... Caminar volvió a convertirse en la gran aventura de mi vida. Pero esta vez la ciencia me explicó cómo y por qué.

Los datos que existían sobre los efectos de caminar en la salud parecían indiscutibles: caminar con regularidad estaba ayudando a millones de personas a revertir la diabetes, a prevenir enfermedades cardíacas, a mantener a raya el cáncer, a reducir la presión arterial, a bajar de peso, a contrarrestar la depresión y la ansiedad, y mucho más. De hecho, un estudio concluyó que el ejercicio prevenía casi cuatro millones de muertes prematuras cada año,[3] una cifra considerada conservadora por algunos epidemiólogos, que creen que caminar podría estar evitando hasta ocho millones de muertes al año.[4] Otro estudio calculó que se pueden prevenir treinta y cinco enfermedades crónicas con la práctica de ejercicio físico.[5]

Porque resulta que cuando nos movemos se producen cientos de complejos cambios en el interior del cuerpo. Caminar tan solo doce minutos altera 522 de los metabolitos que tenemos en la sangre, es decir, las moléculas que afectan al latido del corazón, a la respiración pulmonar y a las neuronas del cerebro. Cuando caminamos, el oxígeno fluye por todo nuestro cuerpo y tiene un efecto en los órganos vitales, la memoria, la creatividad, el humor y la capacidad de pensar. Caminar hace que cientos de músculos, articulaciones, huesos y tendones se muevan en una secuencia elaborada y sencilla que nos impulsa hacia delante, pero también activa una infinidad de vías moleculares, ensancha el corazón, fortalece los músculos, alisa las paredes de las arterias, reduce el azúcar en sangre, y activa y desactiva los genes mediante un milagroso proceso llamado «modificación epigenética». Pero caminar no solamente enriquece nuestra propia salud, sino también la de las futuras generaciones. Se ha demostrado que hacer ejercicio durante los años reproductivos hace que los hijos sean más resistentes a las enfermedades,[6] y también que las mujeres embarazadas activas produzcan un compuesto en su leche materna que reduce el riesgo del bebé de sufrir diabetes, enfermedades cardíacas y obesidad durante toda su vida.[7]

Además, cada vez que optamos por caminar, reducimos la contaminación atmosférica y acústica. Impedimos que se dedique todavía más terreno a construir estacionamientos de hormigón y centros comerciales en las afueras. Cada vez que pedimos al gobierno y al ayuntamiento que creen más áreas peatonales y parques, que protejan los bosques y los pantanos, estamos ayudando a construir un mundo mejor para todos, ahora y en un futuro. Al caminar por la naturaleza, estrechamos vínculos con la tierra y nos preocupamos más por ella, desde sus pequeños insectos y líquenes hasta la grandiosidad de sus montañas y árboles. Y cuando nos preocupamos por algo, queremos conservarlo. Actualmente, nuestro espectacular mundo necesita que lo conservemos.

¿Y qué hay de nuestros pueblos y ciudades? También merecen que caminemos por ellos. Y también se enriquecen cuando caminamos en vez de manejar; se vuelven más limpios, agradables, tranquilos y seguros.

Hemos desterrado (literalmente) el acto de caminar de nuestras vidas. Y, sin embargo, nacimos para caminar. Y no solo durante unos pocos minutos en agradables días soleados y con tenis acolchados siguiendo un punto en Google, sino bajo lluvias torrenciales y vendavales, en subida y en bajada, en invierno y por la noche, de manera solitaria o en grupo, por bosques y junto a los ríos, buscando comida y siguiendo un olor, incluso caminando de espaldas y con los pies descalzos.

Es hora de reconsiderar el acto de caminar, de recuperarlo de nuestra memoria molecular. Caminar no es aburrido, y nunca lo ha sido. Puede que estemos atrapados en una rutina, yendo siempre por la misma ruta, a la misma hora del día, con la misma compañía. Pero hay cientos de maneras de caminar y cientos de motivos para hacerlo. Podemos emprender muchos caminos desde la puerta de casa, sin importar dónde vivamos o trabajemos, sumergiéndonos enseguida en una maraña mágica de fauna salvaje, geografía, geología, astronomía, historia, cultura y arquitectura.

Caminar no es simplemente contar pasos o hacer «ejercicio». Cierto es que tener una buena salud física y mental es una consecuencia bienvenida. Las alegrías que nos reporta caminar son infinitamente mejores que contar pasos. Tómatelo como si fuera una manera de descubrir pueblos y ciudades, de conectar con la naturaleza, de estrechar lazos con nuestros perros, de fomentar nuestras amistades, de encontrar fe y libertad, de rechazar el tráfico que contamina la atmósfera, de desarrollar el sentido del olfato, de satisfacer las ansias de luz de estrellas y oscuridad, de ayudarnos a apreciar el mundo exquisitamente complicado y hermoso que habitamos.

Espero que este libro te anime a redescubrir el placer, el misterio, el asombro y la emoción de caminar. Espero que, a través de estas cincuenta y dos maneras de caminar, ir a pie también se convierta en una actividad infinitamente interesante y eternamente gratificante para ti. Por último, espero de todo corazón que disfrutes de la felicidad y la salud que siempre, siempre acompañan la vida de un caminante.

CÓMO UTILIZAR ESTE LIBRO

Cada capítulo de este libro es una oportunidad para probar una nueva manera de caminar, y por eso los he organizado siguiendo el calendario anual, semana a semana. He intentado combinar cada capítulo con las condiciones meteorológicas o, en alguna ocasión, con eventos mundialmente conocidos. Pero lo más importante es que los he organizado de manera que puedas disfrutarlos según tus circunstancias y ganas, como si se tratara de un desayuno tipo bufet. Espero fervientemente que, al experimentar con distintas maneras de caminar, con distintos momentos del día, con distintas condiciones meteorológicas y con distintas rutas y ubicaciones, descubras algo nuevo, inesperado e incluso revelador.

Normalmente concebimos el acto de caminar como una actividad maravillosamente espontánea, algo que podemos hacer cuando queramos sin tener que planificarlo. Y, por supuesto, esa es una de las grandes alegrías que nos proporciona caminar. Simplemente podemos poner un pie fuera de casa y ponernos a caminar.

Pero, paradójicamente, es mucho más probable que ocurra algo inesperado y revelador si empezamos con un poco de planificación. Salir corriendo para disfrutar de un paseo invernal bajo la lluvia resulta infinitamente más fácil si tenemos el equipamiento adecuado y sabemos dónde lo tenemos guardado. Deambular bajo la luz de la luna resulta mucho más agradable si tenemos una ruta planificada, luna llena, un acompañante y el calzado adecuado. Salir a dibujar resulta casi imposible si no tenemos un cuaderno de dibujo ni un lápiz. Además, los estudios demuestran que es más probable que los caminantes que andan asiduamente tengan un horario fijado para ir a caminar que los que solo salen un momento a dar una vuelta. Así que antes de salir de casa a toda prisa, organízate: comprueba que tengas todo el equipamiento necesario y esboza un plan esquemático.

Busca en mapas, libros, aplicaciones y páginas de internet nuevos caminos, rutas de peregrinación, recorridos largos, líneas ley cercanas, senderos inexplorados, destinaciones tentadoras y demás. Toma nota de los que más te llamen la atención, sin olvidarte de anotar el tiempo previsto (calcula una hora para caminar tres kilómetros), el transporte y las opciones para estacionarse y comer.

Algunas maneras de caminar mencionadas en este libro requieren cierto equipamiento. Las excursiones nocturnas, las travesías de montaña y los paseos bajo la lluvia (por ejemplo) son más agradables si se hacen cómodamente. Y eso implica tener el equipamiento adecuado y en buen estado.

La mejor manera de comprobar la calidad de tu ropa impermeable (botas, chamarra con gorro y pantalones) es ponértelos en la regadera. Si el agua penetra, ponlos en la lavadora con un líquido impermeabilizante. Limpia e impermeabiliza tus botas de montaña y cambia las agujetas si hace falta.

Para salir en entornos urbanos, lo mejor son los zapatos cómodos. Para mí, esto significa unos tenis con una punta ancha y cuadrada, una suela delgada y flexible y un diseño de caída cero, es decir, que los dedos de los pies y el talón estén a la misma altura. Los zapatos demasiado pequeños pueden provocar entumecimiento e hinchazón en los pies porque cortan el flujo sanguíneo, mientras que los zapatos demasiado grandes pueden hacernos tropezar y trastabillar. Así que experimenta hasta dar con el calzado que mejor se adapte a ti.

Si caminas con tus tenis habituales, comprueba que no estén desgastados. Los estudios demuestran que los tenis viejos pueden afectar a la postura y el andar, además de acabar causando posibles lesiones.

Si te preocupa caerte, elige un calzado ligero, sin agujetas y con una suela de goma antideslizante para tener más agarre. Elijas el calzado que elijas, asegúrate de que sea cómodo, transpirable e impermeable si es necesario.

Para excursiones más largas o caminos por un terreno accidentado, necesitarás unas botas de montaña robustas (que no sean nuevas), con suelas resistentes y que cubran los tobillos. Y calcetines de senderismo de secado rápido, transpirables y antiampollas (si tienes tendencia a que te salgan ampollas). En mi caso, tengo calcetines de senderismo tanto para verano como para invierno que he ido comprando en las rebajas de final de temporada.

Si tienes intención de hacer excursiones de un día y quieres estar preparado para poder salir cuando quieras, ten una mochila pequeña preparada. Yo tengo la mía lista con unos cuantos curitas para las ampollas y toallitas antisépticas, un paquete de pañuelos de papel y un par de analgésicos, una botella de agua, un pequeño cuaderno de dibujo con un lápiz y una goma, unos binoculares ligeros, crema solar, un paquete de frutos secos y un dispositivo femenino para poder orinar de pie.

Ten preparado todo el equipamiento necesario para salir a dar una vuelta (lentes de sol, crema solar, gorro, guantes, paraguas, chamarra impermeable con gorro, llaves de casa, taza de café reutilizable, botella de agua, repelente de insectos, cualquier cosa que puedas necesitar). Déjalo en un mismo lugar fácilmente accesible, para estar preparado para aprovechar la luz del sol, la luz de la luna o la lluvia.

Para las excursiones invernales y las caminatas con viento es esencial tener capas de ropa térmica, guantes, gorro y calcetines gruesos; llevar un termo es un plus. Para los recorridos largos, plantéate llevar unos bastones de senderismo telescópicos, sobre todo si hay mucha pendiente, y asegúrate de que la mochila sea cómoda.

Dar a los niños su propia mochila (pequeña), llena de sus tentempiés favoritos, reducirá las quejas y el tener que cargarlos, persuadirlos y engatusarlos.

Si tienes pensado caminar por zonas donde se puede contraer la enfermedad de Lyme, asegúrate de llevar un repelente de insectos en la mochila.

Para salir a dar un paseo rápido cerca de tu casa, las bolsas pequeñas y las riñoneras te permitirán mantener el esqueleto alineado, una postura perfecta y los brazos libres para que se balanceen.

Cuando tengas la mochila preparada y un plan esquemático colgado en la pared, estarás listo para irte. No tendrás que consultar mapas u horarios de autobuses ni te faltará la chamarra impermeable con gorro, el termo o los curitas para las ampollas. Solo tendrás que elegir una semana y ponerte a leer. ¿No hay nada bueno en la televisión? Ve a la «Semana 42: Caminar después de comer» (p. 207) y cambia una noche de películas y sillón por ir a dar una vuelta después de cenar para mejorar la salud. ¿Te cuesta dormir? Echa un vistazo a la «Semana 50: Caminar por un bosque perenne (para dormir bien)» (p. 242) y descubre cómo tienes que caminar para tener un sueño más profundo. ¿Las inclemencias del tiempo te están disuadiendo de ir a dar una vuelta? Ve a la «Semana 12: Caminar bajo la lluvia» (p. 71) y explora los alucinantes beneficios que ofrece salir con lluvia. ¿Tienes los ojos secos y doloridos de pasar tantas horas delante de una pantalla? Ve a la «Semana 8: Caminar con visión panorámica» (p. 53) para saber más sobre el milagro de la visión panorámica que se produce cuando caminamos. ¿Estás demasiado cansado para caminar? Echa un vistazo a la «Semana 4: Solo un paseo lento» (p. 36), en la que investigo las impactantes ventajas de pasear despacio. Supongo que ya te vas haciendo a la idea...Así que, levántate, sal y ¡ponte a caminar!

SEMANA 1

Caminar con frío

Elizabeth Carter, escritora y aficionada a caminar del siglo XVIII, afirmaba que sus paseos favoritos eran los que daba entre «los rugidos del viento y las nevadas torrenciales».[1] Los gustos de Carter no eran tan inusuales como cabría esperar. A lo largo de los años, cientos de caminantes han expresado su amor inquebrantable por los paseos con vendavales helados en pleno invierno glacial. En el sorprendente relato que Christiane Ritter escribió sobre su vida en el círculo polar ártico,[2] describe sus paseos diarios a temperaturas de –35 °C: «Salgo cada día a dar mi paseo... Doy vueltas mecánicamente, diez, veinte vueltas, con los ojos cerrados alrededor de las cornisas de nieve irregulares y duras como el acero que ya conozco de memoria». Mientras caminaba rumbo a Lhasa en 1924, la exploradora Alexandra David-Néel (conocida por haber conseguido dominar una antigua práctica meditativa llamada *thumo reskiang* para entrar en calor) quedó tan impresionada por «la inmensa capa de nieve..., un lienzo inmaculado» que se quedó sin palabras. Posteriormente, después de caminar arduamente durante kilómetros y kilómetros con la nieve hasta la rodilla, declaró que aquello era «un paraíso».[3]

Aun así, para muchos de nosotros, el invierno es el momento en que decidimos no salir a pasear, ya que preferimos quedarnos en casa secos y calentitos. Pero ¡es un gran error! Décadas después de que Carter, Ritter y David-Néel se rindieran ante el frío, los científicos por fin han conseguido desentrañar los extraordinarios cambios que se dan en el cuerpo y el cerebro cuando nos encontramos en un ambiente «moderadamente» frío. Por supuesto, el hielo, la nieve y el frío se han utilizado para sanar durante siglos: los manuscritos egipcios hacen referencia al uso de agua fría para reducir la inflamación, los monjes británicos utilizaban hielo como analgésico, y un médico europeo del siglo XIX llamado James Arnott utilizaba sal y hielo picado para reducir el dolor de los tumores cancerosos y los dolores de cabeza.[4]

Avancemos hasta el año 2000 en Japón, cuando se llevó a cabo uno de los primeros experimentos modernos para intentar comprender las complejidades del frío.[5] Los investigadores identificaron dos grupos de mujeres caminantes: un grupo llevaba una falda larga que cubría cada centímetro de la pierna y el otro llevaba minifalda, dejando al descubierto las piernas desde el tobillo hasta el muslo. Esas mujeres accedieron a llevar el mismo tipo de falda durante un año entero y permitieron que les examinaran las piernas con regularidad. A finales del invierno, las resonancias magnéticas revelaron que las piernas de las mujeres que llevaban minifalda habían adquirido una capa extra de grasa. Sin embargo, las piernas de quienes llevaban falda larga no sufrieron ningún cambio. Eso no significa que la exposición al frío nos haga engordar, sino todo lo contrario, según estaban a punto de descubrir los científicos.

Por aquel entonces, se creía que únicamente los mamíferos que hibernaban y los bebés tenían una capa protectora de grasa parda, a pesar de que algunos estudios emergentes indicaban que algunos adultos (como las personas que trabajan al aire libre en Escandinavia) también podían tener bolsas de esa grasa escondidas bajo la piel. Pero tuvo que pasar una década para que unos investigadores estadounidenses descubrieran la extraordinaria verdad sobre la grasa parda (a veces también llamada «tejido adiposo pardo»), la grasa inducida por el frío que adquirieron las japonesas que llevaban minifalda.[6]

A pesar de su desafortunado nombre, la grasa parda no tiene ninguno de los lípidos dañinos asociados con el exceso de grasa blanca o amarilla. De hecho, tener grasa parda es la manera más eficiente de quemar grasa, incluso más que en el caso del tejido muscular. Esto explicaría por qué las personas delgadas y activas suelen tener más grasa parda que aquellas más voluminosas y sedentarias.

Pero el descubrimiento más espectacular se produjo cuando los investigadores analizaron la grasa parda y se dieron cuenta de que estaba llena de mitocondrias, las pequeñas fábricas que tenemos dentro de las células para convertir la comida que comemos y el oxígeno que respiramos en una forma de energía llamada «trifosfato de adenosina» (ATP). El ATP contribuye a todos los procesos celulares de nuestro cuerpo. La función de la grasa parda es mantenernos calientes y respirando (es decir, vivos), cosa que explicaría por qué la exposición al frío estimula su crecimiento; esta incrementa el metabolismo, regula el apetito, mejora la sensibilidad a la insulina y detiene la muerte prematura de las células.

La grasa parda es capaz de hacer todo eso gracias a la producción de unas moléculas llamadas batocinas, que nos ayudan a conservarnos de distintas maneras. Por ejemplo, las batocinas estimulan la producción de folistatina, una proteína que fortalece los músculos. Las batocinas también incrementan la presencia de un compuesto llamado IGF-1, que incentiva el crecimiento de todas las células, lo que significa —explicado de manera muy simplificada— que nuestro cuerpo es más capaz de repararse a sí mismo, lo que explicaría por qué un estudio de 2021 concluyó que es mucho menos probable que las personas con unas buenas reservas de grasa parda sufran hipertensión, insuficiencia cardíaca congestiva y enfermedad de las arterias coronarias.[7] No es de extrañar que los científicos estén dando saltos de alegría ante las posibilidades terapéuticas que tiene la grasa parda.

Caminar a paso ligero cuando hace frío no solo nos mantiene las células sanas y el cuerpo esbelto y musculoso, sino que también consigue que nuestro cerebro funcione adecuadamente. Los estudios sugieren que pensamos con más claridad cuando hace frío que cuando hace calor. Nuestro cerebro funciona gracias a la glucosa, por lo que cuando tenemos los niveles de glucosa bajos, se nos empieza a aletargar. Gastamos más glucosa para enfriarnos que para calentarnos, lo cual podría explicar por qué algunos de nosotros sentimos que se nos nubla la cabeza cuando hace calor, pero estamos totalmente alertas cuando hace frío. Un estudio de 2017 de la Universidad de Oxford concluyó que los seres humanos pensamos de manera más decisiva, tranquila y racional a baja temperatura que a alta temperatura, unos resultados en línea con los de un estudio de 2013 que concluyó que el clima cálido no solo perjudica la capacidad de las personas de tomar decisiones complejas, sino que también provoca que, de entrada, sean más reticentes a comprometerse con la decisión tomada.[8]

Pero no hace falta que pasemos frío para mejorar nuestra capacidad cognitiva: el simple hecho de mirar fotografías de entornos fríos provoca que nuestro cerebro funcione con más rigor. Cuando unos investigadores israelíes repartieron entre los sujetos de estudio una serie de pruebas cognitivas intercaladas con imágenes de paisajes invernales, veraniegos o neutros, observaron que estos sacaban una puntuación más alta cuando tenían imágenes invernales dentro de su visión periférica.[9]

El frío, con moderación, también es beneficioso para nuestra salud mental. Un estudio realizado por estudiantes polacos concluyó que pasar quince minutos en un bosque frío y sin hojas tenía «sustanciales efectos emocionales, vigorizantes y revitalizantes», por lo que la naturaleza puede hacernos sentir rejuvenecidos tanto durante el inhóspito invierno como durante la frondosa primavera.[10]

Por último, parece ser que pasar un poco de frío reduce la sensación de estrés. Un artículo de la Universidad de Luxemburgo de 2018 concluyó que aplicar frío repetidamente en el cuello de los voluntarios activaba su sistema nervioso parasimpático (relajante), reduciendo y estabilizando así su ritmo cardíaco, por lo que dedujeron que una dosis de frío sensata podría ser más relajante de lo que inicialmente se creía.[11]

Toda esta información no debería hacernos llegar a la conclusión de que tenemos que vivir una vida miserable y pasar frío adrede, sino que debería servirnos para ver los meses más fríos como un momento excepcionalmente bueno para caminar. El paisaje cambia: ¿A quién no le gusta contemplar el paisaje que se puede entrever entre las ramas de los imponentes árboles pelados? ¿O la geometría monocroma de las líneas y las formas? Resulta más fácil avistar pájaros en invierno. Se nos agudiza el cerebro, se pone totalmente en alerta. Nuestra beneficiosa grasa parda entra en acción. Y encima mejoramos la resistencia: cuando estamos a baja temperatura, el corazón trabaja menos y también sudamos menos, es decir, nuestro cuerpo funciona de manera más eficiente.[12]

Consejos

¿Cuánto frío tiene que hacer? No mucho... La grasa parda se activa a una temperatura moderadamente fría, en torno a los 16 °C, según Wouter van Marken Lichtenbelt, el fisiólogo e investigador de la grasa parda.[13]

¿Durante cuánto tiempo deberíamos caminar? Tanto como queramos, si bien un estudio llegó a la conclusión de que tenemos que hacerlo dos horas exponiéndonos a un frío moderado si queremos activar la conversión de grasa blanca (mala), sobre todo en el abdomen y los muslos, en grasa parda (buena).

¿Odias el frío? Un gran número de estudios demuestran que cuanto más nos exponemos al frío, menos intimidante e incómodo nos resulta debido a un proceso llamado «habituación». Abrígate bien e incrementa la longitud de tus paseos poco a poco.

¿Tienes miedo de que el aire frío te agrave las alergias y el asma? Cada vez tenemos más evidencias que sugieren que, en realidad, realizar ejercicio en invierno tiene el efecto contrario, es decir, reduce las inflamaciones alérgicas de las vías respiratorias y mejora los síntomas respiratorios en muchos adultos.[14]

Vístete por capas para que no tengas ni demasiado calor ni demasiado frío. Normalmente, las manos, los pies y la cabeza se enfrían antes, ya que la sangre fluye hacia nuestros órganos vitales para mantenerlos calientes. Así que ponte guantes de lana, calcetines gruesos y un gorro. Si tienes suficiente calor, deja los antebrazos al descubierto para obtener vitamina D, y también el cuello para activar la grasa parda (que normalmente se encuentra bajo la piel del cuello y la clavícula, según Ronald Kahn, profesor de medicina en la Harvard Medical School).[15]

Llévate un termo lleno de alguna bebida caliente. Es bastante frecuente deshidratarse sin saberlo cuando hace frío.

Un termo de café te ayudará a activar la grasa parda, ya que la cafeína, al igual que el ejercicio y el frío, estimula la producción de grasa parda.

Caminar cuando hay un gran grosor de nieve puede resultar agotador, por lo que te recomiendo utilizar raquetas de nieve, una excelente opción para realizar recorridos largos por la nieve.

¿Te preocupa resbalarte con el hielo? Asegúrate de que tu calzado tenga el mejor agarre o la mejor tracción posible. Camina poco a poco y de lado cuando bajes por escaleras y pendientes. Utiliza bastones de senderismo. Los brazos nos ayudan a mantener el equilibrio, y con las manos podemos evitar caernos, así que no te metas las manos enguantadas en los bolsillos.

El frío no es la cura y la hipotermia puede matar, así que utiliza ropa y calzado adecuados y camina tan enérgicamente como puedas (véase «Semana 2: Mejorar la marcha»).

SEMANA 2

Mejorar la marcha

Un joven admirador le dijo a la filósofa francesa Simone de Beauvoir que le gustaba su manera de caminar, y ella no olvidó nunca ese cumplido. Nuestra manera de caminar, nuestra marcha son un reflejo de quiénes somos y cómo estamos. Tras observar cómo caminaban quinientas personas, unos investigadores canadienses lograron identificar (con una impresionante tasa de precisión del 70 %) cuáles de estas personas sufrían un deterioro cognitivo temprano, siguiendo la misma línea que otros estudios anteriores que sugerían que nuestra manera de caminar a la edad de cuarenta y cinco años es un indicador de la probabilidad de sufrir alzhéimer. Simplemente observando la marcha de una persona, explica Manuel Montero-Odasso, los expertos en la relación entre la movilidad y el deterioro cognitivo «podemos ayudar a diagnosticar distintos tipos de enfermedades neurodegenerativas».[1] En otras palabras, nuestra manera de caminar es un reflejo de lo bien que funciona nuestro cerebro y puede indicarnos qué nos depara el futuro.

Los científicos todavía no saben si son los cambios en el cerebro lo que afecta a la marcha o si son los cambios en esta lo que afecta al cerebro. En cualquier caso, deberíamos prestar atención a nuestra manera de caminar. Aun así, ¿cuántos de nosotros lo hacemos? Poner un pie delante del otro e impulsarnos hacia delante es el movimiento más simple y natural, y lo aprendemos desde la infancia. Pero también es un acto de una complejidad inimaginable, ya que requiere equilibrio, coordinación, fuerza y la activación de cientos de neuronas. Al caminar, movemos casi todos los músculos y huesos del cuerpo, todos ellos sincronizados en una extraordinaria secuencia de movimientos que ninguna máquina ha sido capaz de replicar.

Tener un estilo de vida que implica pasar gran parte de nuestro tiempo pegados a la computadora en espacios interiores hace que nos resulte más complicado caminar con la eficiencia y la gracia natural de nuestros antepasados. Nuestro cuerpo ha perdido gran parte de su fuerza, equilibrio y agilidad debido a que llevamos los pies metidos en zapatos a la moda, a que nos pasamos el día encorvados encima de una computadora y la noche sentados en el sillón. Así pues, los pies se ladean, se tambalean y se vuelven pesados, y apenas usan sus 159 huesos, músculos y articulaciones.

Pero ¿de verdad eso es tan importante? Podría decirse que sí. Tener una marcha deficiente afecta directamente a la manera en que nos movemos, es decir, nos impide experimentar la plena libertad (y los placeres) que acompañan a una zancada ligera y fluida. Y tampoco nos deja disfrutar de todos los efectos psicológicos. La científica del deporte Joanna Hall está convencida de que nuestro estilo de vida actual perjudica nuestra manera de andar. Pasar tanto tiempo sentados nos acorta y agarrota los músculos flexores de la cadera y provoca que el estómago descienda. Estar encorvados sobre el escritorio y la computadora nos obliga a hacer sobresalir el cuello y la cabeza hacia delante de una forma poco natural, lo que provoca que la columna vertebral se vuelva más rígida y los músculos de la espalda tengan movimientos más restringidos. Estar encorvado hacia delante hora tras hora debilita los pequeños músculos posturales que controlan la curvatura de la columna vertebral, lo que causa dolor en la parte inferior de la espalda.

Por otra parte, el hecho de caminar con unos zapatos inadecuados ha provocado que los dedos de los pies se contraigan y los músculos de los pies se vuelvan más rígidos, por lo que pisamos el suelo con la planta del pie completamente plana y pesada (lo que Hall denomina «pisada pasiva») en vez de con la planta del pie mullida y ondulante (una «pisada activa»). Y al pisar el suelo sin utilizar toda la envergadura del pie nos arriesgamos a desalinear la pelvis. «Debemos aprender a utilizar los músculos adecuados de la manera adecuada en el momento adecuado», me dijo mientras me ayudaba a enmendar mi manera de caminar.

Hall, que se ha pasado los últimos veinticinco años ayudando a la gente a caminar tal y como su cuerpo debería marchar, recomienda reaprender a caminar para evitar lesiones y no cargar las articulaciones, así como para conseguir caminar más deprisa y durante más tiempo.[2] Los estudios llevados a cabo en la London South Bank University observaron que tras un mes caminando con plena amplitud de movimientos, los sujetos mostraron un aumento en la velocidad y una mejor alineación del esqueleto.[3] Entre los consejos de Hall figuran los siguientes:

- Impulsarnos desde la parte trasera del pie, utilizando así todos los músculos de la parte trasera de la pierna.
- Levantar cada pie del suelo empezando por el talón y terminando por la punta, utilizando todos los dedos del pie para impulsarnos hacia delante.
- Alzar las costillas y la parte inferior de la columna vertebral para activar los músculos abdominales y crear espacio en el área del torso.
- Alargar y enderezar el cuello, lo que permite a la columna vertebral moverse libremente mientras caminamos y a la vez contrarresta la rigidez que se produce al pasar muchas horas encorvado sobre una computadora.
- Balancear los brazos con libertad desde los hombros, utilizando los codos para propulsarnos hacia delante (no como hacían en los ochenta al practicar la marcha rápida, sino más bien como si fueran un par de péndulos articulados con soltura). Las manos deberían estar relajadas, no cerradas en un puño.

Los médicos de la Harvard Medical School aconsejan fijar la vista entre tres y seis metros más adelante y bajar los ojos en vez de la cabeza en caso de tener que mirar al suelo (mantener la cabeza erguida reduce la probabilidad de tener dolor de cuello). También recomiendan rotar ligeramente la cadera, ya que afirman que «girarla un poco puede aumentar la potencia de la zancada», y que procuremos no dar zancadas muy largas, añadiendo que hay que «centrarse en dar pasos más cortos, pero en mayor cantidad».[4]

Evidentemente, puedes caminar como te plazca sin hacer ningún cambio. Pero según Hall, «tener una buena técnica reduce la probabilidad de sufrir rigidez en las articulaciones y la columna vertebral». En la misma línea, la Harvard Medical School afirma que los malos hábitos que tenemos arraigados en nuestra manera de caminar pueden revertirse fácilmente («con un poco de esfuerzo») para evitar lesiones, para conseguir que caminar sea más beneficioso para la salud, además de más agradable.

Tener una buena marcha significa que podemos caminar más deprisa si así lo queremos. Caminar a cualquier velocidad resulta beneficioso; incluso hay circunstancias en las que es mejor caminar despacio (véase «Semana 4: Solo un paseo lento», p. 36, y «Semana 42: Caminar después de comer», p. 207). Sin embargo, varios estudios sugieren que caminar a paso ligero, es decir, entre seis o siete kilómetros por hora o 100-130 pasos por minuto, nos aporta beneficios adicionales. Un estudio de 2019 descubrió que las personas que caminan a paso ligero viven más que las que caminan despacio, y concluyó que caminar a un paso más rápido significa tener «un menor riesgo en un amplio abanico de importantes problemas de salud».[5] Si caminamos a buen ritmo, podemos realizar nuestro ejercicio diario mientras vamos a pie a la escuela, al trabajo o a comprar.

Mejorar la marcha también implica poder caminar seguido durante más tiempo. Los estudios sugieren que caminar durante un largo período de tiempo resulta particularmente beneficioso para reducir la grasa corporal y mejorar el humor.[6] Si somos capaces de caminar sin problemas durante horas y horas, se multiplican exponencialmente las oportunidades que tenemos para caminar. Podemos realizar excursiones largas (véase «Semana 36: Caminar con una mochila», p. 180), hacer una peregrinación (véase «Semana 40: Caminar como un peregrino», p. 198), seguir un río desde su nacimiento hasta el mar (véase «Semana 17: Seguir un río», p. 93), o simplemente caminar por una ruta que ya hayas hecho en coche.

Y aún hay otro motivo más para que te animes a reaprender a caminar. Cuando nos movemos correctamente, con la gracia y el vigor innatos de nuestro cuerpo, nos sentimos más felices y seguros de nosotros mismos. Como si la recién descubierta ligereza de nuestras extremidades se extendiera hasta nuestro cerebro y nos liberara de las preocupaciones y limitaciones cotidianas.

Consejos

Evalúa tu propia manera de marchar, realiza los ajustes necesarios y practica de una en una las recomendaciones mencionadas más arriba. Deberías sentir más ligereza y una postura más erguida, y notar que caminas a un ritmo un poco más rápido.

Pídele a un amigo que observe tu marcha, tu postura y tu alineación, o grábate caminando y analízate tú mismo.

Recuerda que el calzado puede afectar a tu marcha. Invierte en zapatos cómodos de tacón bajo, de tu talla, y que sean apropiados para el tipo de salida que quieras realizar.

El tipo de mochila que elijas también puede afectar a tu marcha. Opta siempre por llevar una mochila en la espalda o una riñonera.

Los bastones de senderismo pueden ayudarte con la postura y la marcha. Prueba a caminar con un par ajustados a tu altura.

Si necesitas ayuda con tu forma de marchar, busca un entrenador especializado en marcha o tutoriales en internet.

SEMANA 3

Caminar, sonreír, saludar y repetir

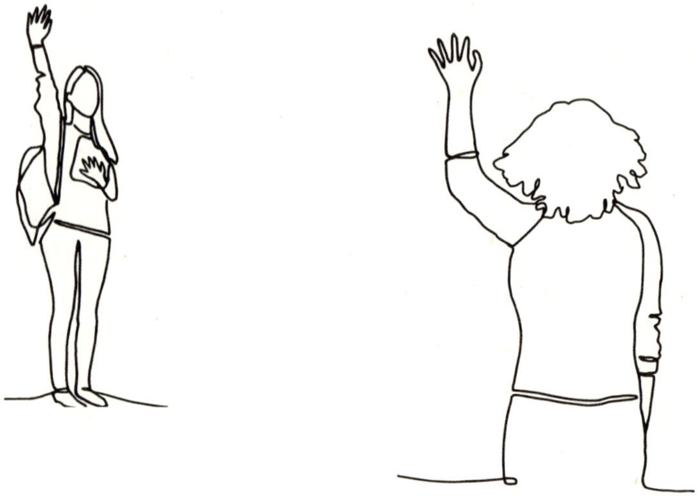

En 2005, el doctor Cliff Arnall, un psicólogo británico, declaró que el lunes de la tercera semana de enero es el día más triste del año. Según él, la combinación del mal tiempo, las noches oscuras, los propósitos de Año Nuevo fallidos y las deudas tras las Navidades culmina en el día de la depresión mundial colectiva, el *Blue Monday* o «lunes triste».

Arnall aconseja que nos preparemos con antelación para la llegada de las Navidades. Sin embargo, personalmente considero que dar un paseo por el vecindario puede resultar mucho más efectivo. Al caminar, nos exponemos a la posibilidad de encontrarnos con otra gente. Saludar a los demás (sean vecinos o desconocidos) con una sonrisa nos hace sentir mejor, tanto mental como físicamente, y eso garantiza que regresaremos a casa contentos en vez de irritables, de buen humor en vez de malhumorados. No hace falta que mantengamos una conversación, basta solamente con sonreír.

Durante varios años, los psicólogos especularon con que el simple acto de sonreír podía hacernos cambiar de humor, aunque no estaban seguros de cómo ni por qué. Utilizaban frases como «finge hasta lograrlo» para recordarnos que incluso una vulgar sonrisa puede mejorar nuestra sensación de bienestar.

Un estudio de 2020 de la University of South Australia confirmó que con el simple hecho de sonreír (aunque sea una sonrisa forzada) podemos engañar a nuestro cerebro y sentirnos más alegres.[1] Pidieron a los participantes que sujetaran un bolígrafo entre los dientes, lo cual forzaba a sus músculos faciales a esbozar algo parecido a una sonrisa. Por lo visto, cuando nos obligamos a sonreír, estimulamos el cerebro para que libere neurotransmisores que hacen que nos sintamos más positivos, justo lo que les ocurrió a los participantes de ese experimento, que no solamente afirmaron estar más animados, sino que también percibieron que lo que tenían a su alrededor (incluyendo a los demás) también estaba más animado. Su sonrisa forzada consiguió cambiar eficazmente su percepción del entorno.

Al hablar de este ejercicio, no me gusta pensar que tenemos que fingir o forzar una sonrisa, sino más bien activarla. Cuando activamos una sonrisa, se produce una reacción neurológica que nos pone de buen humor y hace que todo parezca menos aprensivo. Aunque activar una sonrisa pueda parecer, de buenas a primeras, un poco artificial, mi propia experiencia me ha enseñado que enseguida se convierte en un acto completamente natural. Intercambiar sonrisas con los transeúntes es una de las maneras más rápidas de transformar una sonrisa activada en una genuina. Los estudios del psicólogo Eric Wesselmann concluyeron que estos breves momentos de conexión son tremendamente importantes y nos ayudan a aumentar el sentimiento de pertenencia.[2] En los estudios de Wesselmann, los participantes que habían sido saludados por otros participantes (ya fuera con una sonrisa, un movimiento de cabeza o estableciendo contacto visual) declararon tener una autoestima mayor que quienes fueron ignorados.

Otros estudios han concluido que las personas que reciben un saludo se sienten más incentivadas a sonreír y saludar a los demás. Es decir, se crea una especie de efecto cascada que puede ayudar a muchos de nosotros a empezar el día con un poco más de optimismo y esperanza.

Sonreír (o caminar sujetando un bolígrafo entre los dientes si es necesario) no es la única manera de quitarte de encima un humor de perros o un vacío acechante. Otros estudios han concluido que los participantes que corrigieron su postura corporal o introdujeron nuevos gestos, por ejemplo, se sintieron más confiados y resueltos. Un estudio de 2009 de la Ohio State University concluyó que cuando los sujetos mejoraban su postura se sentían más inclinados a creer en sí mismos,[3] mientras que un estudio de 2018 de la San Francisco State University observó que los estudiantes con una postura erguida sacaban mejores calificaciones en los exámenes de matemáticas que los estudiantes que iban encorvados.[4]

Caminar, saludar y sonreír sirve para mucho más que para ponernos de buen humor. Tal y como Antonia Malchik explica en su imprescindible libro *A Walking Life*, prestar atención y saludar a los demás mientras paseamos es una de las maneras en las que los seres humanos hemos construido capital social a lo largo de la historia. Platicar mientras andamos es una de las maneras más efectivas de estrechar lazos dentro de una comunidad. Y estudio tras estudio demuestran lo importante que es para nuestro bienestar formar parte de una comunidad, tanto durante el *Blue Monday* como en cualquier otro día del año.[5]

Consejos

Prioriza siempre tu seguridad. Saluda o sonríe solamente a los desconocidos que estés seguro de que no vayan a malinterpretarte. Las personas que sacan a pasear el perro por la mañana bien temprano suelen ser muy simpáticas (y en general no presentan ningún riesgo).

Una vez te hayas puesto cómodo, alza las comisuras de los labios, sal a pasear, saluda a los transeúntes con una amplia sonrisa y aléjate de la irritabilidad, las dudas, la decepción, la derrota...

Las técnicas para caminar de la «Semana 2: Mejorar la marcha» (p. 27) te darán la confianza necesaria para sonreír y saludar. Echa los hombros hacia atrás, mantén la cabeza erguida, el mentón alzado y los brazos balanceándose precisamente por el mismo motivo: el cuerpo puede engañar al cerebro para que libere neurotransmisores que nos levantan el ánimo.

SEMANA 4

Solo un paseo lento

Hace dos años me rompí un hueso del pie. Después de que me hicieran una radiografía en el hospital local, me mandaron a casa con la pierna en alto. Me compré una montaña de libros y me acomodé en el sillón durante unas cuantas semanas. Al cabo de unos días, la traumatóloga me llamó para saber si ya caminaba mejor. «¿Caminar? —farfullé por teléfono—. Pero ¡si no puedo caminar!». Con voz tranquila y segura me dijo que me levantara, me pusiera el zapato ortopédico y me pusiera a caminar. «Solo un paseo lento», me dijo, enfatizando que podía utilizar muletas o un bastón, hacer varios descansos y moverme tan lentamente como quisiera. Fuera como fuera tenía que caminar, no había vuelta de hoja. «Tómatelo como si fuera un lujo —añadió—. ¿Cuántas veces nos damos permiso para caminar despacio?».

Aunque ir a paso ligero es la manera de caminar más elogiada por sus beneficios para la salud en general, a veces caminar despacio puede llegar a ser igual de efectivo. Los estudios recientes sugieren que dar un paseo lento cada día, incluso haciendo varios descansos por el camino, puede tener efectos positivos a largo plazo, y no solo para las personas con huesos rotos.

Cuando los investigadores estadounidenses descubrieron que las crías de ratón con madres activas tenían una mejor salud a largo plazo que las crías con madres sedentarias, decidieron replicar el experimento en seres humanos. Siguieron a ciento cincuenta mujeres durante el embarazo y el inicio de su maternidad mediante unas pulseras de actividad. Los análisis regulares de su leche materna revelaron que cuantos más pasos daba la madre, más cantidad de un compuesto llamado 3'-SL (oligosacárido 3' sialilactosa) producía. Se cree que consumir leche rica en 3'-SL reduce las probabilidades de que el bebé desarrolle diabetes, problemas cardíacos y obesidad de por vida. Otros artículos sugieren que un alto consumo de 3'-SL también mejora la capacidad futura del bebé de aprender, centrarse y recordar.[1] Pero lo que más sorprendió a los investigadores fue la poca importancia que tenía la «intensidad» del ejercicio realizado. Un paseo lento diario ya era suficiente para incentivar la producción de 3'-SL en la leche materna.[2]

En cuanto a la gente mayor con dificultades para caminar, los estudios sugieren que, más que guardar las botas de montaña, lo que deberían hacer es adaptar y modificar su manera de caminar. Un estudio realizó un seguimiento a treinta y seis mil adultos de más de cuarenta años durante casi seis años, registrando la cantidad, el tipo y la frecuencia del ejercicio que realizaba cada individuo. Los resultados mostraron que cualquier nivel de actividad, sin importar la intensidad a la que se realice, se asocia a un «riesgo sustancialmente menor de muerte».[3] Con un paseo lento al día ya es suficiente.

Los científicos del deporte creen que la perseverancia es vital y que prácticamente todo el mundo puede dar un paseo lento, tanto si estás en el último trimestre de embarazo, tienes noventa años o te estás recuperando de una lesión. La clave está en modificar la manera de caminar. Un grupo de investigadores finlandeses descubrió que las personas mayores que seguían recorriendo largas distancias, pero con la ayuda de bastones de senderismo, a un ritmo más lento y con descansos frecuentes por el camino, eran más independientes y tenían mejor salud mental y física que quienes habían dejado de caminar alegando que les resultaba demasiado difícil o duro.

Sabemos que el mero hecho de estar sentados una sola hora disminuye la circulación sanguínea de las piernas al corazón hasta un 50 %, lo cual afecta a los niveles de colesterol y pone en riesgo la salud cardíaca y metabólica. Pero un grupo de investigadores estadounidenses afirma que dar un paseo lento de cinco minutos cada hora puede revertir esos daños. Cuando se pedía a un grupo de hombres que caminaran durante cinco minutos cada hora a una velocidad de 3.25 km/h, se observaba que el hecho de que hubieran estado sentados durante un largo período de tiempo dejaba de ser perjudicial para su salud. «Realizar actividad física de baja intensidad resulta de ayuda», concluyó el equipo de investigación.[4]

Un equipo de la Maastricht University llegó a unos resultados muy parecidos al realizar un experimento con dieciocho estudiantes. Quienes caminaron durante más tiempo pero a menor velocidad presentaron unos niveles significativamente más bajos de colesterol y triglicéridos y unas cifras de insulina más saludables que los estudiantes que pedalearon como locos durante una hora pero luego se pasaron el resto del día sentados delante del escritorio. En vista de esos resultados, el profesor Hans Savelberg supuso que quizás los paseos lentos y largos fueran más beneficiosos que correr poco tiempo pero con mucha intensidad, y añadió que lo más importante es que reduzcamos el tiempo que pasamos sentados.[5] Otros estudios sugieren que si tenemos sobrepeso, los paseos lentos y largos pueden resultarnos más beneficiosos, ya que queman más calorías pero ponen menos presión sobre las articulaciones; en este sentido, un estudio reveló que caminar sin prisas a 3.25 km/h en vez de a paso ligero a 6.5 km/h reduce la carga de las articulaciones de la rodilla hasta un 25 %.[6] Otro estudio con sujetos de mediana edad concluyó que dar ocho mil pasos sin prisas al día suponía «una diferencia abismal entre la vida y la muerte», según el doctor Edward Phillips de la Harvard Medical School.[7] En resumen, la distancia total recorrida (a cualquier velocidad y con los descansos que sean) es más determinante que la intensidad a la que se recorre.

Desde luego, la tranquilidad y la serenidad pausada de un agradable paseo contribuyen a propiciar muchas otras cosas, desde generar ideas nuevas hasta digerir bien la cena (véase «Semana 42: Caminar después de comer», p. 207). Puede que todo eso se deba a que caminar despacio nos permite respirar a un ritmo constante; inspirar lenta y profundamente desde el diafragma a la mitad de la frecuencia respiratoria habitual (aproximadamente unas siete respiraciones por minuto). La respiración rítmica no solo nos ayuda a tranquilizarnos, sino que se ha demostrado que reduce el ritmo cardíaco y la presión arterial. Suzanne LeBlang, una neurorradióloga[8] que ha investigado la respiración rítmica,[9] sugiere que esta estimula el nervio vago,[10] lo que a su vez reduce las sustancias que provocan estrés en el cerebro, relajando y ensanchando así las células musculares que recubren nuestras venas y arterias, es decir, permitiendo que la sangre pueda circular más libremente.

Consejos

Si quieres dar paseos lentos como parte de un programa de rehabilitación, consulta siempre primero con tu médico y opta por superficies lisas y regulares.

Evita las zonas contaminadas y las calles con mucho tráfico, sobre todo si los coches avanzan poco a poco. La contaminación se ha asociado con la aparición de una lista creciente de enfermedades, desde el alzhéimer y el párkinson al asma y la muerte por COVID-19, a la que seguro que se añaden otras a medida que se siga investigando.[11]

Camina por zonas llenas de vegetación: un estudio realizado con veinte mil sujetos concluyó que era sustancialmente más probable que las personas que pasaban dos horas a la semana en entornos verdes, ya fuera durante un único paseo o en varios, afirmaran tener una mejor salud mental y física. No se observó ningún beneficio en las personas que pasearon menos de dos horas a la semana en entornos verdes.[12]

En vez de menospreciar el ritmo lento de tus pasos y las distancias cortas que recorres, recuerda las palabras de la escritora y caminante Clara Vyvyan: «Caminar tres kilómetros puede ser igual de enriquecedor y gratificante que caminar treinta y dos».[13]

SEMANA 5

Respirar mientras caminas

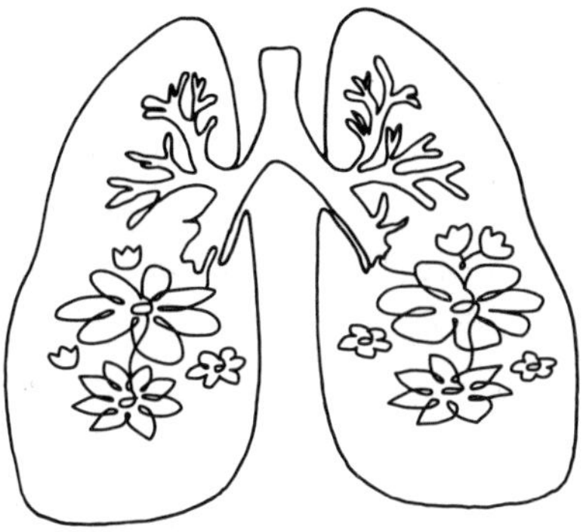

ES BIEN SABIDO QUE EL FILÓSOFO ALEMÁN del siglo XVIII Immanuel Kant daba un paseo cada día a las cinco de la tarde. Tenía una rutina tan rigurosa que los habitantes de su ciudad, Königsberg, ajustaban sus relojes cuando lo veían pasar. Pero Kant no solo prestaba atención a la puntualidad. Obsesionado por ciertos aspectos de la salud, estaba fascinado con su respiración. De hecho, Kant desarrolló una técnica que consistía en respirar solamente a través de la nariz doscientos cincuenta años antes de que los científicos demostraran lo importante que es la respiración nasal para tener una buena salud. Kant estaba tan resuelto a respirar únicamente a través de la nariz que se negaba a caminar acompañado por miedo a respirar por la boca sin darse cuenta al hablar. Kant vivió hasta casi los ochenta años, una edad muy respetable en 1804.

Normalmente, la respiración nasal se asocia a una profunda sensación de relajación, pero hoy en día los científicos creen que los beneficios fisiológicos que nos aporta «inhalar por la nariz, exhalar por la boca/nariz» van mucho más allá de la sensación de serenidad. Un buen momento para perfeccionar la respiración es cuando estamos caminando. Así que date una vuelta y respira por la nariz.

¿Por qué? Pues porque cuando inhalamos por la nariz, se ponen en marcha una serie de intrincados procesos diseñados para filtrar patógenos, alérgenos y otros elementos indeseados transmitidos por el aire. Mientras tanto, nuestras cavidades nasales producen óxido nítrico (NO), que incrementa el flujo sanguíneo en los pulmones, y amplifica así la cantidad de oxígeno en sangre. Cuando inhalamos a través de la boca, no solo nos saltamos el impresionante sistema de filtrado que nos ofrece la nariz, sino que además privamos a nuestras células del oxígeno adicional que nos proporciona la respiración nasal, ya que la boca no produce óxido nítrico.

El óxido nítrico va directamente de la nariz a los pulmones, donde, según los farmacólogos, puede bloquear infecciones respiratorias víricas que se reproducen en los pulmones (por ejemplo, las producidas por coronavirus), además de incrementar el flujo de oxígeno y sangre por todo el cuerpo.

Las células que recubren las arterias y las venas (conocidas como células endoteliales) producen óxido nítrico constantemente. Esta extraordinaria molécula, que se descubrió en nuestro cuerpo tan solo hace treinta y cinco años, cuando los científicos identificaron su papel a la hora de dilatar los vasos sanguíneos, ayuda a prevenir la presión arterial elevada y los coágulos de sangre y, además, impulsa sangre a través de los órganos y tejidos vitales. También nos ayuda a tener una buena inmunidad, a mantener un sistema nervioso sano y a ralentizar el proceso de envejecimiento celular. De hecho, la falta de óxido nítrico se ha relacionado tanto con la enfermedad de Parkinson como con el alzhéimer. En lo que respecta al envejecimiento, el óxido nítrico cumple una función muy particular a la hora de ayudar a las células a vivir más tiempo.[1] Ciertamente, solo estamos empezando a comprender las complejas maquinaciones del óxido nítrico.

Durante los brotes de SARS que hubo entre 2002 y 2004 y en la pandemia de la COVID-19, los investigadores especularon con que el óxido nítrico podría detener la expansión de algunos virus en los pulmones. Varios estudios han acabado confirmando que sus conjeturas eran correctas: uno reveló que era más probable que los pacientes con neumonía se recuperaran bien si inhalaban óxido nítrico. Otro concluyó que las personas que respiran por la boca tienen niveles bajos de óxido nítrico en su tracto respiratorio, por lo que es más probable que sufran enfermedades cardíacas, fatiga, inflamación, dolor de cabeza, estrés, halitosis y caries, entre otros trastornos. Los investigadores se preguntaron si el óxido nítrico generado por la respiración nasal podría reducir la carga viral en nuestro cuerpo, lo cual daría la oportunidad a nuestro sistema inmunitario de contraatacar con éxito.[2]

Cuando el óxido nítrico llega directamente a los pulmones gracias a la respiración nasal, parece que nos ayuda a defendernos del ataque de virus y microorganismos. Según el profesor Louis Ignarro, uno de los tres farmacólogos que ganaron el Premio Nobel de 1998 por descubrir el funcionamiento del óxido nítrico, tenemos que «respirar adecuadamente para maximizar la inhalación de óxido nítrico en nuestros pulmones»,[3] inhalando a través de la nariz, donde se produce óxido nítrico de manera constante.

Al parecer, la respiración nasal también mejora la salud en general y la buena forma física. Un estudio reciente concluyó que respiramos más lento cuando inhalamos por la nariz, dejando más tiempo para que el oxígeno entre en el torrente sanguíneo y ayudando a activar partes del sistema nervioso que contribuyen a la recuperación.[4] En su libro *Respira: la nueva ciencia de un arte olvidado*, James Nestor defiende la respiración nasal, argumentando que reduce la presión arterial, ayuda a dormir, facilita la digestión, forma masa ósea y puede que hasta mejore la función cerebral. Sus propios experimentos en los que comparaba la respiración nasal frente a la bucal al realizar ejercicio revelaron que respirar por la nariz mientras nos movemos mejora la resistencia y reduce la consecuente fatiga, mientras que respirar por la boca resulta en extenuación, náuseas y mal aliento.[5]

Cuando camines, cierra la boca, relaja la mandíbula, la lengua y la cara, inhala lentamente por la nariz y exhala por la boca. Cuanto más deprisa vayas, más difícil te resultará. Pero intenta mantener la concentración y es posible que tengas menos resfriados, más energía y una mayor serenidad.

Según Nestor, para alcanzar una salud óptima debemos respirar correctamente, es decir, lenta y profundamente, con una inhalación de 5.5 segundos seguida de una exhalación de la misma duración. Esto resulta en la satisfactoria cantidad 5.5 respiraciones por minuto.

Consejos

¿Quieres llevar tu respiración nasal al siguiente nivel? Prueba a tararear mientras caminas. Un estudio concluyó que el hecho de tararear provoca que entre un flujo de aire oscilante en la nariz, que a su vez produce unas cantidades significativamente mayores de óxido nítrico.[6] Ciertamente, las personas que tararean producen quince veces más óxido nítrico que quienes respiran de manera normal.

Asegúrate de que tu postura sea perfecta: alargar el cuello, y abrir el pecho y los hombros propicia una respiración más idónea.

Lleva un pañuelo siempre encima: respirar por la nariz a baja temperatura nos hace más propensos a tener mocos.

La respiración nasal también nos permite disfrutar plenamente de los aromas y los olores (véase «Semana 11: Dar un paseo olfativo por la ciudad», p. 66, y «Semana 39: Caminar con el olfato», p. 194).

Por último, la respiración nasal es una parte crucial de la mejor técnica que conozco para caminar cuesta arriba. Véase «Semana 35: Caminar como un nómada» (p. 176).

SEMANA 6

Dar un paseo enlodado

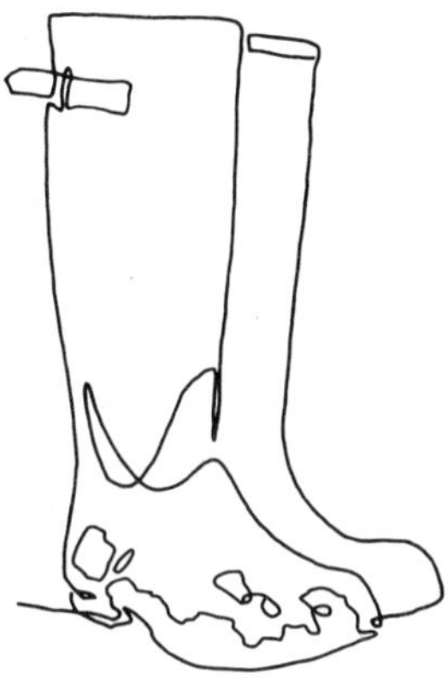

A MENUDO, EL LODO Y LA TIERRA MOJADA son elementos que nos disuaden de salir a dar un paseo. Por miedo a resbalar o a tener los pies fríos y empapados evitamos los caminos enlodados y optamos por el asfalto. Pero en vez de ver la tierra revuelta y batida como un motivo para no salir a pasear, debería ser al revés, una razón para alentarnos a salir a caminar, para decantarnos por el camino de tierra mojada en vez del de asfalto, y para respirar profundamente mientras andamos.

Desde que se cultivó la penicilina a partir de un hongo proveniente del suelo terrestre, los científicos han estado estudiando las propiedades curativas y saludables de la tierra. En 2015, unos investigadores de la Northeastern University de Estados Unidos anunciaron haber creado un antibiótico recién testado, producido a partir de la tierra, que eliminaba las cepas de estafilococos y tuberculosis.[1] A este descubrimiento lo siguieron otros: los investigadores han estado analizando un microbio procedente de la tierra llamado *Mycobacterium vaccae*, que, aplicado en cerebros de ratones, produce la hormona de la felicidad, la serotonina, por lo que actúa como antidepresivo. Un estudio realizado en el Russell Sage College en Troy (Nueva York) demostró que los ratones que ingirieron *M. vaccae* en diminutos bocadillos de mantequilla de cacahuate tenían menos ansiedad, eran más eficientes a la hora de aprender cosas nuevas y recorrían los laberintos más deprisa y con mayor habilidad. Tal y como los autores explicaron en la revista *New Scientist*, los ratones que habían ingerido *M. vaccae* «recorrieron el laberinto el doble de rápido y presentaron la mitad de comportamientos ansiosos que los que no habían consumido la bacteria».[2]

Las propiedades antidepresivas de esta bacteria procedente de la tierra fueron descubiertas accidentalmente por una oncóloga londinense, la profesora Mary O'Brien, que creó un suero a partir de la bacteria y lo administró a pacientes con cáncer de pulmón con la esperanza de estimular su sistema inmunitario.[3] Pero en vez de eso observó otro efecto: los pacientes del hospital se animaron. Afirmaron estar más contentos y sufrir mucho menos dolor que los pacientes que no habían recibido ninguna dosis de la bacteria. Curiosamente, también afirmaron tener mayores niveles de energía y la capacidad de pensar con más lucidez.

Un investigador de la Universidad de Bristol puso a prueba los resultados de la profesora O'Brien inyectando la bacteria en ratones, asumiendo que sus cerebros producirían serotonina. Sus experimentos revelaron que los ratones inyectados con *M. vaccae* estaban más tranquilos que los que no habían recibido una dosis de la bacteria.

Los jardineros recibieron la noticia con alegría, pues siempre habían sabido que trabajar la tierra produce un gran efecto antidepresivo. Sin embargo, los investigadores han pensado que la serotonina inducida por la tierra no solo mitiga los sentimientos de ansiedad, sino que también mejora la concentración. «Basándonos en nuestro estudio, podemos afirmar indudablemente que nos resulta beneficioso estar al aire libre..., estar en contacto con estos organismos», escribieron. «Pasar tiempo al aire libre, donde está presente la bacteria *M. vaccae* puede reducir la ansiedad y mejorar la habilidad de aprender nuevas tareas»[4].

Estar en contacto con el lodo y la tierra también podría ser bueno para nuestro intestino. Un experimento realizado por unos investigadores australianos descubrió que los ratones expuestos a una tierra de buena calidad tenían una mayor diversidad de microbioma y menos ansiedad que el grupo de control que había sido expuesto, o bien a una tierra pobre, o bien a ningún tipo de tierra. También cabe destacar que el microbioma de los ratones que habían sido expuestos a una tierra de calidad presentaba una mayor abundancia de butirato. Este es uno de los elementos más deseables y mejor investigados de la microbiota, y actualmente se estudia por sus propiedades anticancerígenas y antiinflamatorias. La tierra (especialmente la que hay en el suelo del bosque) produce una bacteria[5] que, una vez ingerida, produce butirato en el intestino, por lo que se podría deducir que la exposición a una tierra biodiversa puede ser positiva tanto para la salud mental como intestinal.[6]

La exposición al lodo y a la tierra, especialmente en zonas de cultivo, también puede ayudar a reducir el riesgo de asma. Según la doctora Helen Cox, una de las pediatras más destacadas del Reino Unido especializada en alergias, varios estudios (incluido uno publicado en el *New England Journal of Medicine*) han asociado los bajos índices de asma en los niños criados en granjas con la amplia diversidad de bacterias que hay en el ambiente donde viven.[7]

Por otro lado, se sabe que la sustancia conocida como geosmina, que proviene de las bacterias y se encuentra en la tierra mojada, produce un sentimiento de calma. Somos terriblemente sensibles a este olor tan intenso y podemos detectar el equivalente a siete gotas en una alberca. Los psicólogos evolucionistas creen que el olor a geosmina nos tranquiliza y reconforta porque en el pasado alertaba a nuestros antepasados de la presencia de agua y tierra fértil. La geosmina era el olor de la supervivencia.

La evidencia es clara: no solamente deberíamos deleitarnos ante la oportunidad de caminar por caminos de tierra o enlodados, sino que también deberíamos hundir las manos en el lodo, llenarnos los pulmones con el aroma a tierra y no ser muy diligentes a la hora de limpiarnos.

¿Aún no te han convencido los milagros del lodo? Caminar por el lodo o por cualquier superficie inestable como un pedregal, un sendero con guijarros, una ciénaga o un camino con adoquines es magnífico para nuestro equilibrio. Cuando tropezamos y trastabillamos, los veintinueve músculos del torso trabajan para estabilizarnos, cosa que nos mantiene fuertes, estables y equilibrados.

Consejos

Prueba a oler y tocar la tierra húmeda que te encuentres por el camino: el suelo de los bosques cubierto de hojas, la arena húmeda de la playa y la orilla embarrada de un río.

Remueve la tierra con un palo para que libere geosmina.

¿Todavía tienes ganas de caminar por el asfalto? Mejor opta por el lodo: un estudio reciente ha concluido que la luz solar y la lluvia provocan que uno de los componentes del asfalto filtre miles de compuestos potencialmente tóxicos en el medio ambiente.[8]

¿Te preocupa resbalar? Llévate unos bastones de senderismo o utiliza los brazos para mantener el equilibrio. Recuerda que con cada tambaleante paso estarás mejorando la conciencia espacial, el equilibrio y los músculos del torso.

SEMANA 7

Dar un paseo de doce minutos

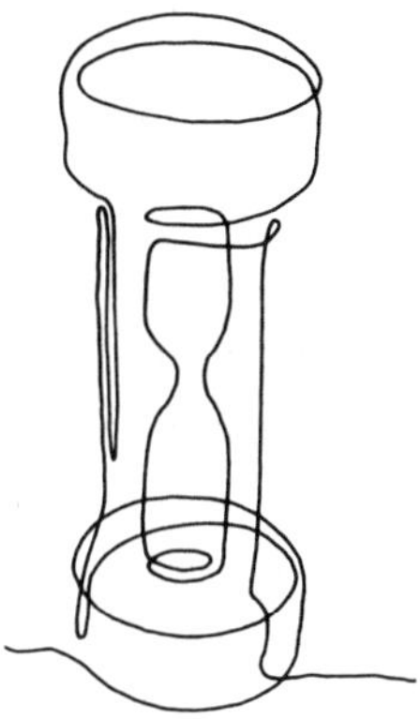

Todos tenemos días en los que nos parece imposible encontrar tiempo para salir a pasear. Las semanas posteriores a la repentina muerte de mi padre debido a un ataque al corazón estaba o bien hasta arriba de trabajo o bien completamente exhausta. La idea de salir a pasear me parecía ridículamente ambiciosa. Y, sin embargo, es precisamente en esos momentos abrumadores en los que estamos tan ocupados metidos en espacios cerrados y tan emocionalmente agotados cuando más necesitamos movernos. La pena, al igual que el estrés, nos altera el cuerpo; provoca inflamación, merma la inmunidad y aumenta el riesgo de sufrir enfermedades cardíacas. Mientras estaba apenada, hundida y febrilmente organizada, una mezcla particularmente tóxica de actividad e inactividad, llegó a la bandeja de entrada de mi correo electrónico un estudio del Massachusetts General Hospital de Estados Unidos que me motivó a salir a dar un paseo extremadamente corto.[1]

El estudio sostenía que no hacía falta que diera un paseo de varias horas: doce minutos eran más que suficientes para tener un impacto notable en mi salud. Los investigadores del hospital analizaron a 411 hombres y mujeres de mediana edad y midieron los niveles de 588 tipos de metabolitos que circulaban en su sangre. Al medir estas moléculas (un proceso conocido como evaluación de metabolitos) antes y después de hacer ejercicio, los investigadores pudieron determinar no solamente qué tipo de ejercicio afectaba a cada metabolito, sino la cantidad de ejercicio que se requería para que se produjeran estos cambios.

Los metabolitos son pequeñas moléculas que revelan lo bien (o no) que funciona el cuerpo y lo eficientes que son nuestras células a la hora de repararse a sí mismas. Los médicos utilizan los metabolitos como marcadores biológicos para saber lo que nos ocurre por dentro y para revisar la salud metabólica y el estado actual del corazón, entre otras cosas.

Los investigadores de este estudio concluyeron que después de caminar durante doce minutos a paso ligero, más del 80 % de estos biomarcadores asombrosamente reveladores habían mejorado. Uno de los metabolitos que se había modificado era el glutamato: todos tenemos glutamato oculto en nuestro interior, una molécula que el cerebro bombea cuando queda expuesto al estrés y a las toxinas. Tener demasiado glutamato en circulación es un biomarcador de enfermedades cardíacas, de diabetes y de una menor esperanza de vida. El exceso de glutamato también se asocia a la escasez de células cerebrales, o dicho de otra forma, demasiado glutamato podría provocar que se nos encoja el cerebro. Los investigadores determinaron que realizar ejercicio durante doce minutos normalmente disminuye un 29 % los niveles de glutamato. Por otro lado, un tipo de metabolito[2] asociado a enfermedades hepáticas y diabetes disminuyó un 18 %, y otro metabolito[3] que se sabe que ayuda al catabolismo de los depósitos de grasa incrementó un 33 %.

«Lo que más nos sorprendió fue el gran efecto que puede tener realizar ejercicio durante un breve período de tiempo en los niveles circulatorios de metabolitos que controlan funciones corporales tan importantes como la resistencia a la insulina, el estrés oxidativo, la reactividad vascular, la inflamación y la longevidad», explicó el autor del estudio Gregory Lewis en la revista *Men's Health*.[4] Lewis también es jefe de la unidad de insuficiencia cardíaca en el Massachusetts General Hospital, por lo que tomé buena nota de sus palabras. No solo porque mi padre acababa de fallecer recientemente por una insuficiencia cardíaca repentina, sino también porque durante algunas de las noches que pasé desconsolada sentí un dolor tan intenso en el pecho que pensé que yo también estaba al borde de sufrir un infarto.

Teniendo toda esa información, me pareció que precisamente cuando estamos atrapados en las garras de la pena, salir a dar un paseo es más importante que nunca. Así que empecé a obligarme a salir de casa, mientras ignoraba la montaña de papeleo y mis ganas inagotables de acostarme en el sillón. Solo había un problema: aquel estudio dejaba bien claro que mi paseo tenía que ser «vigoroso» o «intenso», y no una vuelta ociosa. Lo ideal es caminar a paso ligero o cuesta arriba para acelerar un poco el ritmo cardíaco, quedarnos ligeramente sin aliento y sudar. Así que encontré una ruta de doce minutos que cada día recorría a pie lo más deprisa posible.

Consejos

¿No tienes claro a qué velocidad debes caminar cuando vas a paso ligero? Intenta dar más de cien pasos por minuto. Pon sesenta segundos en el cronómetro de tu teléfono celular y cuenta tus pasos hasta llegar a cien. Si el tiempo termina antes de que hayas dado cien pasos, intenta acelerar el ritmo.

¿No eres capaz de caminar deprisa? Mejora tu velocidad acelerando el paso brevemente (Michele Stanten, asesora de *fitness* de Harvard, recomienda realizar acelerones de quince, treinta o sesenta segundos) y luego recupera tu ritmo normal durante un par de minutos. Repítelo.

Caminar con una marcha adecuada te ayudará a acelerar el paso. Practica las técnicas posturales y de pisada recomendadas en la «Semana 2: Mejorar la marcha» (p. 27).

Encuentra una ruta de doce minutos que empiece en la puerta de tu casa, así los días que estés excepcionalmente ocupado no tendrás que pensar en nada más que en ponerte los tenis.

Todo el mundo puede sacar doce minutos al día para caminar. Si tienes la agenda demasiado ocupada, plantéate dar un paseo nocturno corto e intenso (véase «Semana 46: Dar un paseo nocturno», p. 225). o una vuelta antes de desayunar (véase «Semana 10: Caminar durante la primera hora tras despertarte», p. 62).

¿Tienes más tiempo? Los estudios sugieren que para reducir la presión arterial es mejor dar varios paseos cortos que un único paseo largo, sobre todo en mujeres.[5]

Estar de duelo es agotador. En realidad, en los primeros paseos que di no caminé a un ritmo especialmente ligero, pero anduve tan vigorosamente como pude. Empieza caminando tan despacio como quieras...

SEMANA 8

Caminar con visión panorámica

En 1987, la doctora Francine Shapiro iba caminando por el parque de su vecindario cuando se dio cuenta de que el simple proceso de escanear el paisaje la hacía sentirse más tranquila y menos nerviosa. Tras años de investigación, desarrolló una terapia basada en ese proceso que los terapeutas pueden utilizar en espacios interiores, ya que consiste en realizar una serie de movimientos con las manos. Esta terapia conocida como EMDR (desensibilización y reprocesamiento por medio de movimientos oculares) ha sido utilizada con éxito en miles de personas con trastorno de estrés postraumático (TEPT) y validada por más de cincuenta estudios. Pero su éxito se basa en el movimiento ocular, algo que ocurre de manera natural cuando salimos a dar una vuelta. ¿Cómo funciona?

Cuando caminamos hacia delante, los ojos escanean automáticamente lo que tenemos enfrente. El doctor Andrew Huberman, un neurocientífico de la Stanford School of Medicine y fundador del Huberman Lab, lo llama «visión panorámica», una manera de absorber todo el paisaje que nos rodea. La visión panorámica es la antítesis de la visión focal intensa que utilizamos cuando trabajamos con pantallas, leemos libros o miramos el teléfono celular. Cuando usamos la visión panorámica, absorbemos el paisaje mediante un proceso conocido como flujo óptico. Para comprenderlo mejor, imagina que se trata de una especie de transmisión visual que nos indica hacia dónde vamos y cuál es la mejor manera de seguir adelante.

Los ojos contienen mini circuitos cerebrales, una capa de células en la parte posterior de la retina que, cuando utilizamos la visión panorámica y nos movemos, activa el sistema de equilibrio para que no nos caigamos. Además, esta capa de células también calma los sentimientos de ansiedad y miedo. Los estudios demuestran que el flujo óptico hace que los ojos escaneen y rastreen el paisaje, a la vez que calman el sistema de detección de amenazas del cerebro (la amígdala) y logran que nos sintamos más tranquilos. Con la terapia EMDR podemos procesar recuerdos traumáticos pero no con palabras, sino mediante un conjunto de movimientos oculares que, al parecer, impiden que los recuerdos traumáticos nos bloqueen, lo que nos permite organizarlos y almacenarlos.[1]

Los científicos todavía están averiguando cómo funciona exactamente este proceso, pero los estudios recientes sugieren que la capa de células de detrás de la retina está vinculada a nuestra capacidad de procesar, almacenar y recuperar recuerdos del hipocampo.[2] El trabajo de Huberman sugiere que utilizar la visión panorámica da un respiro al cerebro tras estar tanto tiempo mirando de cerca y examinando minuciosamente;[3] sus estudios también indican que escanear el paisaje nos sumerge en un estado de gran tranquilidad. Postula que cuando éramos cazadores recolectores, desarrollamos una visión y un cerebro que nos permitían abrirnos camino y detectar agua o animales con facilidad, utilizando la visión focal (que resulta más exigente por naturaleza) solo cuando fuera absolutamente necesario. Hoy en día pasamos cada vez más tiempo utilizando la visión focal, por lo que privamos a los ojos y al cerebro de la visión panorámica que nuestros antepasados nómadas asociaban con la memoria. Esto podría explicar por qué los movimientos oculares que realizamos de manera natural cuando caminamos nos ayudan a organizar con eficacia los recuerdos difíciles.

Para beneficiarnos plenamente de la naturaleza terapéutica del acto de caminar, tenemos que marchar con los ojos. Cuando nos encontramos en un sitio nuevo (por ejemplo, si nos vamos de vacaciones), el cerebro se concentra en escanear y rastrear el paisaje desconocido. Prueba a ir por una ruta nueva; visita un cementerio o un bosque por el que no hayas caminado nunca.

Pero también podemos utilizar la visión panorámica cuando paseamos por nuestras rutas habituales si dedicamos unos momentos a observar el paisaje completo y a prestar atención a nuestro alrededor. Si desconectamos del teléfono celular, si levantamos la cabeza, es mucho más probable que nos demos cuenta de los cambios meteorológicos, del paso de las estaciones o del canto de los estorninos, por ejemplo. Cuando caminamos con la cabeza levantada y la mirada arriba, nos fijamos en cosas que nunca antes habíamos visto, como detalles arquitectónicos, cambios en el follaje de los árboles, nubes con formas extrañas o el destello tornasolado del ala de un pájaro. Huberman sugiere que, a pesar de que así nos relajamos más, nuestro tiempo de reacción es mucho más rápido cuando utilizamos la visión panorámica.

Consejos

Mientras vayas caminando, levanta la vista periódicamente de las copas de los árboles y las chimeneas y observa el cielo y el horizonte.

Prueba a escanear horizontalmente el horizonte, ya que, al parecer, este movimiento horizontal es muy efectivo a la hora de inducir un sentimiento de calma.

Presta atención a la visión periférica; normalmente solemos ver los animales salvajes (o los coches que aparecen de repente) por el rabillo del ojo. Nuestra visión periférica disminuye a medida que envejecemos, sobre todo si no la utilizamos mucho, y los estudios demuestran que caminar nos ayuda a restaurarla.[4]

¿Quieres caminar más deprisa? Las investigaciones sugieren que fijar la vista en algo que tenemos justo delante (como un árbol) consigue que aceleremos el paso un 23 % más que si estuviéramos mirando a nuestro alrededor, y que además nos resulte más fácil.[5]

Utiliza una de las numerosas técnicas usadas por la escritora y caminante Nan Shepherd, que para ver el mundo desde una nueva perspectiva se inclinaba hacia delante y lo miraba por entre sus piernas, lo que hacía que el paisaje quedara boca bajo, y exclamaba: «¡De pronto es completamente nuevo!».[6]

Caminar de espaldas (véase «Semana 49: Caminar de espaldas», p. 237) nos permite utilizar la visión panorámica de una manera completamente nueva, que ayuda tanto al cerebro como a las rodillas.

SEMANA 9

Pasear con viento

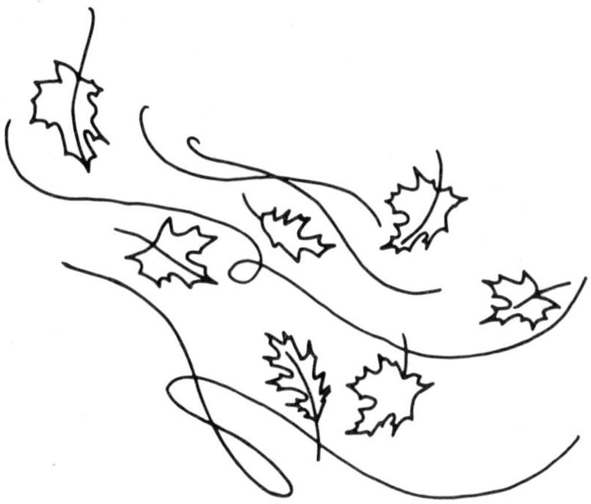

En 1911, Douglas Mawson, un geólogo y explorador australiano, lideró una expedición a una zona remota de la Antártida. En aquel lugar recóndito, oscuro y frío del mundo, él y su equipo perfeccionaron el arte de «caminar con huracanes», una manera de moverse a pie que aprovecha al máximo los incesantes vientos huracanados. Mawson nunca olvidó los fuertes vientos de la Antártida, y posteriormente escribió: «Adentrarse en un torbellino de tormenta deja una huella indeleble en los sentidos que prácticamente ninguna otra experiencia natural puede igualar».[1]

¿Qué tienen los paseos con viento que nos dejan una huella tan indeleble en la memoria? La gente que vive en zonas donde soplan vientos especialmente fuertes (como el *foehn* suizo, la tramontana francoespañola, o el bora, que sopla desde Italia hasta Albania) relatan experiencias muy polarizadas. Muchos aman el vigor y la frescura del viento de su tierra natal, como Van Gogh, que atribuía su manera apresurada y apasionada de pintar a la intensidad avivada por el mistral de sus pensamientos.

En Eritrea llaman al viento *tuum nifas*, que significa viento nutridor, una brisa que alimenta el alma. Y en Holanda, a salir a pasear cuando hace viento se le llama *lekker uitwaaien*, que significa caminar con el viento. Para los holandeses, *lekker uitwaaien* es como hacer una limpieza de primavera: el polvo que se nos había acumulado encima se va volando y entonces nos sentimos fortalecidos, revitalizados y preparados para volver a empezar.

Pero ¿realmente nos afecta el viento? Desde luego así lo creía Hipócrates, que recomendaba prudencia cuando el viento soplaba del norte, del sur o del oeste. Sin embargo, afirmaba que los vientos provenientes del este eran saludables.

La biometeorología (el estudio de cómo las condiciones atmosféricas afectan al ser humano) todavía está en pañales, pero en lo relativo al viento se han propuesto distintas teorías. ¿Nos afecta el incremento del ozono? ¿Y la presión fluctuante? Hace cuarenta años, el científico Lyall Watson creó la hipótesis de que los vientos feroces provocan una respuesta típica de estrés, llenándonos la sangre y el cuerpo entero con adrenalina: «El metabolismo se acelera, los vasos sanguíneos del corazón y los músculos se dilatan, los vasos sanguíneos de la piel se contraen, las pupilas se dilatan y el pelo tiene la perturbadora tendencia de ponerse de punta, con lo que provoca un hormigueo de aprensión».[2]

Hace sesenta años, dos científicos israelíes empezaron a estudiar el sharav, un viento norteafricano seco y cálido, y llegaron a la conclusión de que los vientos fuertes nos afectan psicológicamente. Especularon con que la gran concentración de iones positivos que se encuentra en los vientos tumultuosos provoca una sobreproducción de serotonina. Los estudios posteriores se mostraron más ambivalentes, pero hoy en día se sabe que a muchos de nosotros nos afecta el tiempo atmosférico, y las preferencias suelen venirnos de familia, como si el hecho de que nos gusten o disgusten ciertos climas estuviera codificado en nuestro ADN.[3]

Así que aunque a todo el mundo le encanta que corra una brisa fresca en un caluroso día de verano, la preferencia por los vientos fuertes y tempestuosos es más polarizante, tal y como confirmó un estudio sueco que concluyó que los vientos fuertes mejoraban el humor de algunos caminantes, pero empeoraba el de otros.[4] Una investigación anterior demostró que las mujeres son más sensibles a las condiciones meteorológicas (incluyendo el viento) que los hombres.[5]

La artista Georgia O'Keeffe tenía predilección por los paseos con viento, quizás debido a sus raíces holandesas. Sus primeras cartas están repletas de menciones constantes a sus emocionantes y estimulantes paseos con viento. «Me gusta el viento, es lo que más se parece a mí, me gusta la forma que tiene de soplarlo todo», escribió en 1917. Para O'Keeffe, dar un paseo entre los fuertes vientos de Texas era el energizante perfecto, ya que se llevaba consigo cualquier rastro de letargo y apatía y ahuyentaba todas las semillas del descontento.[6]

O'Keeffe caminaba por desiertos y llanuras, pero pasear por el bosque acompañados por una ligera brisa también tiene su encanto. En el bosque podemos disfrutar de la música del viento entre los árboles, sobre todo entre los álamos, los sauces y los pinos; cada tipo de árbol toca su propia canción. Se puede oír el rumor de las hojas secas arremolinándose en el suelo, el chirrido de los troncos, los azotes de las ramas. Los lagos también son muy estimulantes cuando hace viento; la superficie del agua cobra vida propia con la luz y el movimiento. Cerca del mar podemos experimentar el drama de las olas aproximándose a toda velocidad y rompiendo en la costa. Al margen del paisaje que elijamos, dar un paseo cuando hace viento es una experiencia sensorial completa: podemos escuchar, ver y sentir. Muy parecido al «torbellino» de Mawson que «deja una huella indeleble en los sentidos».

El viento también nos proporciona una especie de resistencia natural: cuando caminamos contra el viento, se nos tensan los músculos de todo el cuerpo, los músculos del pecho y las piernas entran en acción, y los pulmones trabajan con más intensidad. Cuando caminamos a favor del viento, o con el viento a nuestras espaldas, se activan los músculos abdominales para ayudarnos a mantener el equilibrio. Para quemar calorías y muscular, ¡no hay nada mejor que caminar cuesta arriba cuando sopla un fuerte viento!

El viento es muy efectivo a la hora de dispersar la contaminación, por lo que los días que hace viento son especialmente adecuados para pasear por entornos urbanos (al igual que los días lluviosos). Además, tanto las ciudades como el campo están menos poblados los días que hace viento, no solamente por personas, sino también por mosquitos y otros insectos voladores que tienden a refugiarse cuando sopla el viento (el viento también ayuda a dispersar el dióxido de carbono que exhalamos y que resulta especialmente atractivo para los mosquitos, por lo que los días que sopla el viento son días sin mosquitos). Aprovéchalo y sal a dar un *uitwaaien* revitalizante.

Consejos

Cualquiera puede disfrutar de un paseo si corre una ligera brisa. Pero si sopla un viento más parecido al «torbellino de tormenta» de Mawson, estos consejos pueden servirte de ayuda:

- Recógete el pelo, átate la bufanda y asegúrate de que no quede nada suelto. Ponte un sombrero que se te ajuste a la cabeza o que tenga un cordel para atártelo debajo de la barbilla. Evita ponerte ropa ancha y holgada, y cierra todos los bolsillos.
- Si el viento es frío, ponte guantes, una chamarra impermeable con gorro resistente al viento y múltiples capas de ropa.
- Hidrátate la piel y los labios con frecuencia, sobre todo si el viento es cálido y seco.
- Ponte lentes de sol si el viento levanta polvo.
- Elige una ruta que te proteja de los peligros del viento; evita el borde de los acantilados, los precipicios, las zonas expuestas y las crestas empinadas.
- Utiliza una funda protectora de plástico transparente para el mapa o el GPS del teléfono celular.
- Llévate bastones de senderismo para tener apoyo y un equilibrio adicional.

- Evita caminar cuando el viento vaya a una velocidad superior a 56 km/h y por las cimas de las montañas, ya que allí la velocidad del viento suele ser mayor.
- Bebe agua en abundancia; caminar cuando hace viento puede llegar a deshidratar.
- ¿Quieres ahorrarte los mosquitos? Pues tienes que esperar a que el viento sople a una velocidad equivalente a la de su vuelo, entre 1.4 y 5.7 km/h.

SEMANA 10

Caminar durante la primera hora tras despertarte

«Siempre salgo de casa antes de que haya mucha luz», escribió la autora Harriet Martineau en 1847. «Estos paseos matutinos me caen muy bien, entre otras cosas, para preparar la mente para el trabajo».[1] Martineau no necesitó que la ciencia la convenciera del amplio abanico de beneficios que le aportaba salir a dar una vuelta de buena mañana. Hoy en día, estos beneficios, estas «otras cosas», han quedado confirmados por la ciencia: si solo vas a dar un paseo durante todo el día, hazlo a primera hora de la mañana.

¿Por qué? Porque la luz del sol es el reloj primordial de todas y cada una de las células de nuestro cuerpo. Y si recibimos una inyección de luz durante la primera hora tras despertarnos, cada célula y neurona puede ajustarse de manera acorde. No necesitamos que nos dé la luz durante horas; con un paseo de diez minutos ya es más que suficiente. Tampoco deberíamos desalentarnos si hace mal tiempo, ya que incluso la luz diurna de un día oscuro y lluvioso contiene más lúmenes (una de las unidades de medida utilizadas para medir la intensidad o el brillo de la luz) que la iluminación interior.

Nuestra sensibilidad a la luz es menor cuando nos despertamos, así que necesitamos un gran estallido de luz para alertar al cerebro y poder ajustar los ritmos circadianos para el resto del día. Numerosos estudios han demostrado que lo que hagamos durante la primera hora tras despertarnos determinará si vamos a dormir bien por la noche o no. La luz de la mañana indica a la capa de neuronas que tenemos detrás de los ojos que es hora de activarse, lo cual disminuye la producción de melatonina, la hormona que nos hace estar somnolientos y nos ayuda a dormir por la noche. Pero, además, la luz de la mañana provoca que nos fluya cortisol por todo el cuerpo, lo cual nos despierta, nos da energía y nos revitaliza. Idealmente, deberíamos caminar sin lentes de sol unos pocos minutos durante nuestro paseo matutino, a menos que sea un día especialmente soleado.

La luz de la mañana también hace que el cuerpo produzca serotonina, una sustancia química que crean las células nerviosas y que nos hace sentir bien. La serotonina regula la calidad del sueño, ya que luego se transforma en la melatonina que necesitamos para dormir profundamente.[2] Aunque pueda parecer extraño, puede que lo mejor que podamos hacer para mejorar nuestro sueño por la noche sea salir a caminar a primera hora de la mañana.

La luz de la mañana tiene el potencial de hacer mucho más que despertarnos y ayudarnos a dormir. Parece ser que ir a pasear a primera hora de la mañana también podría proteger el corazón: un estudio reciente sugiere que la luz intensa puede proteger y mejorar la salud cardiovascular, ya que estimula un gen específico que fortalece los vasos sanguíneos y reduce el riesgo de sufrir un paro cardíaco. Los científicos ya habían detectado la relación existente entre la luz y las enfermedades cardíacas, ya que se habían dado cuenta de que la prevalencia de los ataques cardíacos era mayor durante los meses de invierno. Pero este nuevo estudio ha desvelado algo muy interesante: los sujetos que estuvieron expuestos a la luz durante treinta minutos entre las ocho y media y las nueve de la mañana durante cinco días consecutivos presentaban unos niveles más altos de una proteína llamada PER2. Esta proteína es crucial para establecer los ritmos circadianos, mejorar el metabolismo y fortalecer los vasos sanguíneos. Las versiones anteriores de este mismo experimento realizadas en ratones ciegos concluyeron que la luz intensa no les causaba ningún efecto, lo cual da a entender que los ojos tienen un papel clave.[3]

En estos experimentos, la luz intensa era de diez mil lúmenes. Para poner esta cifra en contexto, la luz diurna en Europa oscila entre los mil y los cien mil lúmenes, según el momento del día y del año, la latitud y la localización, y lo nublado que esté el cielo. Una típica mañana seminublada británica en invierno puede llegar a los dieciséis mil lúmenes, mientras que en verano asciende a setenta mil lúmenes. Ningún gimnasio interior puede competir con estas cifras (la luz en interiores es de unos quinientos lúmenes de media). Ni tampoco caminar junto a una ventana, ya que el cristal filtra una parte de la luz ultravioleta que necesitamos para ajustar el reloj biológico.

Pero dar un paseo a primera hora de la mañana no solo resulta beneficioso para el ritmo circadiano. Un estudio de 2012 concluyó que las mujeres que cada día daban un paseo a paso ligero durante cuarenta y cinco minutos a las ocho de la mañana se mantenían más activas durante el resto del día.[4] También eran menos sensibles a las fotografías de comida. Este fue uno de los primeros artículos que estableció que el ejercicio nos llena de energía a la vez que —un poco contra toda lógica— reduce el apetito. Algunos investigadores creen que comemos menos después de realizar ejercicio porque los movimientos rápidos elevan la temperatura corporal del cuerpo, lo que activa las neuronas hipotalámicas que nos ayudan a controlar la ingesta de alimento.[5] De la misma manera que comemos menos cuando afuera hace calor, también comemos menos cuando el cuerpo se nos calienta al caminar.

Pero una nueva teoría sugiere que comemos menos después de realizar ejercicio debido a una hormona llamada factor de diferenciación de crecimiento 15 (GDF-15, por sus siglas en inglés), que el cuerpo produce cuando nos movemos (hacer ejercicio durante un par de horas puede llegar a quintuplicar los niveles de GDF-15). Los investigadores saben que el GDF-15 reduce el apetito en roedores y monos, pero actualmente se está investigando el efecto que tiene en los seres humanos.[6] Sin embargo, sea por el calor o por la hormona, dar un paseo a primera hora de la mañana puede frenar la sensación excesiva de hambre, y ayudarnos a regular y moderar el apetito.

Tras catorce años de sacar a pasear a los perros y de llevar a los niños a la escuela cada mañana, soy adicta a los paseos tempraneros. Pero ahora, al igual que Martineau, los aprovecho para recomponerme, para planificarme el día: los beneficios de salud son un efecto colateral bienvenido.

Consejos

Caminar antes de desayunar tiene muchos beneficios metabólicos; véase «Semana 48: Caminar con hambre» (p. 234).

¿Sigues sin estar convencido? La contaminación atmosférica suele ser más baja a primera hora de la mañana, es decir, que el aire está más limpio. Y en las ciudades, los iones negativos son más abundantes por la mañana. Por otro lado, entre las nueve y las diez de la mañana, las plantas liberan más iones negativos en la atmósfera que a cualquier otra hora del día que no sean las ocho de la noche.[7] Para saber más sobre iones, véase «Semana 30: Caminar con iones» (p. 153).

El mejor momento del día para escuchar el canto de los pájaros es a primera hora de la mañana; y no solamente porque a esa hora los pájaros estén más dispuestos a cantar, sino porque, además, según la ONG Woodland Trust, sus cantos llegan veinte veces más lejos que en momentos posteriores del día.[8]

¿Y qué importancia tiene el canto de los pájaros? Un estudio del King's College de Londres concluyó que las personas que escuchaban cantar a los pájaros estaban de mejor humor durante horas.[9]

¿Te interesa aumentar tus niveles de hormona GDF-15 que reduce el apetito? Las actividades de resistencia, como el *rucking* y el senderismo, son particularmente efectivas. Véase «Semana 36: Caminar con una mochila» (p. 180) y «Semana 40: Caminar como un peregrino» (p. 198).

SEMANA 11

Dar un paseo olfativo por la ciudad

UNA MAÑANA TEMPLADA DE FEBRERO DE 1790, Jean Noël Hallé, profesor de medicina y médico privado de Napoleón, salió de su casa en París para hacer una caminata de diez kilómetros siguiendo la orilla del río Sena. Se llevó consigo un amigo, un mapa y su olfato. Los dos hombres salieron del Puente Nuevo en el centro de París y fueron caminando por la orilla derecha, luego cruzaron el río por el Quai de la Rapeé y volvieron por la orilla izquierda. Mientras caminaban, el doctor Hallé iba anotando todos los olores que percibía. Su sondeo olfativo cambiaría para siempre el olor de París e iniciaría la transición hacia la ciudad moderna y fragante que conocemos hoy en día. Y lo que es más importante, el doctor Hallé dio el primer paseo olfativo de la historia del que se tiene constancia.

Doscientos veinte años más tarde, la doctora Kate McLean, diseñadora y cartógrafa, iba caminando por Edimburgo olfateando el aire cuando de repente percibió el aroma inconfundible de la ciudad. Entonces se dio cuenta de que las ciudades tienen sus propios olores complejos, esquivos y a menudo fugaces. Aquella epifanía olfativa la propulsó hacia una nueva carrera como cartógrafa y artista de paisajes olfativos. Durante la última década, McLean ha guiado cientos de paseos olfativos y ha cartografiado los paisajes olfativos de decenas de ciudades, desde Ámsterdam a Nueva York, pasando por Singapur. Mientras McLean caminaba y reproducía los olores en mapas exquisitos (acompañados por pequeñas botellas de esencias destiladas que reflejaban los paisajes olfativos),[1] los científicos estaban empezando a desenmarañar la complejidad de los olores con resultados sorprendentes.

El sentido del olfato es nuestro guía constante, nuestro amigo en la sombra que pasa desapercibido. Cuando estamos dentro del útero materno, el olfato es el único sentido completamente formado que tenemos. Durante la primera década de nuestras vidas tiene un papel vital en la manera en que experimentamos el mundo, ya que la nariz es capaz de distinguir entre miles de millones de olores distintos. Los seres humanos adultos inhalamos veinticuatro mil veces al día, lo cual nos permite saborear más de mil olores diferentes cada hora[2] a través de los cinco millones de células olfatorias que tenemos en cada orificio nasal.[3] El problema es que la mayoría de nosotros estamos tan ocupados mirando y escuchando que apenas prestamos atención a la mezcla embriagadora de aromas que tenemos a nuestro alrededor.

Sin embargo, en unos pocos laboratorios pioneros sí que se está investigando a fondo el olfato con el rigor científico que merece. Hoy en día, algunos investigadores creen que perder el sentido del olfato es un mejor indicador del tiempo que nos queda de vida que otros factores como tener o no enfermedades cardíacas.[4] Pero la pérdida del olfato no es solamente algo que afecte a la gente mayor. Los investigadores la han asociado a todo tipo de enfermedades, incluida la depresión, la esquizofrenia y la epilepsia, lo cual los lleva a pensar que nuestra habilidad olfativa podría ser considerablemente más importante de lo que se pensaba con anterioridad. Un estudio realizado con pacientes con COVID-19 concluyó que la pérdida del olfato y el gusto eran los únicos síntomas del coronavirus asociados a la depresión y la ansiedad.[5] Algunos investigadores se preguntan si perder la capacidad olfativa en cierta manera amplifica los sentimientos de miedo y tristeza.[6]

Pero ¿a qué se debe? Nadie lo sabe con seguridad. Cuando inhalamos, los cúmulos microscópicos de partículas aromáticas pasan por dos receptores del tamaño de la huella de un pulgar ubicados en la parte superior de las fosas nasales. Desde allí viajan hasta el bulbo olfatorio del cerebro para ser codificados antes de seguir hacia la amígdala (la parte emocional del cerebro) y el hipocampo (el banco de memoria del cerebro) para ser clasificados en una especie de imagen sensorialmente aromatizada. El olfato es el único sentido que viaja tan directamente, lo cual significa que los olores, las emociones y la memoria suelen estar entretejidos y almacenados en un único archivo. No es de extrañar que solo con olisquear un poco podamos activar un vívido recuerdo evocativo.

Nuestra capacidad olfativa se parece mucho a un músculo: si no la usamos, nos arriesgamos a perderla. Pero los estudios sugieren que normalmente podemos recuperar todo nuestro abanico olfativo. Uno de estos estudios evaluó a veinte personas incapaces de oler una feromona llamada androstenona que normalmente se encuentra en las trufas, la panceta y el sudor humano. Los participantes tuvieron que oler esta feromona tres veces al día durante tres minutos. Después de seis semanas, la mitad del grupo consiguió oler, por primera vez, el pungente aroma a almizcle que a tantos de nosotros nos resulta familiar. Además, a pesar de que las células olfativas se reemplazan cada treinta o cuarenta y cinco días como máximo, algunos de los participantes fueron capaces de oler la androstenona en una sola semana.

El entrenamiento olfativo sirve para mucho más que para mejorar nuestra habilidad de identificar olores: un sorprendente estudio de 2019 concluyó que tras seis semanas de entrenamiento olfativo se alteró la estructura cerebral de treinta y cinco jóvenes participantes. Mediante resonancias magnéticas, los investigadores detectaron que el grosor de la corteza cerebral se había incrementado en varias zonas del cerebro.[7] Y ¿eso qué significa? La corteza cerebral es como un mantel de neuronas firmemente doblado que envuelve el cerebro; es como si fuera la capa exterior del cerebro, una especie de abrigo ceñido. Que esta capa pierda grosor suele ser un indicio de enfermedad. Al igual que un abrigo raído no puede hacernos entrar en calor, una corteza cerebral raída tampoco puede preservar adecuadamente el cerebro. En este caso, el grosor de la corteza cerebral aumentó en zonas del cerebro asociadas con la memoria y el reconocimiento, lo que sugiere que mejorar el sentido del olfato podría ayudarnos a mejorar la memoria.

Empecé a dar paseos olfativos después de perder el olfato al contraer la COVID-19. Dar un paseo olfativo con la doctora McLean fue un agradable recordatorio de cómo el olor y el aroma aumentan el simple placer de estar vivo. Caminando con la nariz en alto, siguiendo las notas aromáticas de una ciudad inglesa, seguimos el rastro de... hojas mojadas, diésel/olor a autobús, tierra, loción para después del afeitado, ropa vieja, pinos, cartón mojado, polvo, pintura, detergente, lejía, olor a peluquería, café recién hecho, dulces, pastas recién horneadas, diésel (otra vez), pescado destripado y pizza.

Consejos

Camina con la nariz por delante: McLean lo denomina «ir cazando aromas». Nota: no funcionará si tienes la nariz tapada o tienes resaca.

Bebe agua. Según Victoria Henshaw (pionera en el uso del olfato en la planificación urbanística), si no tenemos la nariz bien hidratada, nuestros receptores olfativos no pueden descifrar los olores igual de bien.

Busca variedad. Henshaw sugiere oler lugares al aire libre y también lugares cerrados; espacios verdes y de hormigón; zonas lujosas y deterioradas. Cuanto más amplia sea la variedad, más amplio será tu abanico olfativo.

Utiliza las orejas y los ojos para buscar oportunidades olfativas, desde panaderías hasta floristerías, desde setos hasta hospitales. Mete la nariz entre matorrales y en tiendas. ¡No prestes atención a las miradas perplejas de los transeúntes!

El aroma de una ciudad cambia constantemente: prueba a dar el mismo paseo olfativo en primavera y en otoño, cuando hace calor y cuando llueve, al alba y de noche. Somos especialmente susceptibles a los olores durante los paseos nocturnos (véase «Semana 46: Dar un paseo nocturno», p. 225).

Nuestros receptores olfativos se cansan enseguida. Para dejarlos reposar y que se reestablezcan, McLean recomienda oler la piel del interior del codo durante un rato.

Si quieres, toma notas (el lenguaje para describir el olor es escaso, así que experimenta con la metáfora: el aroma del amor, de los secretos, del hogar). Utiliza tus notas para crear tus propios mapas u obras de arte olfativos.

Cuando hace mucho frío, no olemos con tanta intensidad, así que deja los paseos olfativos para cuando haga una temperatura moderada.

SEMANA 12

Caminar bajo la lluvia

AUNQUE MUCHOS DE NOSOTROS CREEMOS que un día lluvioso es un buen motivo para quedarse en casa, cuando caminamos bajo la lluvia reconectamos con los elementos de manera inmediata y directa. Cada vez que las gotas de lluvia caen sobre nuestra piel, la naturaleza nos está tocando literalmente. Estemos donde estemos, caminar bajo la lluvia es una experiencia física muy profunda, ya que despierta nuestro sentido del tacto y nos recuerda que somos seres con un cuerpo.

Cuando llueve, el incremento de la humedad y el golpeteo persistente de las gotas de lluvia provocan que se liberen ciertos compuestos químicos específicos que se entremezclan con el aire que respiramos. Y resulta que el simple acto de inhalar estos compuestos puede tener un profundo efecto en nuestra sensación de bienestar.

Caminar bajo la lluvia también nos despierta el sentido del olfato. La lluvia hace que los árboles, las plantas y la tierra desprendan una fragancia que impregna el paisaje con un aroma sorprendentemente complejo. La escritora y caminante escocesa Nan Shepherd se dio cuenta de que, tras la lluvia, los abedules desprenden un aroma «con cuerpo, afrutado como un brandi añejo», tan embriagador que «casi emborracha» a los caminantes.[1] Pero no solo los abedules desprenden una fragancia sensacional con la lluvia. Ese aroma proviene de los compuestos químicos creados y liberados por un conjunto de aceites que las plantas secretan para evitar crecer vigorosamente durante los períodos de sequía. El olor a tierra mojada tras la lluvia se percibió por primera vez en suelos argilosos, ya que el olor es más intenso en este tipo de tierra. En un principio, la gente se refería a ese fenómeno como «aroma argiloso», pero en 1964, dos mineralogistas australianos bautizaron este pungente aroma a tierra mojada después de llover con el nombre de petricor. En la India, el aroma a petricor, que es mucho más intenso tras un período de sequía, lleva embotellándose como perfume con el nombre de *mitti attar*, o «perfume de la tierra», durante medio siglo.[2] Nosotros podemos absorber este extraordinario aroma simplemente caminando bajo la lluvia (o justo inmediatamente después de que amaine).

Hoy en día, los científicos creen que la lluvia produce muchas otras fragancias, ya que altera y modifica las moléculas odoríferas de todo tipo de superficies, incluyendo los pelillos de las hojas. Mientras que el olor a tierra suele ser cálido y almizclado, el olor a hojas puede ser nítido y astringente, de forma que crea una mezcla de fragancias muy relajantes. Las ciudades no son inmunes a este fenómeno: la lluvia libera las fragancias almacenadas en la piedra y el hormigón, aunque no todas nos levantan tanto el ánimo como sus homólogas del campo.

Pero lo más importante es que la lluvia limpia cualquier vestigio de polución. El aire siempre está mucho más limpio mientras llueve o justo cuando amaina.[3] Y ¿eso a qué se debe? A medida que la lluvia cae por la atmósfera, cada gota atrae cientos de partículas contaminantes, que incluyen el hollín y las partículas microscópicas de PM2.5,[4] lo cual deja el aire completamente despejado y limpio.

La lluvia también incrementa el total de iones negativos del aire, cosa que algunos científicos creen que podría mejorar la cognición, la relajación y el estado de ánimo. En su libro *El poder curativo de la naturaleza*, los médicos Eva Selhub y Alan Logan citan varios estudios que sugieren que los iones negativos (las moléculas que tienen una carga negativa extra y que abundan en los bosques y en el agua corriente) mejoran la salud, el desempeño cognitivo y la longevidad (véase «Semana 30: Caminar con iones», p. 153).

La lluvia lo cambia todo (tacto, sonido y aromas), pero sobre todo cambia lo que vemos y la manera de verlo. Cuando caminamos por un terreno resbaladizo por la lluvia, los troncos de los árboles brillan y resplandecen, las hojas centellean, los pétalos relucen. La lluvia hace que todo el follaje y las flores sean traslúcidas, por lo que de repente cada veta y marca se vuelven mágicamente visibles. Las flores, las ramas y la hierba cambian de forma, ya que sus puntas se arquean y se inclinan bajo el peso del agua. Bajo la lluvia, un camino que hayamos recorrido cientos de veces puede convertirse en una experiencia drásticamente distinta, devolviendo así nuestro cerebro a la vida con una inyección de dopamina[5] (véase «Semana 41: Caminar para perderse», p. 000).

Y por si eso fuera poco, otro estudio sugiere que quemamos más calorías cuando realizamos ejercicio bajo la lluvia.[6] Tras analizar la sangre y el volumen espiratorio de los participantes, los investigadores llegaron a la conclusión de que «el volumen respiratorio por minuto, el consumo de oxígeno y los niveles de plasma lactato y noradrenalina eran significantemente más elevados mientras llovía». O dicho de otro modo, cuando llueve y hace frío, el cuerpo tiene que trabajar más, por lo que quema más calorías durante el proceso.

En la selva tropical ugandesa, los chimpancés macho suelen bailar justo cuando empiezan las tormentas, corriendo entre el follaje, golpeando el suelo, tamborileando sobre los troncos de los árboles con sus rosadas plantas de los pies y agitando sus largos brazos en el aire. Nadie sabe el motivo por el que bailan bajo la lluvia, pero se trata de una escena espectacular que nos recuerda las embriagadoras posibilidades de la lluvia.

Consejos

Cómprate la mejor ropa impermeable que puedas permitirte, incluyendo unos pantalones impermeables que se ajusten a los tobillos (para impedir que los dobladillos empapados goteen dentro de las botas) y una chamarra impermeable con una capucha con visera.

La ropa impermeable tiene que reimpermeabilizarse con frecuencia con productos para su cuidado. De lo contrario, ¡no seguirá siendo impermeable por mucho dinero que te costara!

Asegúrate de tener botas de montaña impermeables o botas de lluvia. Al igual que la ropa impermeable, las botas de montaña también requieren cierto mantenimiento: cera para el cuero, espray impermeabilizador para la piel o un espray impermeabilizador multiusos para botas de tela.

¿Caminas por zonas urbanas? Considera llevar un paraguas plegable o una capa impermeable.

SEMANA 13

Dar un paseo-baile o un baile-paseo

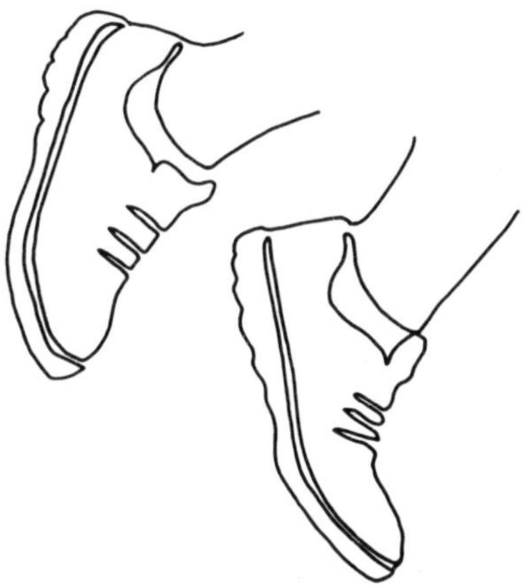

En 1599, un amigo de William Shakespeare llamado Will Kemp bailó la danza tradicional inglesa Morris durante 204 kilómetros, desde el Royal Exchange de Londres hasta Norwich. Tardó nueve días en realizar tal hazaña y le dio suficiente material para escribir un libro.[1] Cuatro siglos más tarde, un grupo de bailarines de danza Morris replicaron el paseo-baile de Kemp y consiguieron realizarlo en un día menos.[2] Se ha demostrado una y otra vez que bailar levanta el ánimo, mejora el equilibrio y potencia la capacidad aeróbica. Así pues, ¿por qué no bailamos más mientras caminamos?

En realidad, bailar no es tan diferente de caminar. De hecho, muchos pasos de baile no son más que una elaborada prolongación del acto de caminar (por ejemplo, el foxtrot). Por desgracia, la mayoría de las ocasiones que se nos presentan para bailar son en interiores, y normalmente a horas intempestivas (por ejemplo, de noche, lo cual no supone ningún problema si te gusta ir a las discotecas).

Como era de esperar, pocos de nosotros creemos saber bailar a pesar de ser unos caminantes consumados. Sin embargo, me gusta interrumpir mis paseos para echar un bailecito. Me gusta cómo me siento al hacerlo; la inyección repentina de sangre y los latidos apresurados del corazón que siento al agitar los brazos en alto añaden un nuevo elemento de movimiento y me aportan una inyección de alegría. Además, cuando el aire es sumamente frío, bailar un *jig* irlandés o un poco de disco es una muy buena manera de entrar en calor.

Los psicólogos han concluido que hay pequeñas costumbres, como bailar o cantar mientras caminamos, que nos ayudan a ser «más divertidos..., a estar más satisfechos con nuestras vidas». Investigadores de la Universidad de Martin Luther de Halle-Wittenberg en Alemania observaron que los sujetos que realizaron ejercicios divertidos durante una semana no solo estaban de mejor humor, sino que también habían desarrollado un carácter más divertido que podría ayudarlos a vivir una vida más feliz.[3] Un estudio con 533 participantes descubrió que las personas que son juguetonas por naturaleza (que no es lo mismo que ser insensatas o frívolas) pueden «convertir casi cualquier situación cotidiana en una experiencia entretenida o que les genere interés». Tras una semana de hacer un esfuerzo consciente por ser más juguetonas, incluso las personas que se consideraban serias eran más capaces de incorporar más actitudes divertidas en sus vidas (y también era más probable que lo hicieran), lo que provocó «una mejora... en su bienestar». Los investigadores creen que todos podemos «incorporar conscientemente actitudes divertidas en nuestras tareas diarias» (o paseo diario), cosa que no solo comportaría una mayor satisfacción vital, sino también «más creatividad y diversión».

Sin embargo, incorporar juegos en nuestra vida no solamente nos ayuda a sentirnos mejor. En 1964, Marian Diamond, una de las fundadoras de la neurociencia moderna, realizó un experimento revolucionario con ratas en el que demostró que las que tenían acceso a objetos para jugar tenían un cerebro más grande.[4] Los experimentos posteriores llegaron a los mismos resultados, concluyendo que los roedores estimulados tenían unos niveles más altos de BDNF (el factor neurotrófico derivado del cerebro es crucial para desarrollar y preservar las células de cerebro), mejores recuerdos y una cognición más perspicaz. ¿Cuál es la moraleja? Que los juegos no son solo para niños.

El doctor Peter Lovatt, psicólogo y fundador del Dance Psychology Lab de la Universidad de Hertfordshire, explicó en *The Times* que introducir un poco de bailoteo improvisado en nuestros paseos nos ayuda a estar de mejor humor gracias a la dopamina que esto libera (la sustancia química cerebral que nos hace sentir bien). También mejora la calidad del pensamiento y de nuestra capacidad de tomar decisiones, además de perfeccionar nuestra conciencia espacial. Lovatt está convencido de que bailar un poco de manera improvisada «puede cambiar radicalmente nuestros patrones de comportamiento», ayudándonos a pensar de manera diferente y convirtiendo nuestros paseos en un entrenamiento cognitivo completo para el cerebro. Y puede que tenga razón: un estudio de 2012 determinó que las personas que al caminar se movían con más fluidez, moviendo los brazos en una especie de baile-paseo improvisado, tenían muchas más ideas que las que caminaban de manera normal.[5]

Consejos

Observa videos en internet para aprender a bailar disco mientras caminas o para mover el esqueleto con pasos de baile sencillos mientras paseas.

Date un baile-paseo por un terreno liso con el calzado adecuado.

Según un estudio de la Universidad McMaster de Canadá, para proteger nuestra salud cerebral deberíamos caminar cuatro minutos a paso ligero, seguido de tres minutos sin prisas, y repetir la misma secuencia tres veces. Simplemente cambia el paso ligero por menear el trasero y luego camina normal. Repítelo.[6]

Puedes cambiar el bailoteo por dar saltos o ir al galope (al estilo Miranda Hart).[7] Las dos opciones son especialmente idóneas si caminas con niños y, además, ambas incrementan la intensidad aeróbica del paseo y contribuyen al factor lúdico (y del bienestar).

Sorprendentemente, cantar mientras caminas también levanta el ánimo (véase «Semana 27: Cantar mientras caminas», p. 139).

¿Te preocupa que te vean bailando y cantando mientras caminas? Opta por pasear durante las horas menos concurridas (por ejemplo, los domingos por la mañana), en calles tranquilas o en lugares recónditos para tener un poco más de intimidad.

Cazar tesoros, ya sea de la manera tradicional o utilizando aplicaciones para buscar tesoros, es una manera muy sencilla de convertir un paseo diario en una aventura.

Las pelotas no son solo para los perros: lanzar una pelota mientras caminas tiene la ventaja añadida de mejorar el equilibrio, la estabilidad, la coordinación y la conciencia espacial y, a la vez, mantener a los acompañantes más jóvenes entretenidos.

SEMANA 14

Caminar con el oído

En los libros de *Heidi* de Johanna Spyri, la pequeña Heidi deja la cabaña en los Alpes de su abuelo para irse a vivir a la ciudad de Frankfurt, donde siente una nostalgia desgarradora. Cada noche sueña con «el viento entre los abetos». La música del viento soplando entre las agujas de pino actúa como banda sonora de la historia de sanación en las montañas de Spyri.

Desde las notas agudas del canto de los pájaros hasta la brisa que sopla entre las hojas, los sonidos de la naturaleza tienen un poder milagroso para distraer, consolar y calmar. Actualmente los científicos están empezando a desentrañar los motivos por los que ocurre eso. Varios estudios realizados en pacientes hospitalizados concluyeron que escuchar sonidos de la naturaleza disminuía la ansiedad,[1] y otros estudios sobre el sonido del agua corriente concluyeron que este reduce los niveles de cortisol de un modo más eficiente que el silencio o la música clásica.[2]

Hace tres años, un equipo de la Brighton and Sussex Medical School siguió investigando en esa línea, para lo cual midió el ritmo cardíaco y la actividad cerebral de diecisiete personas jóvenes sanas mientras escuchaban una variedad de paisajes sonoros tanto naturales como artificiales. El equipo descubrió que las regiones cerebrales que normalmente se activan cuando estamos descansando o relajados (a las que a veces se denomina red neuronal por defecto) cambiaban según si los sujetos escuchaban olas rompiendo o el ruido sordo del tráfico. Cuando los participantes escuchaban olas rompiendo, sus cerebros cambiaban y entraban en un modo en el que, según los investigadores, la atención se centraba en el exterior. Pero el ruido sordo del tráfico causaba un efecto totalmente diferente: el cerebro de los participantes cambiaba a un modo en el que la atención se centraba en el interior, algo sorprendentemente parecido al estado mental que se observa en las personas que sufren ansiedad, trauma y depresión. La diferencia está en si la mente se encierra en sí misma o se abre al exterior.

Pero no solamente cambió la atención del cerebro de los participantes según el paisaje sonoro. El cuerpo enseguida lo imitó: escuchar sonidos de la naturaleza les ralentizó el ritmo cardíaco, les relajó los músculos y estimuló una actividad moderada en sus intestinos y glándulas, cosa que indica que el cuerpo estaba sumergiéndose en un estado de relajación activa.

Finalmente, mientras los participantes escuchaban sonidos de la naturaleza, desempeñaban mejor las tareas que requerían toda su atención. En otras palabras, los sonidos de la naturaleza los distraían menos que los sonidos artificiales, lo que podría sugerir que escuchar cómo fluye el agua mientras caminamos podría mejorar nuestras habilidades de resolución de problemas. Curiosamente, los investigadores se dieron cuenta de que los individuos con unos índices de estrés más elevados eran los que más se relajaban al escuchar sonidos de la naturaleza.[3]

El ruido es uno de los muchos factores de estrés que tenemos en nuestra vida moderna. La Organización Mundial de la Salud (OMS) cree que solo el ruido del tráfico es el responsable de la pérdida de millones de años de vida sana.[4] Numerosos informes han expuesto los costos ocultos de los ruidos urbanos: mayor riesgo de hipertensión, diabetes, obesidad, paro cardíaco y enfermedades cardíacas. Un estudio estadounidense concluyó que la exposición al ruido causaba picos de estrés, lo cual provocaba una inflamación en los vasos sanguíneos y se incrementaba así el riesgo de sufrir un ictus. Los estudios realizados en escuelas situadas cerca de los principales aeropuertos concluyeron repetidamente que los alumnos tienen menos capacidad de comprensión, memoria y alfabetización, incluso tras ajustarse a otras variables. El ruido, incluso aquel al que creemos estar acostumbrados, afecta al pulso, al ritmo cardíaco y a la presión arterial, incluso cuando estamos profundamente dormidos.

En respuesta a todo este ruido tenemos que dar un paseo por algún lugar tranquilo, algún lugar donde podamos escuchar la naturaleza sin interrupciones. Según un estudio encargado por la fundación británica National Trust, los siguientes sonidos son los que más placer nos proporcionan:

- El canto de los pájaros.
- Los riachuelos.
- Las hojas de los árboles cuando crujen por el viento.
- El silencio.
- Las ramitas rompiéndose bajo los pies.
- Los ruidos de los animales.
- El viento soplando entre los árboles.
- La lluvia cayendo sobre las hojas.
- Las castañas cayendo al suelo.
- Chapotear por el lodo.

Este estudio descubrió que los sujetos que escucharon sonidos naturales afirmaron estar un 30 % más relajados, mientras que los que escucharon una sesión de meditación guiada de una aplicación afirmaron no notar ningún cambio en su humor. El mensaje está más que claro: apaga el teléfono, deja los binoculares y abre las orejas. Los sujetos que escuchaban el canto de los pájaros presentaban el mayor nivel de bienestar, y el 40 % de ellos afirmó que el canto de los pájaros les proporcionaba felicidad.[5] Pero no creas que escuchar una aplicación en un espacio interior provoca el mismo efecto, porque no es el caso. Una investigación anterior concluyó que los sujetos que escucharon sonidos de la naturaleza pregrabados en un espacio interior se sintieron significativamente menos relajados y revitalizados que quienes escucharon los sonidos reales al aire libre.[6]

Los paseos sonoros más efectivos requieren, hasta cierto punto, dejarse llevar. Prepárate para dejarte guiar por tus orejas, para seguir un insecto o un pájaro en particular, para explorar una zona más meliflua del bosque. El escritor Thomas Hardy creía que somos capaces de reconocer las distintas especies de árboles solo por su susurro, por el particular sonido que hacen las hojas de un árbol cuando sopla el viento.

La sequía, la lluvia, el viento y la nieve crean nuevos paisajes sonoros, que transforman el mismo paseo de siempre en algo completamente nuevo. Los paseos nocturnos (véase «Semana 46: Dar un paseo nocturno», p. 225, y «Semana 34: Caminar bajo la luna llena», p. 171) tienen el mismo efecto transformador, mientras que los paseos nocturnos por la ciudad pueden reinventar de manera fascinante el paisaje sonoro urbano. Camines por donde camines, seguir a tus orejas implica entrar en un modo en el que la atención se centra al máximo en el exterior.

Consejos

Es mejor dar paseos sonoros solo y en zonas poco concurridas. Evita ir por los caminos habituales y olvídate de encontrar un lugar bonito: este paseo es para las orejas, no para los ojos.

Prueba a detectar los sonidos más evidentes (como los álamos), o intenta a ver si, al igual que Hardy, eres capaz de distinguir un árbol de otro solo por los sonidos y los crujidos distintivos de sus hojas.

Ahueca las manos alrededor de tus orejas o empújalas hacia delante, lejos de la cabeza, para amplificar los sonidos que tienes a tu alrededor.

Cierra los ojos de vez en cuando para alejar la atención de los estímulos visuales y centrarte en los auditivos.

Prueba a descargar una aplicación para grabar y crea tu propio paisaje sonoro natural para reproducirlo mientras caminas o para mandárselo a un amigo.

Algunas aplicaciones de guías para caminar ofrecen una nueva experiencia que incluye un acompañamiento histórico, geográfico y musical. Descárgatelas y escúchalas para dar un paseo diferente, dejándote guiar por tus orejas.

Las aplicaciones de cantos de pájaros son inestimables para aprender a identificar el canto de un pájaro, una de las grandes alegrías que podemos experimentar al caminar dejándonos guiar por las orejas.

SEMANA 15

Caminar de manera solitaria

En 1947, la escritora y horticultora de origen australiano Clara Vyvyan escribió sobre su frecuente y a menudo abrumadora necesidad de dar un paseo de manera solitaria: «Toda la vida he sentido pasión por el aire libre, las carreteras abiertas y los lugares solitarios... Estaba intentando escapar de las guaridas de los humanos y refugiarme en los santuarios de la naturaleza». Vyvyan, que caminó por todo el mundo, normalmente sola, no se andaba con rodeos al decir que prefería la compañía de las montañas, los valles y las carreteras abiertas a la de las personas. Vyvyan tenía muchos amigos, pero caminar sola era lo que le permitía recuperar «la intimidad perdida hace tiempo con la noche oscura, el amanecer..., el viento y el mar». Mientras caminaba sola se olvidaba de sí misma por completo, ya que solo oía «el latido del mundo entero».[1]

La necesidad permanente que sentía Vyvyan por caminar sola no era una peculiaridad exclusivamente suya. Jean-Jacques Rousseau, William Wordsworth, Henry David Thoreau, Virginia Woolf, Cheryl Strayed y muchos otros admitieron su afán por querer caminar solos. «Una excursión a pie ha de realizarse a solas», escribió Robert Louis Stevenson, añadiendo que no quería que los demás lo limitaran. El ensayista William Hazlitt creía que el verdadero propósito de caminar era estar solo: «No debe haber cacareos y voces junto a nuestro hombro si queremos disfrutar del silencio meditativo de la mañana».[2]

En medio de todo el revuelo por la pandemia de soledad que actualmente azota nuestra sociedad es fácil pasar por alto la importancia de la solitud. Estudios recientes sostienen que pasar tiempo a solas en esta sociedad tan digitalizada que nunca descansa es más importante que nunca. La solitud, sobre todo si caminamos por la naturaleza, puede ser rejuvenecedora a la vez que terapéutica. Según el sociólogo Jack Fong, pasar tiempo a solas nos anima a confrontar quienes somos. Cuando nos alejamos de nuestro contexto social habitual, tenemos una mayor perspectiva, nutrimos la relación que tenemos con nosotros mismos. Fong, que una vez al mes se va de excursión de manera solitaria, está convencido de que la solitud es igual de reparadora y esencial que el ejercicio o la alimentación saludable.[3]

Las ideas de Fong reflejan las del eminente psiquiatra Anthony Storr, que consideraba que la capacidad de estar a solas es un «recurso muy valioso» que nos permite acceder a nuestros sentimientos más profundos. Pero no en nuestro entorno habitual: Storr defendía que apartarnos de los demás (tal y como hacemos cuando caminamos al aire libre) promueve la autocomprensión y la conexión con nuestras «profundidades íntimas del ser», además de ser necesario «para que el cerebro funcione del mejor modo posible y para que el individuo alcance sus máximas potencialidades».[4] Para validar su afirmación ponía como ejemplo a Buda, Jesús y otros líderes religiosos que todo el mundo sabía que habían caminado de manera solitaria para alcanzar la iluminación.

Los estudios realizados durante los últimos dos años sugieren que las personas que han sabido cultivar la solitud son más resilientes y están más satisfechas. Parece ser que cuando mayor es nuestra capacidad de estar a solas, menos solos nos sentimos. Un estudio concluyó que las personas que elegían estar a solas con regularidad tenían un pronóstico más positivo, menos depresión, una mejor capacidad de gestionar el estrés, menos enfermedades físicas y un mayor sentimiento de satisfacción.[5] Otro estudio sugirió que pasar ciertos períodos de tiempo a solas puede mejorar la calidad de nuestras relaciones,[6] mientras que otro distinto descubrió que la solitud suele estimular la creatividad, corroborando así lo que decía Picasso: «No se puede trabajar de verdad sin grandes dosis de solitud».[7]

Salir a caminar de manera solitaria es una experiencia completamente distinta a dar una vuelta en grupo o pasear con un amigo; te animo a que lo pruebes. Caminar de manera solitaria es la libertad máxima. Podemos empezar cuando queramos, ir a donde queramos, a la hora y al ritmo que más nos convengan, durante tanto tiempo como nos plazca. Podemos detenernos cuando queramos, durante el tiempo que queramos. Podemos ir por cualquier camino, valle, sendero o callejón que queramos. Al no tener que consultar o tener en cuenta a los demás, disponemos de total libertad para hacer exactamente lo que nos dé la gana.

Además, al no tener un compañero que nos ayude, nos vemos empujados a valernos por nosotros mismos y, en última instancia, a confiar en nosotros mismos. La caminante y alpinista Dorothy Pilley estaba convencida de que «sus excursiones de manera solitaria con un mapa y una brújula por las montañas»[8] la habían ayudado a tener confianza en sí misma, y que además eran lo que más la había empoderado. Los psicólogos se refieren a este proceso como «autofortalecimiento».[9]

Cuando estamos a solas, podemos reconectar con la naturaleza de manera más intensa, más meditativa e incluso más significativa. Pilley no solo caminaba de manera solitaria para reforzar la confianza en sí misma, sino también para satisfacer su alma:

> Llegar a la cima del Ridge en medio de la neblina del crepúsculo y sola, y luego tener que bajarlo fue una aventura que nada... podrá superar. Los zarapitos cantaban al sobrevolar las ciénagas, las ovejas balaban invisibles en las frías llanuras grises, las cimas de la cresta se alzaban amenazadoras y el viento soplaba... Todo aquello me ha dejado una huella más profunda que la memoria.[10]

Recientemente se han realizado estudios que apoyan esa idea, ya que han descubierto que somos más capaces de reflexionar y experimentar la naturaleza en todo su esplendor cuando caminamos de manera solitaria.[11]

También parece que creamos recuerdos más nítidos y duraderos cuando caminamos de manera solitaria. Los psicólogos creen que eso se debe a que tenemos menos distracciones: interactuamos más con lo que tenemos alrededor, por lo que superponemos nuestros recuerdos con más eficiencia y saturación.

Salir a caminar de manera solitaria es un poco más peligroso que caminar con otra persona: si nos perdemos, nos torcemos el tobillo o nos quedamos sin agua, no podemos contar con la ayuda de nadie. Es por eso por lo que cuando caminamos de manera solitaria, tenemos que ir bien preparados.

Consejos

La solitud no afecta a todas las personas por igual. Empieza por dar paseos de manera solitaria durante diez minutos y a partir de ahí ve aumentando el tiempo.[12]

Si (todavía) no te sientes seguro leyendo un mapa, elige una ruta que no requiera mucha orientación, como seguir un río o un canal por un camino marcado, o caminar a lo largo de un acantilado.

Sal temprano por la mañana y calcula la duración de la ruta dejando un amplio margen de tiempo. Así reducirás la posibilidad de perderte por la noche.

Llévate un teléfono celular y una batería de repuesto, e informa a alguien de la ruta que planeas hacer y de a qué hora tienes planeado regresar.

No te lleves más de lo que necesitas; no podrás repartir el peso con nadie.

Llévate una cantidad suficiente de agua y comida; no podrás compartir provisiones con nadie.

Sal a caminar cuando el riesgo de que haya mal tiempo o de que encuentres animales salvajes en la ruta sea bajo. ¿Te da angustia caminar de manera solitaria? Evita las rutas peligrosas y plantéate apuntarte a un cursillo de orientación (¡yo lo hice!).

¿Te preocupa que te puedan agredir? Elige una ruta transitada (véase, por ejemplo, «Semana 17: Seguir un río», p. 93) y opta por hacerla en fin de semana, ya que suele haber más gente. Otra opción es llevar una alarma personal, no ponerse auriculares y dejarse inspirar por los cientos de mujeres escritoras y blogueras que a menudo van de excursión de manera solitaria y no les pasa nada.

SEMANA 16

Recoger basura mientras caminas

En mitad de la pandemia de la COVID-19, Danielle Wright, la organizadora del grupo de recogida de basura de la ciudad de Salford, empezó a recibir correos electrónicos conmovedores de algunos de los voluntarios del grupo. Decían que recoger basura les había salvado la vida, que les había ayudado a mantener la cordura y que les había proporcionado la interacción social que el confinamiento nacional les había arrebatado. «Recoger basura es beneficioso para la salud mental..., es muy gratificante», explicó Wright en el periódico de su ciudad.[1]

Durante el confinamiento, el grupo de recogida de basura de Wright, que se hacen llamar los «Héroes de la Basura de Salford», se reunían a diario y a veces llegaban a llenar hasta treinta bolsas de basura mientras caminaban, recogían y platicaban. Recoger basura es mucho más que hacer ejercicio; nos proporciona un propósito, un espacio para sociabilizar y la oportunidad de dejar nuestro entorno mejor de lo que lo hemos encontrado. Además, recoger basura implica agacharse, estirarse y cargar peso mientras vamos caminando, por lo que recoger un poco de basura acaba convirtiéndose en un ejercicio completo para todo el cuerpo.

La actividad de recoger basura invita a entablar conversación: cuando recojo basura con mi familia, los transeúntes se detienen para preguntarnos qué estamos haciendo o simplemente para darnos las gracias. El equipo de Wright, cuyos miembros viven solos en su mayoría, también obtuvo una respuesta similar: la basura desechada se convierte en la chispa que aviva la conversación una y otra vez. Cuando el gobierno del Reino Unido restringió la actividad al aire libre a una sola hora al día, muchos de los recogedores de basura de Salford decidieron invertir esa hora en limpiar las calles de envoltorios de comida rápida, latas de cerveza y colillas de cigarros. Uno de los pequeños inesperados placeres de recoger basura es el sentimiento casi inmediato de orgullo que genera. A diferencia de otras actividades, recoger basura produce resultados visibles de inmediato. Danielle Wright lo describe como «algo que te hace sentir bien... Es bueno para el medio ambiente y bueno para ti».

Sabemos que la basura es perjudicial para la fauna salvaje. Los pájaros y otros animales se cortan con el cristal y las latas, se quedan con la cabeza atrapada en tarros, se enredan con los aros de plástico de los *packs* de bebidas, se ahogan dentro de las bolsas de plástico, ingieren residuos tóxicos y globos de plástico, se quedan enganchados con los chicles, se atragantan con las gomas elásticas y así sucesivamente. La ONG RSPCA recibe más de siete mil llamadas al año para ayudar a animales heridos o envenenados por culpa de la basura. Así que toda la basura que recojamos marca la diferencia. Para todos los que sufrimos ecopreocupación, dar una vuelta mientras recogemos basura puede convertirse en un empoderador rayo de esperanza.

La dimensión existencial que tiene recoger basura quedó confirmada cuando la doctora Kayleigh Wyles, psicóloga ambiental, realizó una serie de experimentos en la playa. Se formaron tres grupos de estudiantes y a cada uno de esos grupos se le asignó una actividad distinta que realizar en la playa durante una semana. El primer grupo recorrió un camino que reseguía la costa, el segundo exploró las pozas de marea y el tercero caminó mientras recogía basura. Aunque el grupo que anduvo por el camino costero afirmó sentirse más tranquilo, el que limpió la playa experimentó un mayor sentimiento de finalidad y propósito.[2]

Por otro lado, cabe destacar que los estudios demuestran que la basura engendra basura. La gente tiende a tirar bolsas de papas por la ventana del coche si ven que el borde de la carretera ya está inundado de bolsas de papas. En ese sentido, recoger basura no solo consigue que los bordes estén más limpios y que los animales corran menos riesgos, sino que puede cambiar el comportamiento de los humanos a mejor.

Durante cuarenta años, los estudios han concluido sistemáticamente que ser voluntario tiene muchos más beneficios terapéuticos de los que nos imaginamos. Las personas que hacen voluntariado con regularidad tienen una mejor salud física y mental: menos depresión, mayor autoestima, una presión arterial más baja y una menor tasa de mortalidad.[3]

Los estudios recientes sugieren que hacer voluntariado mantiene el cerebro en forma. En un estudio de 2017 publicado por la Oxford University Press, se observó que las personas que hacían voluntariado tenían una mejor memoria de trabajo (a corto plazo) y una mayor capacidad para procesar información que sus homólogos que no lo realizaban.[4]

Y por último, pero no menos importante, el cerebro nos recompensa cuando hacemos buenas obras, proporcionándonos una generosa inyección de dopamina, la sustancia cerebral de la felicidad que hace que nos sintamos ligeramente eufóricos. Los neurocientíficos lo denominan «el subidón del ayudante», y hasta las acciones más sencillas pueden desencadenarlo; un transeúnte que nos agradezca que estemos recogiendo basura o el hecho de ver la satisfactoria montaña de basura que hemos recogido durante el paseo. Eso confirma que recoger basura nos hace sentir bien por muchos motivos, y además beneficia la fauna salvaje, el medio ambiente y la comunidad. Hay pocas maneras de caminar que aporten tanto.

CONSEJOS

APÚNTATE A UN GRUPO DE RECOGIDA de basura de tu zona para poder socializar mientras limpias o ve por tu propia cuenta, como prefieras.

¿No encuentras ningún grupo por tu zona? Crea uno tú mismo y celebra la primera colecta de basura con un té y unas galletas, o con una barbacoa.

¿Vas solo? Los pódcasts y los audiolibros son excelentes acompañantes. Ponte un solo auricular para poder oír el tráfico.

Ponte una chamarra reflejante (o ropa de colores chillones) y guantes de goma, o pide/toma prestado/compra unas pinzas para recoger la basura.

Llévate dos bolsas, una para la basura reciclable y otra para el resto de residuos.

Es bien sabido que el príncipe Carlos llevó a los príncipes Guillermo y Harry a recoger basura de pequeños. Y si la familia real británica puede recoger basura... está todo dicho.[5]

SEMANA 17

Seguir un río

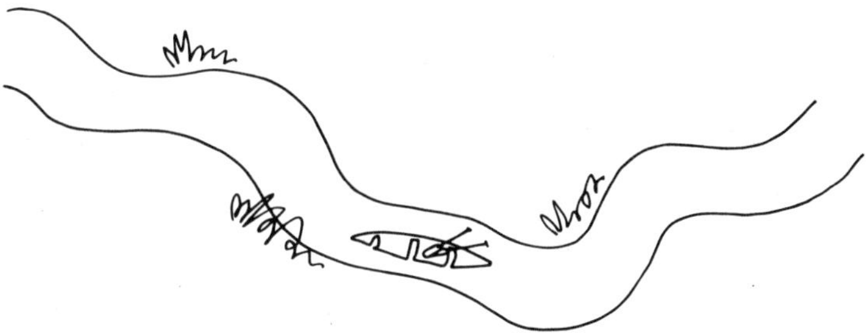

EN 1951, CUANDO LA ESCRITORA Clara Vyvyan necesitó recuperarse tras una serie de contratiempos personales, decidió seguir un río. «¿Seré realmente capaz de perderme a mí misma en el río Ródano? —se preguntó—. ¿Podré dejar atrás esta persona desdichada, frustrada y desencantada en la que me he convertido?» Pues resulta que Vyvyan completó su caminata de 743 kilómetros siguiendo el río de «un buen humor exultante», con su felicidad completamente restaurada.[1] Los paseos por el río no tienen que ser necesariamente largos y agrestes. El 30 de octubre de 1935, la autora Anaïs Nin escribió en su diario: «He caminado por la orilla del río Sena... Estar cerca de un río me pone muy contenta».[2] ¿Qué tiene seguir un río que nos hace tan felices?

Aunque la investigación sobre los espacios azules (paisajes que contienen agua) va muy por detrás de la investigación de los espacios verdes, hace siglos que los pintores, los poetas y los paisajistas son conscientes del amor intrínseco que sentimos por el agua, desde lagos hasta fuentes, desde océanos hasta ríos. Por fin la ciencia se está poniendo al día, a la vez que nos ayuda a entender por qué el agua nos parece estimulante y relajante a la vez, y por qué la presencia del agua podría tener propiedades curativas reales.

Hace veinticinco años, los investigadores descubrieron que los paisajes con agua corriente tenían un efecto reparador en el estado de ánimo de quienes pasaban por allí.[3] ¿Se debía al sonido del agua? ¿A la luz reflejándose sobre la superficie? ¿Al hecho de estar cerca de una fuente de agua y comida (pescado)? ¿O simplemente a que nos sentimos más activos físicamente cerca del agua? Todavía no comprendemos del todo por qué estar cerca del agua nos hace sentir tan bien. Pero los estudios actuales cuentan con una tecnología sofisticada y utilizan sensores de salud móviles para registrar datos sobre el ritmo cardíaco, los niveles de estrés, los biomarcadores en sangre y los cambios cerebrales. Y los datos son inequívocos: la presencia de agua consigue que muchos de nosotros nos sintamos más tranquilos. Eso indica que el agua podría ayudar a revertir el estrés y la sobreestimulación predominantes en el estilo de vida del siglo XXI.

Los estudios demuestran que las mujeres son capaces de completar programas de ejercicio más largos y extenuantes si hay agua dentro de su campo de visión, que las personas que pasan más tiempo cerca del agua son más felices y están menos deprimidas[4] y que las mujeres que escuchan el sonido del agua corriente secretan menos cortisol, la hormona del estrés, que las que escuchan o bien música o bien el silencio.[5]

Por supuesto, hay otros factores que podrían intervenir, como que el aire cerca del agua corriente está menos contaminado o que el sonido del agua amortigua los sonidos urbanos molestos (véase «Semana 14: Caminar con el oído», p. 79). Normalmente, cuando estamos cerca del agua, estamos en movimiento, ya sea porque estamos caminando o practicando deportes acuáticos, cosa que podría contribuir a generar una mayor sensación de bienestar. Además, el agua es refrescante, por lo que reduce el malestar causado por las altas temperaturas.

Los defensores de la teoría de la restauración de la atención creen que nuestra mente se relaja más fácilmente en espacios que mantienen cierta regularidad sin llegar a ser monótonos, en paisajes que ofrecen un elemento novedoso mezclado con elementos predictibles.[6] La predictibilidad (por ejemplo, la corriente inalterable de un río) permite que el cerebro se relaje, mientras que las novedades (las pequeñas olas, el salto repentino de un pez, los reflejos ondulantes) mantienen la mente abierta e inmersa. Esta perfecta combinación de regularidad y novedad rejuvenece nuestro cerebro agotado y sobrecargado, y consigue que enseguida nos sintamos tranquilos y llenos de energía. Al observar la superficie vítrea de un río, vaciamos la mente de una manera muy parecida a cuando meditamos.

Después del océano, los ríos encabezan la lista de «los paisajes perfectos para restaurar la mente», según Wallace Nichols en su libro *Blue Mind*. Para gustos, los colores. Mi manera favorita de caminar es siguiendo un río, ya sea dando un pequeño paseo nocturno o haciendo un recorrido de larga distancia. Caminar siguiendo un río no requiere tener mucha orientación ni saber interpretar mapas, por lo que es ideal tanto si caminas a solas como si quieres dar una vuelta en grupo y centrarte en la conversación. Pero esto no significa que podamos desconectar del todo, pues los ríos pueden poner a prueba nuestras capacidades cognitivas de maneras inesperadas (para orientarnos por todos esos meandros, cruzar a la otra orilla o esquivar las ramas bajas de los sauces), por lo que caminar siguiendo su curso resulta igual de beneficioso para el cerebro.

Estudios recientes han concluido que nos sentimos más altruistas cuando tenemos agua cerca, y que además también experimentamos un mayor sentimiento de pertenencia. Los investigadores no saben muy bien a qué se debe, aunque a mí los paseos por el río siempre me han parecido especialmente sociables, no solo por la presencia de gente que pasea perros, de los pescadores y de los ciclistas (que disfrutan de lo fácil que es pedalear por los caminos junto al río), sino por toda la actividad que tiene lugar dentro del río, desde la gente que rema hasta las casas flotantes, pasando por los nadadores más atrevidos. Los ríos y los canales nos proporcionan un sentimiento tanto de paz y tranquilidad como de conexión con los demás, nos transmiten la sensación de que no estamos solos. Pero no nos sentimos acompañados simplemente por todas las personas que nos encontramos en la orilla: al dar un paseo largo junto el río, el propio río se convierte en nuestro acompañante. No hay datos empíricos que apoyen esta idea, pero un gran número de escritores y viajeros han dado fe de esta extraña sensación de «hacerse amigo» de un río. Yo misma lo he notado. En muchos sentidos, un río no solamente es un guía inigualable, sino que, por muy extraño que parezca, también puede ser el mejor acompañante para salir a pasear.

La mayoría de los pueblos y ciudades tienen un río o un canal. Las zonas rurales están plagadas de ríos y riachuelos que a menudo atraen una gran cantidad de fauna salvaje. Encuentra todos los que tienes cerca y planifica rutas adecuadas para ti. Si es posible, prepara una excursión más larga. Empieza caminando durante un día entero y luego plantéate viajar durante todo un fin de semana; caminar cerca de un río durante un par de días requiere cargar poco más que una muda de ropa interior limpia y un cepillo de dientes. Después, prueba a planear una excursión aún más larga siguiendo su cauce; muchos de los ríos más largos tienen caminos marcados y sitios en los que hospedarse a lo largo del recorrido. Por ejemplo, se puede caminar junto al río Ródano desde su nacimiento hasta el mar, y lo mismo ocurre con el río Támesis y el río Barrow en Irlanda. Muchos ríos y canales tienen tramos preciosos situados entre dos pueblos por los que se puede pasear fácilmente.

Caminar junto al río no es una actividad exclusiva de las zonas rurales. Muchos pueblos y ciudades tienen ríos y canales que acostumbran a estar bien cargados de historia.

Si te atreves, date un chapuzón en el río. Aunque pueda parecer sorprendente, zambullirse un momento en agua fría aumenta todavía más la sensación de felicidad. El frío activa los receptores de temperatura que tenemos bajo la piel, que a su vez activan la liberación de adrenalina y endorfinas que nos hacen sentir bien. Unos investigadores de Bangalore descubrieron que una inmersión de una hora incrementa un 250 % los niveles de dopamina. En octubre de 2020, la BBC se hizo eco del primer estudio mundial sobre las personas que nadan en agua fría, que concluyó que todas ellas tenían una proteína en la sangre que los protegía del impacto del frío y que, además, está asociada al retraso de la aparición de la demencia.[7]

Consejos

Los ríos pueden ser engañosos, ya que a veces tienen largos meandros que nos obligan a hacer largas caminatas sin cubrir mucha distancia. Utiliza un mapa o una aplicación.

Las toallas de microfibra son muy útiles para remar o nadar un rato.

Llévate unos binoculares (los ríos son el hogar de una gran cantidad de flora y fauna salvaje) y lentes de sol para protegerte del brillo del río en los días más soleados.

SEMANA 18

Caminar con un perro

En 1863, una mujer de Yorkshire llamada Mary Eyre hizo algo que pocas mujeres victorianas hubieran aprobado. Caminó sola por los remotos Pirineos, cruzando de Francia a España por una red de antiguos senderos de montaña sin llevar nada más que una pequeña mochila impermeable. Realizar un viaje como ese a pie era extremadamente peligroso para una mujer sola. Pero Mary no tenía miedo porque contaba con un compañero, un pequeño terrier escocés al que describió como «mi guardián en mis largas caminatas solitarias».[1]

Caminar con un perro es una experiencia completamente distinta a hacerlo sin un animal de compañía. Durante catorce años caminé dos veces al día con una exuberante perra negra de raza labrador que me inculcó unos hábitos que han perdurado hasta mucho después de su muerte. Los primeros meses que caminé sin ella a mi lado me sentí increíblemente triste y un poco rara. ¿Por qué seguía saliendo de la cama al alba y caminando con tanto fervor si ya no tenía una perra a la que sacar a pasear? Al final llegué a la conclusión de que ese sería su legado; mi perra me había dado el regalo de salir a pasear cada día y lo atesoraría durante tanto tiempo como fuera posible.

Por supuesto, no todos los paseos con perro son iguales. Sacar a pasear un cachorro escandaloso no tiene nada que ver con sacar a pasear a un perro muy viejo, y pasear un chihuahua no se parece en nada a pasear un *border collie*. Además, caminar a tu paso es muy diferente a caminar con un perro pegado a los talones o con un cachorro dirigiéndose a toda velocidad hacia el tráfico. Sin embargo, lo cierto es que los dueños de perros (personalmente prefiero la palabra *compañero*, pero utilizaré *dueño* para ser más clara) suelen caminar con más frecuencia que quienes no tienen perro. Los investigadores lo llaman «el efecto Lassie»,[2] y los estudios sugieren que cuanto más fuerte sea el vínculo entre el perro y el dueño, más pasearán juntos.

Hoy en día, las personas a las que nos gusta pasear con perros pero no necesariamente queremos tener uno podemos recurrir a varias opciones, desde proyectos locales para compartir perro (por ejemplo, <http://www.iamvo.com/>) hasta hacernos voluntarios en el refugio de perros o en la sociedad protectora de la zona. Nadie debería adoptar un perro solo para salir a caminar más a menudo.

Un estudio de 2006 realizado en Australia y Alemania concluyó que las personas que tenían mascota desde hacía tiempo iban al médico con una frecuencia considerablemente menor y parecían gozar de un mejor estado de salud.[3] Eso podría ser una consecuencia directa de la actividad física adicional que conlleva tener un perro. Por ejemplo, sabemos que quienes tienen perro realizan unos treinta minutos más de actividad diaria. Y también tienen que doblarse, estirarse y agacharse más que las personas que no tenemos perro, como bien sabrán todos los que alguna vez hayan dado de comer y de beber a un perro.

No es de extrañar, pues, que una investigación sueca en la que participaron más de tres millones de adultos llegara a la conclusión de que tener un perro disminuye el riesgo de muerte por cualquier causa, y los números eran todavía más bajos en los casos en que el dueño del perro vivía solo (sin nadie más aparte del perro), lo que alude al misterioso papel que la compañía desempeña en nuestra salud. Las personas que viven solas suelen tener un riesgo más elevado de morir que las que lo hacen en hogares con más miembros, a no ser que compartan su vida con un perro. Los dueños de perros también presentan un nivel de colesterol menor y una presión arterial más baja que sus homólogos sin perro, tal vez debido a que caminan más.[4]

Y la salud física no es lo único que mejora cuando tenemos un perro en nuestra vida. Se ha demostrado que acariciar a un perro aumenta los niveles de oxitocina (la conocida como «hormona del amor») y reduce los de cortisol (la «hormona del estrés»). Un experimento realizado en niños hospitalizados concluyó que el acceso a los perros de terapia disminuía el estrés y la ansiedad.[5] Otro estudio observó que las personas mayores que estaban recuperándose de un ictus reaprendían a caminar con más eficiencia si el proceso de rehabilitación incluía un perro de terapia.[6]

Y por si eso no fuera poco, varios estudios del microbioma sugieren que las personas que estamos en contacto con perros tenemos una mayor diversidad de bacterias en los intestinos, lo que seguramente mejora nuestra inmunidad (y tal vez es otro de los motivos por los que los alemanes y los australianos que tienen perro acuden al médico con menos frecuencia). Hace poco, un periódico estadounidense se planteó medio en broma: «¿Son las mascotas los nuevos probióticos?».[7]

Para rematarlo, las personas mayores que tienen perro también parecen gozar de una mejor salud cerebral. ¿A qué se debe? En su libro *The Changing Mind: A Neuroscientist's Guide to Ageing Well*, Daniel Levitin explica que hacer senderismo es fundamental para mantener el cerebro joven. Cuando hacemos senderismo, dice, nos encontramos repetidamente con situaciones que requieren algún tipo de orientación cognitiva; ramas que nos obligan a agacharnos, piedras y lodo que hay que esquivar, naturaleza que no queremos perturbar, carreteras que hay que cruzar. También tenemos que realizar «cientos de microajustes», añade, tomar un sinfín de pequeñas decisiones, como determinar si pisamos el suelo con fuerza o suavemente, si nos inclinamos para mantener el equilibrio, y así sucesivamente. Todo esto obliga al cerebro a trabajar, y de paso ayuda a conservar su función. Cualquiera que haya caminado con un perro sabe que las decisiones geoorientativas y los microajustes se multiplican cuando también tienes que predecir y negociar las respuestas de un perro. Al caminar con un perro, no solo tomamos decisiones que nos afectan a nosotros mismos, sino también a ellos.

El hecho de que el cerebro de las personas que tienen perro funcione mejor también podría ser consecuencia del aspecto social de sacar a pasear el perro, ya que a menudo implica platicar con otras personas que también están paseando al perro. Quizás esto podría aclarar un descubrimiento reciente un tanto inexplicable: las personas con perro tienen más autoestima.[8] ¿Podría ser que tener la responsabilidad de cuidar de un perro nos haga sentir que tenemos un propósito mayor y, en consecuencia, nos suba la autoestima? Por otro lado, los niños en cuyas familias hay un perro presentan menos problemas para llevarse bien con sus compañeros, lo que podría indicar que estos animales desempeñan un papel importante en el desarrollo social y emocional infantil.[9]

Cuando pienso (y lo hago a menudo) en los muchos años que caminé junto a mi querida perra, lo que recuerdo más vívidamente es el frenesí que mostraba siempre que estaba al aire libre, su constante curiosidad por olisquearlo todo, el puro gozo que sentía al moverse; corría, saltaba, trotaba y, en sus últimos meses de vida, se movía pesadamente, pero con la misma alegría de siempre. Siempre me contagiaba su entusiasmo y me ayudaba a estar completamente inmersa en el presente. Se podría decir que, en muchos sentidos, mi perra me enseñó a pasear y no a la inversa.

No todos tenemos el espacio, el tiempo libre o el dinero para tener un perro. Además, caminar sin un perro también puede proporcionarnos grandes alegrías: podemos saltar muros, caminar despreocupadamente por un campo lleno de ovejas, avistar más fauna salvaje y hacer senderismo sin tener que recoger excremento de perro.

Pero ¿se hubiera atrevido Mary Eyre a cruzar los Pirineos sin su pequeño perro, su guardián y compañero? Lo dudo.

Consejos

Pide prestado un perro a un amigo, a un familiar o incluso a través de una aplicación para compartir perro antes de comprometerte a tener uno. También puedes probar a apadrinar a un perro de una sociedad protectora de animales de tu localidad.

Busca información sobre nuevas rutas antes de realizarlas: no todos los caminos son aptos para perros.

Para obtener todos los beneficios posturales de balancear ambos brazos (véase «Semana 2: Mejorar la marcha», p. 27), procura soltar al perro durante un rato.

El excremento de perro es dañino para el medioambiente y peligroso para algunos animales salvajes, por lo que deberías recogerlo siempre y tirarlo en los botes de basura designados.

SEMANA 19

Deambular entre los árboles

EN 1960, UNOS CIENTÍFICOS que estaban hojeando su revista favorita mientras tomaban el sol despertaron bruscamente de sus ensoñaciones junto al mar. El número de agosto de *Nature* incluía un artículo titulado «Blue Hazes in the Atmosphere», escrito por un biólogo holandés poco conocido llamado Frits Warmolt Went. Ese título tan lánguido ocultaba el contenido radical del artículo: Went sugería que la neblina que vemos sobre el paisaje no es más que una vasta nube de moléculas y gases producidos por los árboles y las plantas. Cuando la luz incide sobre estas moléculas, esta se dispersa, un fenómeno conocido como «dispersión de Rayleigh», produciendo así la neblina azul, marrón y blanca tan querida por los paisajistas del siglo XV.

Un bioquímico ruso llamado Boris Tokin había identificado ya los compuestos químicos que producen las plantas para protegerse a sí mismas, acuñando así el término «fitoncida». Pero Frits Went fue el primero que comprendió la enorme escala de estas emisiones, por no mencionar el impacto que tienen en la atmósfera terrestre. Went se adelantó varias décadas a su tiempo. Su trabajo languideció hasta que aparecieron nuevas tecnologías que permitieron a los científicos medir y analizar esos compuestos químicos tan enormemente complicados. Tan solo estamos empezando a comprender el asombroso potencial que tienen, lo cual nos lleva a preguntarnos si las emisiones de los árboles podrían ser el motivo por el que nos sentimos mejor tras caminar por el bosque.

Y puede que no solo nos sintamos mejor, sino que estemos mejor. Cuando los investigadores de la University of East Anglia estudiaron los datos de 140 informes que implicaban a 290 millones de personas de veinte países diferentes, concluyeron que el tiempo que estaban en contacto con la vegetación natural tenía un amplio y significativo abanico de beneficios para la salud, incluyendo un menor riesgo de sufrir diabetes tipo 2, enfermedades cardiovasculares, muerte prematura, presión arterial elevada y estrés.[1]

Actualmente, los bosques son el centro de atención de los científicos. Un estudio finés concluyó que los adultos («especialmente las mujeres sanas de mediana edad») experimentaban mejoras inmediatas en su grado de bienestar después de caminar entre los árboles.[2] Los participantes que regresaban de dar una vuelta por el bosque mostraban unos niveles de cortisol (un marcador del estrés) significativamente más bajos, unos resultados acordes con los de otros veintidós estudios clínicos que también detectaron una reducción drástica del cortisol en la saliva de quienes habían paseado por el bosque.

Sin embargo, eso no es ninguna novedad en Japón, donde los investigadores llevan dos décadas obteniendo resultados parecidos. Los japoneses, que lo han bautizado como *shinrin-yoku* o «baño de bosque», fueron los primeros en descubrir que caminar por el bosque disminuía la presión arterial, la frecuencia cardíaca y los niveles de estrés, además de reducir la inflamación[3] y mejorar la inmunidad.

Y no solo nuestros cuerpos se benefician de caminar por la vegetación. En el Instituto de Salud Global de Barcelona, los investigadores han descubierto que las personas que viven en barrios más verdes tienen una mayor agudeza mental.[4] En el Reino Unido llegaron a unas conclusiones similares después de que los investigadores analizaran el cerebro de 6500 personas durante diez años y correlacionaran los resultados con unas imágenes por satélite que mostraban cuánta vegetación había en sus respectivos vecindarios. Quienes vivían en zonas con abundantes árboles y arbustos presentaban un deterioro cognitivo más lento. Pero no se trata solo del lugar donde vivimos. Cuando un estudio realizado con 50 000 adolescentes concluyó que los que estudiaban cerca de zonas arboladas obtenían mejores calificaciones independientemente de donde vivieran, resultó evidente que los científicos apenas estaban empezando a arañar la superficie de las propiedades terapéuticas de los árboles.[5]

Entonces, la pregunta del millón es: ¿Por qué los árboles tienen un efecto fisiológico y psicológico tan potente en nosotros? Un puñado de científicos están convencidos de que se debe a los terpenos, uno de los fitoncidas más potentes producidos por las hojas, el tallo, las raíces y el tronco de las plantas.

La mayoría de los experimentos con terpenos se ha realizado en placas de Petri o en roedores. Sin embargo, los resultados preliminares son prometedores y fascinantes. Muchos terpenos actúan como un potente antiinflamatorio, incluyendo el alfa-pineno (que se encuentra en las coníferas y el romero), el gamma-terpineno (presente en el eucaliptus y el niaouli) y el dextro-limoneno (presente en la menta, la castaña de Indias, el eucalipto, el enebro y el nogal negro). También se ha demostrado que el dextro-limoneno reduce los niveles de glucosa e insulina en la gente mayor, y que es más efectivo que los antidepresivos a la hora de mejorar el ánimo de las personas con depresión.[6]

También se han descubierto propiedades antinflamatorias en el sabineno, el terpeno más abundante en las ramas de los árboles. El linalool, que se encuentra en la lavanda y los abedules, ha obtenido unos resultados excelentes a la hora de reducir la inflamación pulmonar en ratones. Numerosos terpenos parecen ser anticancerígenos (véase «Semana 39: Caminar con el olfato», p. 194), sobre todo los que se encuentran en los pinos. Otros son potentes antioxidantes, como el canfeno, que se encuentra en los liquidámbares. Varios parecen ser neuroprotectores, como el humuleno (del abeto balsámico).

Pasar tiempo en el bosque también mejora la microbiota. Hace tiempo que los médicos saben que los niños que crecen en contacto con la naturaleza tienen un microbioma más rico y diverso, pero en 2019 unos científicos fineses quisieron comprobarlo. Plantaron trozos de suelo forestal (incluyendo árboles y sotobosque) en los patios de algunas guarderías situadas en ciudades. Dejaron que los niños jugaran ahí durante una hora y media diaria, cinco días a la semana. Luego, los investigadores analizaron los microbios que había en los intestinos y la piel de esos niños y los compararon con los que tenían los niños de otras guarderías.

En solo cuatro semanas, los microbios de los niños que jugaban entre los árboles habían aumentado en cuanto a diversidad. En particular, los investigadores encontraron una gran cantidad de microbios de la familia gammaproteobacteria en su piel, una clase de microbio que se cree que es crucial para la inmunidad. Sorprendentemente, los cambios en el microbioma y la piel de los niños quedaron reflejados en «cambios paralelos en sus sistemas inmunitarios».[7] Cuanto más se exponían al bosque, más fuertes se volvían sus sistemas inmunitarios.

Pero no nos dejemos cegar por la ciencia. La finalidad de los bosques no es mejorar nuestra salud: son sitios que poseen una belleza vernal extraordinaria, son el hogar de una asombrosa vida salvaje y una impresionante red subterránea de hongos, que coexisten en un intrincado y milagroso ecosistema propio. Pisa con cuidado, avanza en silencio, siente la descarga del aire perfumado en la piel, la fragancia de los terpenos en la nariz. Pocos lugares son tan cautivadores como los bosques cuando sale o se pone el sol...

Consejos

Los bosques de árboles caducifolios tienen más interés estacional que los de árboles perennes: en invierno, las ramas desnudas nos ofrecen un paisaje nuevo, mientras que, en otoño, el bosque se transforma con unos colores intensos.

Se ha demostrado que tocar elementos paisajísticos orgánicos incrementa inmediatamente la diversidad de las proteobacterias (incluida la gammaproteobacteria) en la piel, así que quítate los guantes y empieza a utilizar tus manos.

Los árboles perennes tienen una mayor abundancia de terpenos: para conseguir un efecto completo, inhala profundamente mientras caminas. Prueba a rozar los árboles al pasar o a estrujar las hojas de distintos tipos de árboles (roble, haya, álamo, nogal) y oler su aroma para crear una especie de paseo olfativo del bosque.

Distintos bosques producen diferentes mezclas y cantidades de terpenos, así que pasea por diferentes bosques y visítalos en distintos momentos del día y del año.

Los estudios sugieren que basta con un paseo de dos horas para incrementar significativamente el número de células asesinas (NK), las células del sistema inmunitario que atacan los virus y las células tumorales. Por otro lado, estar tres días en el bosque incrementa las células NK hasta un 50 % según un estudio realizado por el doctor Qing Li, pionero del *shinrin-yoku*.[8]

En la medida de lo posible, pasea una vez por semana por un bosque. Según un metaanálisis publicado en el *American Journal of Lifestyle Medicine*, los efectos de haber estado en el bosque perduran toda una semana.[9]

Ayuda a ampliar los bosques plantando árboles o contribuyendo con organizaciones benéficas locales centradas en los bosques. Puedes contrarrestar tus emisiones de carbono comprando árboles en proyectos como <www.reforesta.es> o <www.bosquessostenibles.com>.

Busca arboretos (y *pinetums*); normalmente contienen una gran variedad de especies arbóreas.

Los árboles y los bosques son mucho más fascinantes cuando sabes algo sobre ellos. Invierte en alguno de los libros publicados más recientemente sobre la ciencia de los bosques para quedar completamente alucinado (véase «Lecturas recomendadas», p. 295) y descárgate aplicaciones que te ayuden a identificar la flora y la fauna.

SEMANA 20

Un paseo para recordar

HACE UNA DÉCADA, unos psicólogos alemanes y estadounidenses empezaron a sopesar la idea de que caminar podía resultar más favorable para activar la memoria que sentarse delante de un libro, una pantalla o unas tarjetas de memoria.

Los psicólogos alemanes descubrieron que tanto los niños como los adultos presentaban una mejor memoria de trabajo (la capacidad de recordar datos recién aprendidos) mientras caminaban que mientras estaban sentados, aunque los resultados en los niños fueron más notables.[1] La capacidad de recordar mejoró aún más cuando los participantes pudieron marcar el ritmo de sus propios pasos. Los investigadores no encontraron ninguna explicación a ese fenómeno, pero por aquel entonces se estaba llevando a cabo otro experimento similar en Estados Unidos.[2] Unos psicólogos de la Californian State University y la University of Illinois reclutaron a ochenta estudiantes y les pidieron que se aprendieran una larga lista de nombres. Algunos de esos estudiantes dieron un paseo de diez minutos antes de empezar a estudiar; otros dieron un paseo de diez minutos después de haber estudiado pero antes de hacer el examen; otros se quedaron sentados tranquilamente contemplando imágenes de paisajes antes de estudiar y de hacer el examen. Los estudiantes de uno de los tres grupos obtuvieron unos resultados mucho mejores que los de los demás grupos, ya que consiguieron recordar un 25 % más de los nombres. Para sorpresa de los investigadores, ese grupo fue el que había dado un paseo de diez minutos antes de empezar a estudiar. Caminar antes de hacer el examen no supuso una gran diferencia, por lo que los psicólogos concluyeron que lo que proporciona una «ventaja memorística» es dar un paseo de diez minutos antes de estudiar. Sin embargo, tampoco supieron encontrar ninguna explicación.

A lo largo de la década actual, nuestra comprensión de la memoria y el movimiento se ha incrementado exponencialmente. Tras dar un paseo vigorizante solemos sentir un mayor bienestar físico y psicológico, un sentimiento que hoy en día algunos científicos atribuyen a los endocannabinoides, diminutas moléculas producidas por nuestro cuerpo cuando hacemos cualquier cosa que requiera bastante esfuerzo físico. Estas moléculas circulan a través de la sangre, atraviesan la barrera hematoencefálica y se adhieren a los receptores celulares de una manera que todavía no comprendemos por completo. Los primeros estudios del increíblemente complejo sistema endocannabinoide de comunicación celular lo han asociado a la capacidad de dormir, de sentirnos felices, de reproducirnos, de muscular y de favorecer la regeneración ósea, entre muchas otras cosas. Sin embargo, estudios recientes también han relacionado el sistema endocannabinoide con la capacidad de recordar, ya que estas moléculas microscópicas también se adhieren a los receptores del hipocampo, la parte del cerebro responsable de procesar y almacenar recuerdos. Cuando caminamos a paso ligero, aumentan los niveles de anandamida endocannabinoide; actualmente, algunos neurocientíficos piensan que la anandamida endocannabinoide fomenta la plasticidad del cerebro, es decir, que en la práctica permite que el cerebro se reconfigure a sí mismo. Algunos estudios recientes han intentado relacionar este fenómeno con la velocidad a la que caminamos para responder a esta pregunta: ¿Podemos mejorar la memoria caminando más deprisa o más despacio?

Y la respuesta es... de ambas formas. Caminar a distintas velocidades activa distintos tipos de memoria. Un equipo de neurocientíficos suizos concluyó que treinta minutos de ejercicio moderado (el equivalente a un paseo a paso ligero en plano) mejora la memoria asociativa,[3] mientras que caminar enérgicamente (el equivalente a caminar deprisa en subida) durante quince minutos incrementa drásticamente los niveles de endocannabinoides, lo que nos permite mejorar nuestra capacidad de recordar.

Otros estudios han descubierto que incluso con caminar tan solo diez minutos a paso lento (el equivalente a dar un paseo después de cenar) puede marcar la diferencia, ya que mejora la comunicación entre varias vías memorísticas. Mientras tanto, un nuevo estudio sueco asegura que incluso caminar tan solo dos minutos ya provoca efectos positivos en la capacidad de aprendizaje y memorización de los adultos jóvenes.

¿Demasiado complicado? No necesariamente... Si estás repasando para un examen que requiere memorización, resérvate algunos momentos para caminar en subida o hacer caminatas rápidas. Si necesitas utilizar la memoria asociativa (por ejemplo, asociar ideas con nombres y caras), resérvate algunos momentos para caminar a paso ligero. O mejor aún, camina durante más de dos minutos a cada una de las distintas velocidades. Lo ideal sería que caminaras en distintos momentos: antes de empezar a estudiar, en la mitad del tiempo de estudio (o cada hora) y al terminar. En cada momento y a cada velocidad se te activará una parte distinta de la memoria.

No solamente el momento y la velocidad a la que caminamos nos ayuda a descansar y organizar los recuerdos, sino que también influye la dirección en la que caminamos. Aunque muchos estudios ya habían relacionado el movimiento con la memoria, hubo un investigador que fue más allá. El doctor Aleksandar Aksentijevic, un psicólogo de la University of Roehampton de Londres, reclutó a 114 personas para que participaran en distintos experimentos memorísticos. Tras ver un video de una escena de un crimen falsa, una lista de palabras o un conjunto de imágenes, algunos de los participantes tuvieron que caminar hacia delante, otros hacia atrás, y otros tuvieron que quedarse sentados antes de contestar unas preguntas sobre lo que habían visto.

En todos los casos, las personas que habían caminado hacia atrás eran capaces de recordar mucho mejor la información y los eventos pasados que las que se habían quedado sentadas. En cinco de los seis experimentos se agudizó la memoria de los participantes que habían caminado hacia atrás. De media, aquella mejora de la memoria duró unos diez minutos después de que la gente dejara de moverse. El doctor Aksentijevic bautizó esta especie de viaje en el tiempo mental inducido por el movimiento como «efecto de viaje en el tiempo mnemónico».[4]

Conocemos de sobra los motivos prácticos por los que nos conviene mantener una muy buena memoria, pero los estudios han revelado otra motivación mucho menos obvia. Los investigadores han descubierto que las personas capaces de extraer recuerdos positivos de su memoria son más resilientes ante el estrés. Según los investigadores, el hecho de ser capaces de recordar experiencias positivas y saborear los buenos momentos nos ayuda a responder ante situaciones estresantes con una mejor resiliencia emocional.[5] No sabemos si caminar nos ayuda a aferrarnos mejor a los viejos recuerdos de la misma manera que nos ayuda a recordar hechos recientes, pero los neurocientíficos coinciden en que caminar previene la pérdida de memoria: un estudio de 2010 demostró que las personas que caminan asiduamente (más de un kilómetro y medio al día) presentaban una memoria más robusta a una edad más avanzada, y que se reducía a la mitad el riesgo de pérdida de memoria.[6]

Por otro lado, un estudio de 2021 con personas (de más de cincuenta y cinco años) que ya sufrían una pérdida de memoria descubrió que caminar regularmente mejoró algunas de sus capacidades cognitivas, lo cual nos plantea el interrogante de si moverse con regularidad podría ralentizar el avance del alzhéimer.[7]

Consejos

¿Estás estudiando para un examen? Incluye en tu horario algunos momentos para caminar con regularidad, incluso aunque sea un paseo a paso ligero de dos minutos entre tema y tema.

O aún mejor, ve variando la velocidad a la que caminas.

Un estudio publicado en *Brain Research* descubrió que moverse impetuosamente durante un corto período de tiempo (por ejemplo, caminando a paso rápido) mejora la concentración durante una hora.[8] Así que considera trabajar en franjas de una hora separadas por paseos cortos y rápidos.

Si te cuesta recordar algo, prueba a caminar hacia atrás.

No sientas la tentación de realizar ejercicio de forma demasiado vigorosa: un estudio de 2017 descubrió que el ejercicio intenso, incluso en pequeñas dosis, provocaba «una disminución en la memoria verbal, en la recuperación de la memoria inmediata y en la recuperación de la memoria diferida», probablemente debido al cansancio subsecuente. ¡Caminar es la intensidad de ejercicio perfecta![9]

SEMANA 21

Ejercitar el músculo de la curiosidad: caminar por una línea ley

UNA CALUROSA TARDE DEL VERANO DE 1921, Alfred Watkins se encontraba en la cima de una colina del condado inglés de Herefordshire admirando las vistas. Era un paisaje que conocía bien: no solo había vivido y trabajado allí toda su vida, sino que también era un talentoso fotógrafo de paisajes, un aficionado a la arqueología y un naturalista entusiasta. Sin embargo, aquel día, Watkins (un hombre notablemente curioso) vio algo por primera vez, algo en lo que nunca antes se había fijado. Bajó la vista del paisaje al mapa y observó una línea recta que conectaba la cima de aquella colina con un montón de lugares ancestrales, como si los hubieran ensartado en un hilo, uno tras otro. Fue una epifanía, una «avalancha de epifanías» que cambió el curso de su vida. Watkins regresó corriendo a su casa y empezó a clavar tachuelas en «puntos de referencia» del mapa y a trazar líneas rectas entre ellos con «asombrosos resultados». Afirmó que había puntos de interés histórico (desde iglesias y castillos hasta pasos de montaña y menhires) alineados en línea recta que se habían utilizado como rutas comerciales o religiosas miles de años atrás.

Watkins acuñó el término «líneas ley» para describir ese patrón de alineación y estableció que para constituir una línea ley se necesitan un mínimo de cuatro puntos de referencia destacados. A pesar de que primero los marcaba todos en un mapa, cuando luego recorría la línea ley en cuestión, normalmente encontraba otros «puntos de referencia», desde riachuelos y fuentes hasta fragmentos de una antigua carretera, lo que según él eran indicios de un antiguo camino que habrían recorrido nuestros antepasados remotos. Sus ideas, explicadas y publicadas en dos libros, causaron controversia desde el principio.[1] Pero la controversia real surgió tres décadas después de su muerte, cuando el movimiento *New Age* de la década de los sesenta reinterpretó las líneas ley no como caminos primitivos, sino como redes secretas de energía, líneas de poder de la tierra, misterios cósmicos conocidos por nuestros ancestros prehistóricos pero que hoy en día han caído en el olvido. Para muchas personas, aquello fue llevarlo un poco demasiado lejos, y Watkins y su teoría de las líneas ley se vieron ridiculizados y calumniados.

No hay ninguna evidencia científica que respalde la existencia de las líneas ley. Sin embargo, recientemente, los escritores se han dado cuenta de que las líneas ley de Watkins suelen coincidir con rutas de peregrinación medievales, con el recorrido de riachuelos subterráneos o con vías funerarias desaparecidas desde hace tiempo.[2] Pero en realidad no importa si las líneas ley coinciden con rutas funerarias, líneas magnéticas de energía, caminos de peregrinos y comerciantes, o con ninguna de esas cosas. Recorrer una línea ley es caminar guiado por la curiosidad. Planificar y seguir una línea ley ejercita el músculo de la curiosidad, nos plantea una pregunta tras otra y nos invita a descodificar la historia y el espíritu de una zona, a buscar conexiones entre los edificios, la geología, la geografía, el nombre de los lugares, la flora, los riachuelos escondidos y los senderos perdidos desde hace mucho tiempo.

Estos últimos años, los neurocientíficos han estudiado la curiosidad con resultados muy esclarecedores. Cuando Matthias Gruber, director del Cardiff University's Motivation and Memory Lab, llevó a cabo un experimento para examinar la relación entre la curiosidad, el aprendizaje y la memoria, descubrió que quienes sentían curiosidad por un tema eran capaces de aprender y recordar mejor otros temas menos interesantes que venían luego. Las imágenes cerebrales mostraron que la curiosidad inicial genera una actividad en el hipocampo que luego se mantiene durante un buen rato, lo cual ayuda a procesar la información y los recuerdos posteriores. «La curiosidad afecta a la memoria», explicó Gruber, sumiendo «el cerebro en un estado que le permite aprender y retener cualquier tipo de información».[3]

Estudios anteriores ya habían relacionado un alto nivel de curiosidad con una mayor satisfacción personal, que curiosamente va acompañada de una especie de efecto retardado que dura veinticuatro horas, por lo que un pico de curiosidad provoca un sentimiento de «significancia y satisfacción vital» que perdura durante todo un día.[4] Según el profesor de psicología Todd Kashdan, la curiosidad es «una de las claves más fiables e ignoradas para alcanzar la felicidad», ya que nos permite experimentar alegría, placer y la satisfacción de descubrir.[5] Las investigaciones del propio Kashdan también muestran que la curiosidad nos ayuda a adaptarnos mejor al estrés de nuestra vida, ya que refuerza la resiliencia emocional. La psicóloga Edith Eger atribuye el hecho de sobrevivir a Auschwitz a su curiosidad, y cuenta que «es lo que me mantuvo viva... Quería saber lo que iba a ocurrir a continuación».[6]

Parece ser que la curiosidad también nos proporciona beneficios físicos: un estudio de 1996 realizado con mil adultos concluyó que los sujetos más curiosos vivían durante más tiempo, independientemente de si fumaban o sufrían cualquier tipo de enfermedad. Otro estudio descubrió que era menos probable que las personas curiosas tuvieran la presión arterial alta o diabetes. Tener una gran curiosidad no solo nos aporta beneficios para la salud y más felicidad: aparentemente —y quizás como era de esperar—, las personas curiosas también tienen relaciones interpersonales y matrimonios más satisfactorios.[7]

Así pues, deshazte de todo recelo y suspicacia (tener la mente abierta es un prerrequisito esencial) y explora tu curiosidad inherente planificando y caminando por una línea ley.

Consejos

Empieza utilizando la técnica de Watkins, es decir, marcando cada lugar significativo, ya sea hecho por el hombre o natural, en un mapa gubernamental (vas a necesitar un mapa lo más detallado posible). Utiliza una regla o cualquier objeto recto para trazar una línea entre dos puntos significativos. Recuerda que tienes que alinear un mínimo de cuatro puntos para transformar una línea arbitraria en una línea ley.

Camina por la línea y ve anotando cualquier punto destacado que encuentres por el camino que no apareciera en el mapa.

Presta mucha atención: parece ser que los psíquicos son capaces de sentir el pulso de la energía magnética que emiten las líneas ley bajo sus pies.

Para recorrer líneas que ya hayan dibujado otros cazadores de líneas ley, investiga en libros, páginas webs, blogs, videos de internet y grupos de cazadores de líneas ley.

Las fotografías (especialmente las aéreas) pueden ayudarte a identificar lugares, formas o líneas interesantes que podrían no ser visibles a ras del suelo.

Algunos cazadores de líneas ley intentan alinear sus «lugares significativos» con puntos de referencia mundiales (como la Gran Muralla china, las pirámides egipcias o el Machu Picchu), lo cual da lugar a una interesante lección de geografía.

SEMANA 22

Dar una vuelta en silencio

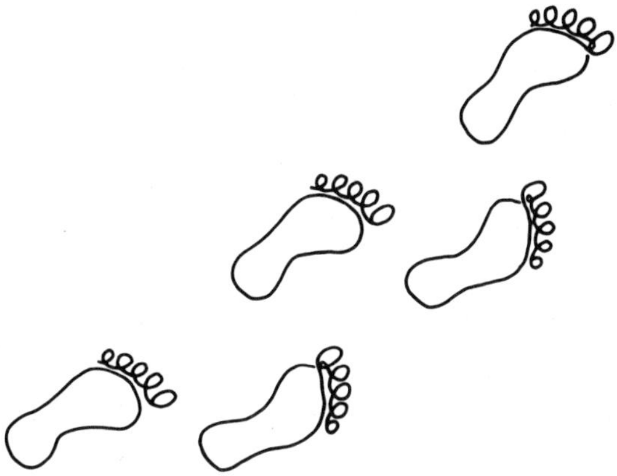

HACE UNA DÉCADA, los científicos descubrieron que las ratas expuestas a ruidos fuertes dejaban de crear nuevas neuronas en el hipocampo, la región cerebral relacionada con la memoria y el aprendizaje.[1] En otro experimento, otro grupo de científicos observaron que los ratones que estaban expuestos a dos horas de silencio al día producían nuevas neuronas en el hipocampo.[2] Esta simple conclusión (ruido = malo, silencio = bueno, por lo menos para el cerebro) no debería sorprendernos.

Ya en 1859, Florence Nightingale escribió en su *Notas sobre enfermería: Qué es y qué no es* que «el ruido innecesario es la falta de cuidados más cruel que se puede infligir en personas enfermas y sanas». Y la historia ha demostrado que tenía razón. Mientras tanto, los últimos estudios sobre ruido y silencio han sustituido los ratones por seres humanos, con resultados sorprendentes e inesperados.

Un grupo de investigadores suecos descubrió que es más probable que las personas expuestas al ruido del tráfico acaben sufriendo obesidad, mientras que las personas expuestas al ruido del tráfico, de los trenes y de los aviones tienen «un riesgo especialmente alto». Un estudio realizado con 380 000 canadienses descubrió una relación clara entre el ruido del tráfico y la diabetes, mientras que una investigación realizada en escuelas concluyó que los alumnos que estudiaban bajo las rutas aéreas del aeropuerto de Heathrow tenían peor memoria y comprensión lectora. Un informe de la University of Michigan descubrió que quienes vivían en entornos ruidosos tenían un 36 % más de probabilidades de sufrir alzhéimer.[3]

La exposición al ruido también está asociada a la alteración del sueño, a enfermedades cardíacas, a la diabetes, a la pérdida de audición, a la presión arterial alta y al estrés. A la larga, la exposición a ruidos fuertes o prolongados provoca una pérdida de audición. Cuando el ruido daña los minúsculos pelitos que se encuentran dentro del oído interno, acaban con la capacidad auditiva para siempre.

El profesor Stephen Stansfeld, un experto en ruido a escala mundial, afirma que incluso los ruidos a los que nos acostumbramos y que ni siquiera oímos también nos afectan, ya que se infiltran en el oído, hacen vibrar los huesecitos que allí se encuentran y se transforman en señales eléctricas que pasan a nuestro cerebro, lo cual activa las hormonas del estrés, altera el pulso, la frecuencia cardíaca y la presión arterial, y perturba los ritmos circadianos. Incluso mientras dormimos.[4] Stansfeld nos aconseja que vayamos a algún lugar silencioso siempre que podamos.

La buena noticia es que el silencio es un reconstituyente tan potente como debilitante es el ruido. En los estudios realizados con pacientes hospitalarios, el silencio consiguió reducir más eficazmente la percepción del dolor que la música *jazz*. Un estudio de 2006 sobre los efectos psicológicos de la música (que tenía como objetivo examinar la respuesta de las personas ante diferentes géneros musicales) descubrió que era el silencio, no la música, lo que producía un efecto más espectacular en los marcadores de estrés de los participantes.[5] El silencio resultó ser más relajante que la música tranquila. Además, si tras una pieza de música se hacía el silencio, este resultaba todavía más relajante. En otras palabras, los efectos del silencio se intensifican cuando hay contraste. Un estudio posterior de la University of Oregon confirmó que la zona del cerebro que procesa el sonido no se inactiva cuando cesa el sonido. Al contrario, «responde» ante el silencio.[6]

Cuando no hay nada que escuchar, ni ruidos que nos molesten, el cuerpo por fin puede descansar y el cerebro puede ponerse a crear nuevas neuronas, un proceso conocido como «neurogénesis». En este aspecto, el silencio funciona de manera muy similar a la meditación (que también se ha comprobado que activa la creación de nuevas neuronas; véase «Semana 51: Caminar como forma de meditación», p. 247).

Sin embargo, dar una vuelta en silencio, al contrario que caminar meditando, no implica tener que marchar de manera solitaria. Cuando caminamos en silencio junto a otra persona, ocurre algo sorprendente. Si nos gusta nuestro compañero de paseo (o incluso si creemos que podría gustarnos en un futuro), las zancadas acaban coordinándose, un fenómeno conocido como «sincronización de pasos». Un estudio japonés concluyó que caminar menos de diez minutos en silencio con un desconocido crea una conexión o un vínculo bien perceptible debido a que ambos sincronizan sus zancadas y se mueven a la misma velocidad, paso y ritmo. En este experimento emparejaron a los participantes, que no se conocían entre sí, y les pidieron que caminaran juntos por un camino tranquilo. Un detector de movimiento disfrazado de dispositivo GPS monitorizó la sincronización de sus pasos. Tras marchar medio kilómetro en silencio, los participantes consolidaron la percepción que tenían el uno del otro, cosa que indica que mientras caminaban se estaba produciendo algún tipo de comunicación no verbal. Los investigadores se sorprendieron al descubrir «las primeras impresiones reflejadas en la sutil acción de caminar», ya que se dieron cuenta de que el hecho de caminar juntos en silencio había alterado favorablemente la relación entre ambos desconocidos.[7]

Por supuesto, no hay ningún lugar en el que podamos estar completamente en silencio: incluso en los sitios más tranquilos podemos escuchar nuestra propia respiración, nuestras pisadas. Pero sí que existen lugares donde no se oyen sopladores de hojas, podadoras, el tráfico, las alarmas de los coches y los aviones. Búscalos. Desconecta el teléfono celular. Observa como el silencio no solo cambia el «sonido» del paisaje sino también su «apariencia». En el Himalaya, el escritor

Peter Matthiessen se dio cuenta de que la luz era más intensa debido a la falta de ruido.[8]

Consejos

No necesitamos hacer una excursión larga para sentirnos revitalizados. En el estudio de 2006 mencionado anteriormente, solo hicieron falta dos minutos de silencio para que el cuerpo de los participantes se relajara. Un paseo de dos minutos en silencio y sin el teléfono celular por un sitio tranquilo podría ser suficiente.

Resiste la tentación de platicar: caminar en silencio con un acompañante crea una intimidad igual de intensa que una conversación real.

De vez en cuando deja de caminar, cierra los ojos y simplemente... escucha.

Prueba a caminar tan silenciosamente como puedas; ese esfuerzo adicional agudizará tu conciencia del ruido.

SEMANA 23

Caminar en altitud

En la década de 1930, un grupo de científicos rusos empezó a investigar los efectos de la falta de oxígeno en el cuerpo humano, una condición conocida como «hipoxia». Durante décadas, escondidos tras el telón de acero, los investigadores soviéticos realizaron experimentos tanto con humanos como con animales. Muchos de estos experimentos y pruebas se llevaron a cabo en campamentos de montaña situados a gran altitud. Otros se hicieron en cámaras de simulación de altitud, en aviones o en laboratorios. Los investigadores examinaron los efectos tanto de la disminución continuada de oxígeno como de la disminución intermitente de oxígeno, y enseguida se dieron cuenta de que, aunque el cuerpo humano no puede sobrevivir sin los niveles de oxígeno adecuados, sus experimentos estaban obteniendo unos resultados excelentes. Con el tiempo perfeccionaron una técnica llamada «entrenamiento de hipoxia intermitente» (IHT, por sus siglas en inglés). El IHT implica varios minutos de exposición a la hipoxia seguidos de varios minutos de recuperación. Se utilizaba para ayudar a atletas, asmáticos y pacientes oncológicos entre otros.

Sesenta años después de que empezaran los primeros experimentos rusos comenzaron a aparecer artículos sobre el entrenamiento de hipoxia intermitente en revistas médicas rusas de poco impacto, aunque todos los detalles de los primeros experimentos desaparecieron sin dejar rastro. Algunos científicos de Occidente se enteraron de la existencia de estos estudios soviéticos, los tradujeron y empezaron a llevar a cabo sus propios experimentos. Así fue como empezó a emerger un consenso: la altitud moderada (y la hipoxia leve o intermitente) parecía producir cambios bioquímicos beneficiosos para el cuerpo humano.

Los investigadores estadounidenses que indagaron en la conexión entre la altitud y las enfermedades crónicas concluyeron que las personas que viven por encima de los 1 500 metros suelen vivir tres años más que las que residen al nivel del mar. Los investigadores ahondaron más en esta cuestión y descubrieron que era menos probable que los hombres y (especialmente) las mujeres que vivían a más altitud tuvieran obesidad y murieran debido a una enfermedad cardíaca que sus homólogos que residían a nivel del mar.[1] También encontraron la misma relación entre la obesidad, las enfermedades cardíacas y la altitud en Nepal, India y Argentina. Una y otra vez, las personas que vivían en altitud parecían gozar de mejor salud.

A cierta altitud, el aire es más fino y contiene menos moléculas de oxígeno. Para compensar la menor cantidad de oxígeno, el cuerpo humano produce más glóbulos rojos, pero también crea nuevos vasos sanguíneos que pueden actuar como rutas secundarias hacia el corazón. Pero no solo nuestros corazones trabajan mejor a una altitud moderada. Al parecer, ciertos tipos de cáncer e ictus son también menos frecuentes en las personas que viven en latitudes elevadas. Los estudios actuales sugieren que la ligereza del aire reduce el apetito e incrementa el metabolismo, además de mejorar la inmunidad, el estado de ánimo, la osteoartritis y las enfermedades gastrointestinales. Según Robert Roach, director del Altitude Research Center en la University of Colorado Anschutz Medical Campus, la altitud nos permite quemar grasa de manera más eficiente, nos ayuda a pensar con más claridad y mejora nuestra resistencia física.[2] En general, la altitud no suele ser beneficiosa para las personas con enfermedades respiratorias, aunque los científicos rusos consiguieron tratar con éxito casos de asma y enfermedad pulmonar crónica con el IHT, y estudios más recientes sugieren que algunas patologías (como la enfermedad pulmonar obstructiva crónica, una de las causas principales de muerte a escala mundial) son menos prevalentes a mayor altitud.[3]

Existen varias teorías al respecto, pero algunos investigadores creen que la falta de oxígeno (que provoca «hipoxia», una condición potencialmente mortal que se da cuando no llega suficiente oxígeno a las células y los tejidos) obliga al sistema nervioso a contraatacar, protegiendo y reparando células y neuronas en el proceso.[4]

Nadie sabe explicar exactamente por qué ocurre, pero los atletas profesionales no están dispuestos a esperar a averiguarlo. Actualmente muchos entrenan a cierta altitud para mejorar su fuerza, velocidad y rendimiento general, así como para incrementar el número de glóbulos rojos en sangre con miras a las carreras a nivel del mar. Mientras tanto, hay una nueva generación de científicos dedicados a investigar las posibilidades de la terapia de hipoxia intermitente en trastornos tan variados como las lesiones de médula espinal, la esclerosis múltiple y el ictus.

Realizar excursiones por zonas moderadamente altas es una excelente manera de experimentar algunos de los beneficios de la altitud. Cada año me paso una semana caminando por las montañas, normalmente a una altitud de entre 2 000 y 3 000 metros, sobre todo porque me encanta el paisaje, pero también porque el aire me parece revitalizante y me gusta la idea de que, en cierto modo, estoy recargando los glóbulos rojos y las neuronas. Además, los investigadores están de acuerdo en que una altitud de entre unos 2 000 y 3 000 metros es óptima para mejorar la condición física y evitar el estrés fisiológico que comporta estar a una gran altitud.[5]

Consejos

No apuntes demasiado alto al principio. Date un tiempo para aclimatarte y establece el campamento base a una altitud menor que el lugar por donde quieras caminar.

Asegúrate de estar en buena forma antes de ir. Si nunca antes has caminado a cierta altitud y tienes alguna enfermedad, consulta primero con tu médico de cabecera. Cada uno responde de manera diferente a la altitud, por lo que una altura que para una persona no suponga ningún problema, para otra puede resultar desagradablemente agotadora.

Mantente hidratado. Cuando estamos a cierta altitud, perdemos agua a través de los pulmones incluso aunque no estemos sudando, así que no dejes de beber (agua). Evita el alcohol mientras te estás aclimatando, o limítate a tomar una copita de vino por la noche.

Ponte capas de ropa; cuanto más subas, más frío suele hacer. Opta por tejidos que absorban el sudor y lo expulsen hacia fuera y evita las camisetas de algodón (o cualquier prenda hecha de algodón).

El tiempo suele ser impredecible a cierta altitud. Echa un vistazo a la previsión meteorológica y llévate ropa impermeable en caso de que sea necesario.

Los rayos ultravioletas son más intensos, por lo que podrían dañarte los ojos, así que ponte lentes de sol y una crema solar adecuada.

No cargues con más cosas de las necesarias. Caminar a cierta altitud puede resultar más cansado que caminar a nivel del mar, así que prepara la mochila en consecuencia y ve a tu ritmo.

Para las ascensiones largas y exigentes, utiliza la técnica de «caminar a la afgana» que encontrarás en la «Semana 35: Caminar como un nómada» (p. 176).

¡Llévate siempre un mapa y nunca dependas solamente de tu teléfono celular, ya que tal vez no funcione en zonas remotas!

No todo el mundo sufre de mal de altura, pero algunas personas lo sufren incluso a 2000 metros, así que debes prestar atención a los síntomas: dolor de cabeza, náuseas, mareos y falta de aliento grave. Debes estar preparado para descender inmediatamente.

SEMANA 24

Caminar con un mapa

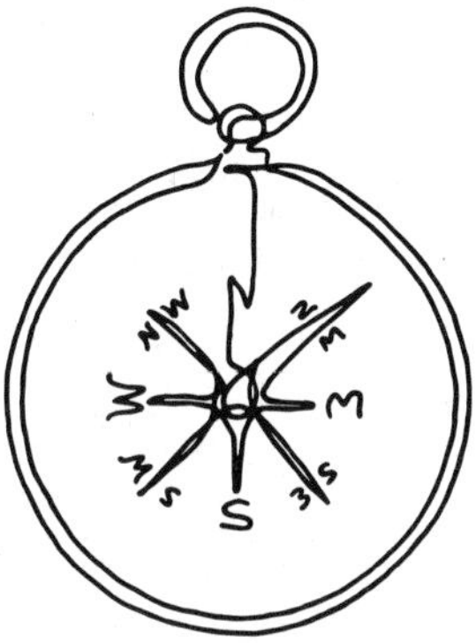

En septiembre de 1924, una chica de dieciocho años se resguardó bajo unas páginas viejas del periódico *Le Monde* y se acurrucó bajo el Pont Saint-Michel del Barrio Latino de París. A pesar de que varios borrachos y parias se instalaron a su alrededor, Phyllis Pearsall los ignoró y se centró en el mapa que estaba construyendo en su mente. Había ido a París con la idea de quedarse en casa de su hermano, pero este había desaparecido sin dejar rastro, y dado que Phyllis no tenía dinero, ni amigos, ni familia, no le quedó más remedio que dormir en la calle.

Tampoco tenía ningún mapa de París, pero lo había memorizado, esbozándolo en su cabeza y dibujándolo una y otra vez con la mente. Gracias a ese mapa memorizado logró moverse por París, y también aprendió a saber qué hora era y dónde se encontraba por el olor que flotaba por la ciudad: pan y *chocolat chaud* por la mañana; pollo y *galettes* a mediodía; pescado frito, ajo, cordero y *tarte Tatin* por la noche.[1] Con los años, Phyllis se convirtió en una de las cartógrafas más exitosas del mundo; creó el primer mapa de la A a la Z de Londres y fundó la editorial de mapas Geographers' A-Z Map Company.

Phyllis trabajó hasta el día de su muerte, un mes antes de su noventa cumpleaños. Fue un vivo ejemplo de lo que los neurocientíficos han descubierto desde entonces, que cada paseo es una oportunidad para desarrollar el cerebro. Y la manera más sencilla y fácil de conseguirlo es caminando con un mapa de papel. Si te desvías de tu ruta habitual y te guías solamente por un mapa mental o de papel, se te expandirá la mente (literalmente).

Los neurocientíficos sugieren que la parte del cerebro que sirve para orientarse, el hipocampo, crece cuando la usamos y disminuye cuando no la usamos. Es como si fuera una especie de músculo de la orientación; si no se ejercita, se pierde. Una serie de estudios realizados con los taxistas de Londres desvelaron que tenían la parte posterior del hipocampo impresionantemente grande debido a lo mucho que ejercitaban la orientación para aprenderse cada calle de Londres.[2] Por desgracia, los sistemas de navegación por satélite están acabando con todo eso. Según el experto en orientación David Barrie, la dependencia de la tecnología no solo está haciendo disminuir partes esenciales del cerebro, sino que además nos vuelve más propensos a desarrollar alzhéimer y demencia.[3] La gente que sufre alzhéimer tiene un sentido de la orientación notablemente pésimo (o incluso inexistente); recuerdo vívidamente a mi abuela dando vueltas de un lado para otro, incapaz de identificar dónde estaba.

¿Por qué ocurre eso y cómo podríamos prevenirlo solo con caminar? El hipocampo es como un almacén donde se acumulan todos los recuerdos que tenemos. Cada vez que visitamos un lugar distinto, creamos una memoria espacial nueva que se almacena en una serie de células conocidas como células de lugar, de red y de límite. Los detalles se sitúan en un mapa de lugar y se almacenan en el hipocampo. Cuando visitamos un lugar nuevo, los mapas de lugar se reorganizan y se va creando un mapa completamente nuevo. Es como si fuera un archivo gigante del que podemos tomar recuerdos prestados siempre que lo necesitemos. En ese archivo se encuentra cada casa en la que hemos vivido, cada oficina en la que hemos trabajado, cada ruta que hemos seguido para ir a la escuela, así como las calles, los campos y los parques cercanos. Todo pulcramente archivado y listo para ser recordado. Además, estos mapas son exclusivamente nuestros, por lo que están codificados siguiendo nuestros propios criterios.

Es una estructura abrumadoramente impresionante que vale mucho la pena preservar. No solo porque sin ella estaríamos física y espacialmente perdidos, sino también porque la memoria de lugar está intrínsecamente ligada a nuestra identidad. Nuestro sentido del yo suele estar muy arraigado a los lugares en los que hemos vivido. Cuando perdemos la memoria de lugar, perdemos una parte esencial de nosotros mismos.

Además, actualmente los investigadores creen que la región de nuestro cerebro responsable de la orientación espacial también desempeña un papel importante en otro tipo de orientaciones más conceptuales en las que utilizamos la visualización mental para ayudarnos a tomar decisiones; por ejemplo, en la predicción, la imaginación y la creatividad. Algunos investigadores sospechan que la misma región cerebral podría estar implicada en la orientación social, que nos ayuda a navegar entre las relaciones interpersonales.[4] El mensaje está claro: cuando las células de lugar se atrofian, también se atrofia todo lo demás.

Utilizar la tecnología para que nos lleve a todas partes nos aporta muchos beneficios, pero ampliar el cerebro no es uno de ellos. Así que toma un mapa (y una funda impermeable donde meterlo en caso de que llueva), apaga el teléfono y ponte a caminar.

Cuando camino con un mapa, empiezo teniendo una vaga idea de cuál va a ser mi destino, pero sin establecer un límite de tiempo; esta manera de caminar no consiste en deambular sin rumbo (véase «Semana 41: Caminar para perderse», p. 203), ni en hacer una carrera. Las ciudades son zonas especialmente buenas para caminar con un mapa, ya que ofrecen múltiples rutas, y el mero hecho de seleccionar por cuál seguir requiere un esfuerzo adicional por parte del cerebro.[5] Dedica un buen rato a examinar el mapa antes de partir; tienes que hacerte una idea aproximada de la dirección que debes tomar, del tiempo que estarás caminando y de la ruta que seguirás (de ser posible que no pase por carreteras transitadas). Cuando empieces a caminar, presta especial atención a los puntos de referencia; te resultarán cruciales a la hora de regresar o de encontrar de nuevo el camino tanto si vas con mapa como si no. Los estudios sugieren que los puntos de referencia más altos son los que nos resultan más útiles: fíjate más bien en los campanarios o los árboles altos en vez de en los botes de basura y los arbustos. También es más probable que los puntos de referencia que tienen un significado personal para nosotros se nos queden grabados más fácilmente en la memoria (mis hijos nunca se olvidan de dónde están las panaderías y las heladerías, por ejemplo).

El hecho de utilizar puntos de referencia para ubicarnos espacialmente se denomina «orientación basada en puntos de referencia». Pero para conseguir que nuestro cerebro se esfuerce todavía más, debemos utilizar todos los sentidos. Actualmente, los investigadores creen que los seres humanos tenemos un sentido del olfato mucho más desarrollado de lo que se creía antaño. En experimentos recientes, se pidió a unos estudiantes que siguieran unos rastros olfativos con los ojos cerrados y caminando a gatas, y los resultados fueron asombrosos.[6] Mientras caminas (erguido, no a gatas), huele las fábricas, las gasolineras, las panaderías, los árboles. Utiliza el oído de manera similar y guarda en la memoria cualquier sonido de un lugar concreto. Echa un vistazo al mapa para ubicarte y, si quieres, para cruzar referencias entre tu posición geográfica y los puntos de interés, los olores y los sonidos.

Si caminas por zonas campestres, puede que te interese echar un vistazo a todo el trabajo sobre orientación que ha realizado Tristan Gooley, un hombre que utiliza signos naturales para ubicarse y orientarse. ¿Quién me iba a decir que las mariposas pavo real indican que hay civilización cerca o que los líquenes pueden ayudarnos a encontrar el norte?[7]

Caminar con un mapa es ideal si te acompañan niños pequeños, no solo porque les entusiasma la aventura que eso conlleva, sino también porque tienen un mayor riesgo de perder el músculo cerebral de la orientación, ya que pasan muchas horas pegados a una pantalla y sus padres suelen sobreprotegerlos por seguridad.[8] Pero sea quien sea tu acompañante, anímalo a interpretar el mapa y a orientarse para que también pueda gozar de todos estos beneficios.

Consejos

Es más difícil orientarse en el campo: llévate una brújula o bien utiliza la brújula de tu teléfono celular.

Es muy sencillo tener un destino en mente cuando caminamos con un mapa por la ciudad, pero hacerlo en el campo resulta un poco más complicado. Sin embargo, caminar con un mapa por el campo siguiendo un camino en vez de tener un destino en mente resulta igual de efectivo para ejercitar el músculo cerebral de la orientación.

¿Caminas con niños? Déjalos interpretar el mapa en algunos tramos sin cuestionarlos y prepárate para ir por donde ellos digan.

Independientemente de si estás en un área urbana o rural, intenta regresar a casa sin utilizar un mapa.

Y por encima de todo, resiste la tentación de consultar el GPS (o cualquier otra aplicación en la que haya un punto que se va moviendo) hasta que sea absolutamente necesario.

SEMANA 25

Caminar con un propósito

El célebre compositor francés Erik Satie iba caminando cada día desde su casa al estudio, un trayecto de nueve kilómetros y medio por todo París, que volvía a recorrer al final de cada jornada. Su caminata transcurría por una serie de calles notoriamente peligrosas. Para protegerse, Satie llevaba un martillo. Caminaba deprisa y con determinación, e iba componiendo música en su cabeza incluso mientras velaba por su seguridad. Me gusta pensar que aquellas caminatas a paso rápido y con propósito le ayudaron a contrarrestar su debilidad por la absenta y le permitieron seguir componiendo su conocida música innovadora hasta el día de su muerte.

Actualmente, los investigadores se refieren a la manera de caminar de Satie con el término «caminar de manera utilitarista» o simplemente «caminar con un propósito». Se ha visto repetidamente que la necesidad humana de tener un propósito define la manera como nos vemos a nosotros mismos: tener un propósito es lo que da sentido a nuestras vidas. Numerosos estudios confirman que tener un propósito nos mantiene comprometidos, curiosos y satisfechos. Vivimos, luego podemos caminar. Caminar con un propósito nos ayuda a acelerar el paso, nos anima a caminar más lejos y más deprisa, al igual que Satie. Y al hacerlo, nos sentimos mejor y más saludables.

A todo el mundo le gusta dar una vuelta el domingo por la tarde, y a muchos de nosotros nos ilusiona manejar hasta algún lugar bonito cerca de casa para poder pasear con amigos y familiares. Este tipo de paseos ofrecen un gran número de beneficios (por ejemplo, véase «Semana 5: Respirar mientras caminas», p. 41; «Semana 22: Dar una vuelta en silencio», p. 117, y «Semana 33: Dibujar mientras caminas», p. 167), pero cuando caminamos desde la puerta de casa y con un destino en mente (ya sea la oficina, el supermercado o cualquier otro sitio al que tengamos que ir), estamos realizando lo que los expertos en salud pública conocen por «actividad casual», es decir, el tipo de ejercicio que realizamos de manera cotidiana en oposición al que requiere que nos reservemos una franja horaria o acudir a algún lugar específico (por ejemplo, asistir a una clase por la tarde en el gimnasio). Caminar casualmente con un propósito, tal y como hacía Satie cada día yendo y viniendo del trabajo a pie, es la manera más sencilla de caminar más. Y además, podría ser la manera eficiente en cuanto a salud se refiere.

Un estudio de la Ohio State University en el que participaron 125 000 adultos descubrió que quienes caminaban con un propósito iban más deprisa y se sentían más sanos que quienes caminaban solamente por ocio. Cualquier manera de caminar resulta beneficiosa para los humanos, sin importar la duración o el propósito, explicó el profesor asociado Gulsah Akar: «Pero caminar con un propósito utilitarista mejora sustancialmente la salud».[1]

Akar concluyó que las personas que caminaban con un propósito (para ir a trabajar, a comprar o a hacer un recado) marchaban más deprisa que quienes caminaban por ocio. Podría ser que esa velocidad adicional fuera lo que nos hace estar más saludables. Akar descubrió que cuando los sujetos caminaban para ir concretamente a trabajar, caminaban más deprisa y afirmaban gozar de mejor salud.

Cuando dejamos el coche de lado y realizamos un mayor número de trayectos cotidianos a pie, no solamente caminamos con más vigor, sino que además aumentamos el tiempo que realizamos ejercicio a diario. El estudio de Akar descubrió que cuando empezamos a caminar directamente desde nuestra casa («empezar a caminar en la puerta de casa») podemos marchar durante más tiempo y a mayor velocidad, lo cual «mejora significativamente... la salud». Joanna Hall, una *coach* experta en técnicas de caminar, apoya esta afirmación: «Dar unos cuantos paseos que empiecen en la puerta de nuestra casa es absolutamente esencial, incluso aunque sean muy cortos; siempre caminamos a un ritmo acelerado cuando conocemos bien la ruta y, además, el hecho de que empiece en la puerta de nuestra casa hace que nos resulte mucho más difícil procrastinar».[2] Para muchos de nosotros, esto puede deberse a que la zona que hay alrededor de nuestra casa nos resulte aburridamente familiar o a que la inseguridad de ciertas calles nos incite a ir más deprisa. O puede que sea porque normalmente tenemos que encontrar un hueco para pasear en nuestra ajetreada agenda.

En cualquier caso, no es muy difícil encontrar más tiempo para caminar con un propósito en nuestro día a día. Prueba a no usar el coche cuanto tengas una cita o un evento social cerca de casa. Pero no seas demasiado generoso con el tiempo de trayecto estimado: la idea es caminar a buen ritmo, no entretenerse por el camino y perder el tiempo.

También se puede pasear por la noche o por la tarde con un propósito. Empieza caminando desde la puerta de tu casa, no utilices el coche (siempre caminarás más deprisa por el tramo familiar cerca de tu casa), y ponte un límite de tiempo o un motivo por el que volver a casa. Un guiso que hay que sacar del horno, un programa de televisión, o simplemente una alarma programada en el teléfono celular; casi cualquier cosa sirve para establecer un límite de tiempo que nos proporcione un propósito.

Consejos

Para caminar más deprisa, sal un poco más tarde, pero mantén el mismo objetivo de tiempo.

Encuentra rutas alternativas a las carreteras contaminadas y con mucho tráfico; opta por caminar por calles secundarias y peatonales siempre que sea posible. Algunas aplicaciones como Wikiloc son mucho más útiles a la hora de identificar rutas para hacer a pie que otras aplicaciones más orientadas al tráfico.

No dejes que la familiaridad de tu hábitat habitual te incite a utilizar el coche; incluso los paseos que percibimos como aburridos pueden resultar interesantes si utilizamos algunos de los demás consejos que aparecen en este libro (por ejemplo, utilizar la nariz; véase «Semana 11: Dar un paseo olfativo por la ciudad», p. 66).

Escuchar audiolibros y pódcasts puede transformar las caminatas con un propósito utilitarista en algo genuinamente interesante. No te pongas ambos auriculares si caminas por una zona con tráfico.

Empieza en la puerta de tu casa: la monotonía de un paisaje conocido nos anima a ir más deprisa.

¿No tienes manera de poder caminar de forma segura al salir de tu casa? Presiona a tus representantes políticos para que creen más calles peatonales y más espacios verdes o para que hagan políticas que reduzcan la polución y disminuyan la velocidad del tráfico.

Otra manera de dedicar más tiempo a caminar con un propósito en nuestras vidas puede ser entrenar para hacer una maratón caminando o llevar un dispositivo que cuente los pasos. Los estudios demuestran que los caminantes reacios que cuentan los pasos suelen recorrer más distancia y caminar durante más tiempo.

SEMANA 26

Caminar bajo la luz del sol

La veneración por el sol ha existido desde hace siglos, pero no fue hasta que un científico danés poco conocido se puso a observar un gato callejero cuando la luz solar fue reconocida como un factor que tener en cuenta para gozar de una buena salud. El interés de Niels Ryberg Finsen por la helioterapia se debía a la condición que lo aquejaba, una enfermedad metabólica que lo mató a la edad de cuarenta y cuatro años. Veinte años antes, cuando era estudiante de medicina, se dio cuenta de que la luz del sol lo rejuvenecía. Cuando observó que los gatos se sentían atraídos por los lugares soleados, se animó a experimentar consigo mismo, reforzando así su convicción de que «el sol tenía un efecto útil e importante».[1]

Posteriormente, Finsen ganó el Premio Nobel en 1903 por su trabajo en la fototerapia, en particular por el éxito que había obtenido con la viruela y el lupus vulgar, un tipo de tuberculosis. Se corrió la voz de sus logros y se abrieron treinta y seis centros de helioterapia (también llamados «clínicas para tomar el sol» o «solarios») en los Alpes suizos a cargo del helioterapeuta más conocido de todos, el doctor Auguste Rollier. Bajo el cuidado de Rollier, los pacientes se exponían gradualmente (y a menudo con buenos resultados) a la luz del sol, empezando con tan solo cinco minutos de luz a primera hora de la mañana en los pies. Como cabía esperar, se puso de moda ponerse moreno, una señal no solamente de riqueza, sino también de salud, lo cual inspiró al editor de *The Times* a afirmar con audacia que «los días de oscuridad son también días de muerte y enfermedad».[2]

Actualmente tendemos a evitar el sol, y la mayoría de nosotros pasamos gran parte del día expuestos a la luz artificial. Por culpa de pasar gran parte del día en interiores, del uso entusiasta de la crema solar, del miedo obsesivo a las arrugas y de los crecientes niveles de polución en el aire, se estima que el 70 % de la población tiene un déficit del subproducto más conocido de la luz solar, la vitamina D. Los científicos que actualmente están intentando desentrañar las cualidades casi milagrosas que tiene la luz solar creen que la vitamina D es solo uno de sus notables beneficios. Tal y como Finsen sospechaba, necesitamos estar expuestos a los rayos del sol. Para los que vivimos en latitudes más septentrionales, tiene todo el sentido del mundo salir al aire libre cada vez que veamos un rayo de sol.

La vitamina D sigue siendo muy importante. Se genera cuando la luz ultravioleta (UVB) de la luz solar entra en contacto con la piel y viaja hasta los riñones, pasando antes por el hígado, hasta transformarse finalmente en una hormona llamada calcidiol 25(OH)D3. El calcidiol dura entre dos y tres semanas, por lo que el cuerpo necesita estar expuesto a la luz solar constantemente para poder mantener unas concentraciones en suero estables. Los expertos recomiendan entre cinco y treinta minutos de sol en la cara, el cuello y los brazos cada día,[3] según el tipo de piel y el índice de radiación ultravioleta.

El papel crucial que desempeña la vitamina D adquirió especial relevancia durante la pandemia de la COVID-19, ya que los bajos niveles de esta vitamina se asociaron a una peor recuperación y, además, se demostró que, en cierta medida, es crucial para el funcionamiento de nuestro sistema inmunitario innato. Actualmente se cree que tenemos dos sistemas inmunitarios: el innato y el adquirido. La inmunidad adquirida se desarrolla cuando nos exponemos a patógenos, un proceso que activa la producción de anticuerpos (el proceso en el que se basan las vacunas). La inmunidad innata es el sistema de defensa que tenemos implementado en el cuerpo desde que nacemos, que nos permite lidiar con la exposición cotidiana a gérmenes, alérgenos y demás.

El sistema inmunológico innato se encarga de defendernos de muchos virus. La relación entre la inmunidad innata y la vitamina D pone de manifiesto que tener unas concentraciones adecuadas en suero podría ser la clave para mantener a raya los virus de invierno como el resfriado y la gripe común,[4] un descubrimiento respaldado por un gran número de estudios.[5]

Sin embargo, la vitamina D no es el único beneficio que obtenemos de la luz del sol, lo que explicaría por qué los suplementos no siempre resultan efectivos. Las enfermedades cardíacas, la hipertensión, la osteoporosis, varios tipos de cáncer, la depresión, la demencia y varias enfermedades autoinmunes se han asociado hace poco al déficit no de vitamina D, sino de luz solar. Un estudio sueco que duró dos décadas y en el que participaron 30 000 mujeres identificó una tasa de muerte drásticamente más alta entre las participantes que evitaban el sol.[6] El autor del artículo afirmaba que la falta de luz solar es igual de perjudicial para nuestra salud que fumar, y abogaba por «una visión más equilibrada y adecuada respecto a los efectos que tiene la exposición solar en nuestra salud».[7]

Así pues, ¿es posible que la luz solar sea el elixir de la vida que tanto tiempo llevamos buscando? Actualmente los investigadores creen que los fotones de la luz del sol activan los linfocitos T, unos componentes cruciales del sistema inmunitario que a veces se denominan «células defensoras», ya que activan el óxido nítrico de la piel y lo transportan hasta el sistema circulatorio.[8] La piel contiene un gran número de linfocitos T, el doble de los que circulan por la sangre. La luz azul presente en la luz solar no solo incide sobre la superficie exterior de la piel, sino también en la capa que hay debajo (la dermis), permitiendo así la activación rápida de las hordas de linfocitos T que ahí acechan. «La luz del sol activa directamente las células inmunitarias clave, incrementando su movimiento», explicó el investigador Gerard Ahern del Georgetown University Medical Center.[9]

Además, la luz solar desempeña un papel crucial a la hora de ajustar los ritmos circadianos y moderar la producción de melatonina, por lo que nos ayuda a despertarnos y a dormir.[10] Nada de todo esto tiene que ver con la vitamina D, lo cual quiere decir que evitar la luz solar y depender solamente de los suplementos podría ser una estupidez monumental.

Las cuestiones más espinosas sobre la luz solar y la vitamina D siguen siendo polémicas. Los investigadores todavía no se han puesto de acuerdo sobre cuánta vitamina D o luz solar necesitamos: algunos científicos creen que una dosis elevada de suplementos puede interferir en el delicado funcionamiento de nuestra microbiota,[11] mientras que muchos oncólogos y dermatólogos mantienen que deberíamos renunciar a toda luz solar y confiar únicamente en los suplementos.

Parece complicado, pero la respuesta es simple: sal a dar un paseo corto cuando brille el sol, con las mangas subidas y sin ponerte crema solar. Experimentando por mi cuenta, tras seis meses de caminar cuidadosamente expuesta al sol, entré en fase de remisión de una enfermedad autoinmune y pasé un invierno sin tos ni resfriados.

Quiero ceder las últimas palabras de este capítulo a Henry Gauvain, el cirujano y helioterapeuta británico que describió la luz del sol como «un buen champán. Fortalece y vigoriza; pero si caemos en el exceso, intoxica y envenena».[12]

Consejos

Camina por el lado soleado del camino o de la calle, de ser posible junto al agua (los reflejos proporcionan luz ultravioleta adicional).

¿No dispones de mucho tiempo? Sal a pasear a mediodía, cuando los rayos ultravioleta B son más intensos.

Evita quemaduras tapándote al cabo de entre diez a treinta minutos de exposición a los rayos del sol, según sea tu tipo de piel, tu ubicación, la hora del día y el momento del año. Ponte una alarma en el teléfono celular o en el reloj, y cuando suene, tápate con algo de ropa, refúgiate en la sombra o ponte crema solar.

Prepara tu cuerpo para la bajada inmunitaria y la escasez de luz solar del invierno aprovechando todas las oportunidades que tengas en otoño de dar un paseo bajo la luz del sol.

Evita caminar en zonas altamente contaminadas: una serie de estudios realizados con niños y niñas indios, mujeres jóvenes de Oriente Medio y mujeres posmenopáusicas belgas concluyeron que los altos niveles de contaminación atmosférica reducen significativamente la cantidad de UVB, aumentando así el riesgo de tener un déficit de vitamina D.[13]

Aprende más sobre cómo la luz del sol de la mañana nos ayuda a ajustar los ritmos circadianos y a dormir mejor por la noche (véase «Semana 10: Caminar durante la primera hora tras despertarte», p. 62).

¿Te preocupa exponer la piel a la luz del sol sin protector solar? Prepara la piel poco a poco, incrementando la exposición de manera gradual. Consulta con tu médico si estás preocupado, pero sobre todo evita quemaduras solares en la piel.

Otra opción sería invertir en una de esas nuevas cremas solares minerales que protegen de los rayos ultravioletas perjudiciales sin privarnos de la vitamina D ni del óxido nítrico.

¿El sol brilla demasiado como para mantener la vista al frente? Un sombrero de ala ancha o una gorra pueden ayudarte a mantener la postura.

¿Alguna vez te has preguntado por qué te sientes mejor cuando brilla el sol? Además de todo lo que acabamos de mencionar, la luz solar también activa la hormona de la felicidad, la serotonina. Cuando más brillante sea la luz del sol, más altos serán los niveles de serotonina, según un estudio de *The Lancet.*

SEMANA 27

Cantar mientras caminas

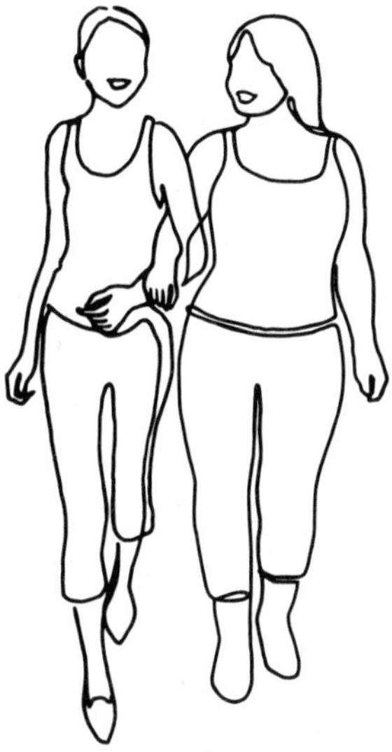

Una húmeda mañana otoñal de 1854, el escritor y caminante George Borrow se dispuso a subir al Snowdon, la montaña más alta de Gales. Vestido con su habitual traje negro y con un paraguas bajo el brazo, tomó la mano de su acompañante, su hijastra Henrietta, y se puso a cantar canciones galesas a todo pulmón hasta llegar a la cima. ¿Por qué lo hizo? Pues porque le preocupaba que Henrietta, al ser mujer, no pudiera aguantar una excursión tan dura. También le preocupaba que Henrietta (al ser mujer) tuviera miedo. En cualquier caso, ella necesitaba aquellas canciones para hacerse más fuerte.

Borrow comprendió intuitivamente lo que desde entonces los científicos han conseguido demostrar utilizando escalas de estado de ánimo, escalas de estrés, análisis de sangre, análisis de saliva y escáneres cerebrales: las canciones tienen la capacidad de crear vínculos afectivos, de fortalecer y de revitalizar. Caminar cantando ha sido una técnica utilizada a lo largo de la historia por soldados marchando, niños que iban de excursión, manifestantes disconformes y... familias agotadas. Nosotros la utilizamos continuamente cuando fuimos a los Alpes austríacos para pasar nuestras primeras vacaciones familiares haciendo senderismo. Cuanto más empinadas eran las cuestas, más fuerte cantábamos. Y, al igual que Borrow y Henrietta, llegamos a la cima en un tiempo récord.

¿Por qué cantar nos ayuda a subir montañas? Los beneficios psicológicos que nos aporta cantar están bien documentados. Cantar alivia el dolor, algo que los médicos atribuyen a una serie de sustancias neuroquímicas que se liberan cuando nos ponemos a cantar, entre ellas las beta-endorfinas, que actúan como un analgésico natural.

Cantar ejercita los pulmones, por lo que fortalece los músculos respiratorios y mejora la eficiencia respiratoria. Los investigadores denominan a este fenómeno «respiración optimizada», y podría decirse que es exactamente lo que necesitamos cuando caminamos, sobre todo si cantamos siguiendo el ritmo de nuestros pasos. Cuando dilatamos los pulmones para cantar, inconscientemente mejoramos la postura, y cuando exhalamos, aliviamos la tensión muscular. Cantar es una actividad aeróbica: al igual que caminar, ayuda a bombear oxígeno al torrente sanguíneo, lo cual nos hace sentir más dinámicos y animados.

Cuando cantamos, también reforzamos el sistema inmunitario. Numerosos estudios han confirmado encontrar niveles elevados de unos anticuerpos que estimulan el sistema inmunitario llamados «inmunoglobulina A» (IgA) en la saliva de los cantantes, es decir, de personas como tú y como yo a las que les gusta cantar canciones.

Cuando la escritora Katharine Trevelyan cruzó Canadá en 1935 sola y a pie, iba cantando para tranquilizarse a sí misma. Desde entonces, los análisis de saliva han revelado que cantar nos ayuda a relajarnos porque reduce los niveles de cortisol, la hormona de «lucha o huida» que, en exceso, contribuye al estrés, la depresión, el insomnio y las enfermedades cardíacas.

La evidencia de los efectos psicológicos que tiene cantar es igual de convincente. Muchos estudios realizados en pacientes oncológicos y sus cuidadores, pacientes psiquiátricos, gente mayor con demencia, mujeres embarazadas, personal de enfermería y estudiantes han concluido que cantar produce endorfinas, lo que hace que nos sintamos más felices.[1] Aunque gran parte de las investigaciones se han centrado en coros, un estudio comparó los beneficios entre cantar solo y en grupo y no encontró ninguna diferencia. Cualquier persona que cante genera endorfinas de la felicidad independientemente de con quién y de dónde esté. Tal y como resumió un investigador, tras cantar solo o en grupo, la felicidad se incrementa y la preocupación y la tristeza disminuyen.[2]

Sin embargo, cantar con otras personas nos aporta otros beneficios. Nos anima a salir de nuestra burbuja, a coordinar el ritmo, la melodía y la letra con nuestros compañeros. Consigue que enseguida empecemos a prestar atención a los demás, no solo a nosotros mismos, y que a la vez nos sintamos parte de un grupo, algo crucial. Los científicos creen que esto activa otra sustancia neuroquímica: la oxitocina, conocida como la sustancia química de la amistad, la empatía y los vínculos afectivos. A medida que nuestro cerebro se llena de oxitocina, sentimos lo que el neurocientífico Daniel Levitin, autor de *Tu cerebro y la música*, describe como un vínculo afectivo real y un sentimiento de confianza y bienestar con las personas con las que estamos cantando.[3]

Los datos relativos a supervivientes de ictus y a pacientes de párkinson revelan que caminar cantando también ayuda con la rehabilitación. Ambos tipos de pacientes suelen sufrir graves alteraciones en su manera de caminar: los pasos más cortos, las dificultades para mantener el equilibrio, las zancadas desiguales y los movimientos dolorosamente lentos provocan que muchos de ellos solo puedan caminar unos pocos metros con la ayuda de un bastón. Un experimento coreano realizado en supervivientes de ictus con edades comprendidas entre los diecinueve y los setenta y ocho años mostró unos resultados asombrosos.[4] Se pidió a los sujetos que mientras caminaban, fueran cantando una canción de cuna, ya que el tempo de 90-120 pulsaciones por minuto de este tipo de canciones es una velocidad ideal para caminar. En solo treinta minutos, los participantes se movían de una forma más regular, daban zancadas más largas e iban más deprisa. Un estudio en pacientes con párkinson obtuvo unos resultados similares y, de hecho, se observaron más mejoras en los sujetos cuando caminaban cantando que al realizar cualquier otra intervención.[5] Eso se debe a que las zonas del cerebro que controlan cómo nos movemos también controlan la capacidad de mantener un ritmo regular.

Así pues, ¿por qué no cantamos siempre mientras caminamos? Según Levitin, la culpa es del circuito de inhibición del cerebro, que nos impulsa constantemente a comportarnos de manera apropiada y nos hace sentir cohibidos cuando actuamos de manera alocada. También es la zona del cerebro que queda afectada por el alcohol, lo cual explica por qué unas cuantas copas pueden hacernos sentir felizmente desinhibidos.

Así que podríamos ir bebiendo de una licorera de bolsillo mientras caminamos con la esperanza de que el alcohol nos ayudara a desinhibirnos del decoro social. O podríamos convencer a nuestros acompañantes de que canten con nosotros (a los niños pequeños les encantará la idea). Otra opción sería dejar de preocuparnos y simplemente ponernos a cantar, sabiendo que así reforzaremos el sistema inmunitario, estaremos de mejor humor, nuestras caminatas serán más animadas, crearemos unos vínculos más fuertes con nuestros acompañantes... y llegaremos a la cima de la montaña. La falta de talento tampoco es ningún motivo para reprimirnos. Los musicólogos están convencidos de que la mayoría de las personas somos capaces de entonar una melodía, sobre todo cuando cantamos en grupo.

Consejos

Elige una canción que todo el mundo sepa o pueda aprender en pocos minutos. Comprueba que tenga un tempo adecuado, aunque en realidad cualquier melodía que nos invite a marcar el ritmo con el pie servirá.

Si se saben la letra, mucho mejor: a nosotros nos gusta particularmente la canción folclórica *She'll Be Coming Round the Mountain*.

No esperes ver ningún animal salvaje si te pones a cantar a todo pulmón.

Y también ocurrirá lo contrario. Cantar en voz alta alejará a serpientes, osos y otros visitantes indeseables.

Ten en cuenta a las demás personas que estén caminando por la zona y que quizás no quieran oír tus armonías melodiosas resonar por todo el valle.

SEMANA 28

Caminar con una canasta de pícnic

HACIA 1858, ENTRE LA MUERTE de su primer hijo y el nacimiento del segundo, la escritora culinaria Isabella Beeton escribió un menú de pícnic. Incluía lo siguiente:

> Un trozo de rosbif, un trozo de carne de vacuno hervida, 2 costillas de cordero, 2 paletas de cordero, 2 aves asadas, 2 patos asados, 1 jamón cocido, 1 lengua, 2 pasteles de ternera y jamón, 2 pasteles de paloma, 6 bogavantes medianos, 1 trozo de cabeza de ternera, 18 lechugas, 6 canastas de ensalada, 6 pepinos... 2 docenas de pastelitos de fruta, 4 docenas de pastelitos de queso, 2 pudines de Newcastle en sus moldes, 1 pudin de Navidad, unas cuantas canastas de fruta fresca...[1]

¡Y eso sin contar el pan, las tartas, los quesos, la mantequilla (casi 3 kilogramos) y las bebidas!

Cargar con todo eso hasta un lugar remoto para hacer un pícnic (y a la vuelta cargar con los huesos, las sobras, los cubiertos y la vajilla, sin mencionar las servilletas y los manteles que la señora Beeton consideraba imprescindibles) pondría a prueba los músculos y la resistencia de cualquier caminante.

Nuestros ancestros siempre andaban cargando con algo, hora tras hora, día tras día. Cuando cargamos con algo, nuestros músculos realizan contracciones isométricas, unas contracciones prolongadas bastante distintas de las que se realizan para fortalecer el bíceps, por ejemplo. Cuando caminamos con una canasta de pícnic, los músculos de los brazos, los hombros y el torso se contraen y se mantienen así hasta que soltamos la canasta. Esto nos ayuda a fortalecer los músculos sin impactar en las articulaciones, ya que estas no se mueven.

Hay tres tipos de contracciones musculares: las concéntricas (cuando los músculos se acortan al levantar peso), las excéntricas (cuando los músculos se estiran al dejar el peso) y las isométricas (cuando los músculos se mantienen en la misma posición durante un tiempo prolongado). A pesar de que los tres tipos de contracciones trabajan en equipo para sostener y estabilizar las extremidades, el movimiento isométrico resulta especialmente útil para mantener la fuerza muscular, la resistencia y la movilidad. Actualmente, pocos de nosotros realizamos con regularidad alguna actividad que implique hacer contracciones musculares isométricas. Sin embargo, estudios recientes sugieren que los ejercicios isométricos hacen trabajar el 95 % de los músculos, frente al 88-90 % que trabajan las contracciones excéntricas y concéntricas. Algunos científicos del deporte creen que los ejercicios isométricos fortalecen más los músculos que levantar y bajar peso (contracciones concéntricas y excéntricas).[2]

Normalmente se incluyen ejercicios isométricos en programas de rehabilitación en que las articulaciones no pueden sufrir estrés pero hay que fortalecer el músculo o mantenerlo. Los ejercicios de contracción isométrica también resultan muy útiles para aquellas personas aficionadas al yoga, al esquí de fondo, a la escalada y al ballet, deportes en los que se necesita tener una musculatura fuerte para mantener una postura.

La combinación de caminar y cargar con algo es infinitamente más compleja que levantar una mancuerna. El cuerpo tiene que permanecer estable y equilibrado a cada paso, mientras que el cerebro tiene que calcular cuál es la mejor manera de moverse con una carga que quizás no tenga una forma uniforme. Los músculos de los brazos, los hombros, los abdominales y el torso trabajarían a conciencia si tuvieran que cargar con una de las canastas de pícnic de la señora Beeton.

De hecho, eso es precisamente lo que le ocurrió a Ellen Weeton y a los cuatro hombres que la ayudaron a cargar con su pícnic el 8 de julio de 1810, mientras caminaban «durante ocho o nueve kilómetros... por un camino accidentado y rocoso... sobre musgo y piedras» para subir a la cima de Fairfield Fell en el Distrito de los Lagos, llevando: «ternera, jamón cocido, pollo, tartas de grosella, pan, queso, mantequilla, una pata de cordero, vino, cerveza negra, ron, coñac y cerveza amarga». Su caminata de «trece o dieciséis kilómetros... aunque algunos dicen que fueron diecinueve», cargando con una canasta de pícnic que pesaba decenas de kilos, «trepando» entre «rocas, matorrales y musgo»[3] requirió que contrajeran los músculos de manera prolongada, ganando así fortaleza y resistencia, y mejorando el equilibrio.

Hace un tiempo era perfectamente normal cargar con algo mientras se caminaba. No era necesario llevar pesas de muñeca o tobillo, ya que la gente cargaba regularmente con canastas de comida, cubetas con agua, niños pequeños, maletas y mochilas hechas de lona y cuero con pesadas hebillas de latón. En 1914, la escritora Mary Webb y su marido caminaban cada sábado dieciséis kilómetros cargados con enormes brazadas de productos del huerto que vendían en el mercado local.[4] A la edad de setenta y tres años, el caminante y empresario William Hutton caminaba cuarenta y cinco kilómetros cada día con una olla de agua, un paraguas, un mapa, libretas, plumas y frascos de tinta, una carga que él consideraba ligera pero que seguramente debía de pesar unos cuantos kilos.[5]

Eso no significa que todos debamos ponernos a cargar canastas de pícnic copiosas por toda la montaña. Lo que quería decir es que nuestros músculos no solo están diseñados para levantar y dejar peso, sino para cargarlo durante períodos de tiempo prolongados. Si no utilizamos nuestros músculos de esta manera, se atrofiarán, y al final sufriremos sarcopenia, una afección en que los músculos se debilitan y se atrofian tanto que no podemos ni levantarnos de la silla. De hecho, algunos entrenadores de fuerza creen que cargar peso es la manera más efectiva de ganar fuerza. Aunque ellos piensan más bien en sacos de arena, no en cargar canastas de pícnic.

Ir de pícnic era uno de mis pasatiempos favoritos cuando mis hijos eran más pequeños. Salir a caminar les parecía aburrido, pero al transformar un paseo en una expedición con un pícnic al final, aquello se convertía en una aventura; la comida siempre sabe muchísimo mejor al aire libre, independientemente del tiempo que haga. Hemos hecho pícnics entre los arbustos para refugiarnos de la lluvia, en bosques frondosos con una miríada de insectos, en parques y cementerios, en verano y en invierno. Ninguno de nuestros pícnics hubiera estado a la altura de las expectativas de la señora Beeton, pero en contrapartida no pesaban tanto.

En vez de ir a levantar pesas al gimnasio, prepara un pícnic, invita a unos cuantos amigos y camina. Mientras lleves con esfuerzo esa pesada carga, piensa no solamente en los placeres gastronómicos que te aguardan, sino también en cómo tus músculos se están fortaleciendo más que nunca. Resulta increíblemente liberador saber que podrías cargar con alguien montaña abajo si fuera necesario.

Consejos

Llévate solo lo que puedas cargar cómodamente.

Sostén la carga/canasta de pícnic cerca de la cadera y utiliza ambos brazos para que el peso quede uniformemente distribuido (a veces a esta técnica se la llama «cargar un saco de arena»). También puedes hacer lo que se conoce como el «paseo del granjero» (cargar algo en cada mano) o «cargar maletas» (cargar algo como si fuera una maleta antigua, cambiándola de brazo con regularidad).

Flexiónate desde las rodillas cuando alces (y dejes) algo, no desde la cintura.

Cambia de dirección con los pies, no con el torso.

Mantén la columna vertebral recta y haz trabajar el torso para proteger tu espalda.

No te preocupes si solo llevas peso en una mano; los estudios muestran que cuando solo utilizamos un brazo, el cerebro manda un mensaje al otro que no está cargando nada para que también haga trabajar los músculos..., una especie de entrenamiento por asociación y otro ejemplo de lo maravillosamente asombroso que es el cuerpo humano.[6]

¿Vas a recorrer una distancia larga? Pon parte del pícnic en la mochila (véase «Semana 36: Caminar con una mochila», p. 180). Eso hará que te resulte más fácil de cargar y, además, tendrás las manos libres.

Si quieres combinar un pícnic con un paseo nocturno, con lluvia o con viento, prepárate bien (algo caliente y fácil por la noche; algo rápido y simple si llueve: algo caliente y pesado si sopla el viento).

Los mejores pícnics son los que tienen algún elemento sorprendente. Olvídate de los bocadillos y las papas fritas: busca inspiración por internet u hojea libros de especialistas en pícnics.

Otra opción puede ser utilizar una goma de resistencia cuando camines, aunque no es ni la mitad de divertido. Michele Stanten, asesora de *fitness* de Harvard, aconseja trabajar los músculos del pecho, los brazos o los hombros estirando la goma con los brazos extendidos hacia delante o por encima de ti. Si no, rodea con ella la parte superior del cuerpo y jala hacia delante con los brazos mientras caminas.

SEMANA 29

Caminar descalzo

HACE CIEN AÑOS, CAMINAR DESCALZO se convirtió en una actividad popular entre una pequeña parte de la población británica preocupada por su salud. James Bain, un sacerdote escocés y fundador de la Barefoot League, afirmó que «todas las partes de la superficie terrestre sobre las que pisamos cumplen una función vital particular para la salud de nuestro cuerpo». Bain estaba convencido de que nuestros pies podían absorber todo lo bueno de la tierra, de que podían hacer llegar los nutrientes directamente a nuestro torrente sanguíneo. A pesar de que empezó a caminar descalzo en la campiña escocesa, mantuvo su costumbre «en las banquetas de Londres... y Edimburgo», ya que fue incapaz de renunciar a la libertad vivificante que sentía cuando no llevaba zapatos, a la manera en que su cuerpo «simplemente refulgía con una energía radiante».

En una escuela de verano en Brighton, Bain introdujo a varios hombres y mujeres jóvenes en el arte de caminar descalzos, liderando un paseo descalzo diario de tres kilómetros desde la escuela hasta la playa. Quedó encantado con los resultados: «Sus cuerpos cambiaron enseguida de la cabeza a los pies gracias al vigorizante físico más potente de todos... Pronto los maravillosos efectos en la belleza de la salud resultaron evidentes para todo aquel que tuviera ojos».[1]

Cada vez tenemos más pruebas de que puede que John Bain tuviera razón. En sus estudios sobre futbol, el biólogo evolutivo Daniel Lieberman descubrió que llevar un calzado acolchonado nos hace pisar con más fuerza el suelo, lo que añade una enorme presión adicional a las articulaciones de la rodilla. «La energía que recorre la pierna es unas tres veces mayor al llevar zapatos acolchonados que al ir descalzo», dice. Lieberman cree que este impacto extra podría explicar por qué el índice de personas que sufren de artritis en las rodillas se ha duplicado en los últimos setenta años, precisamente el tiempo que hace que los avances tecnológicos nos permitieron crear suelas acolchadas. El calzado acolchonado, añade, podría estar afectando también a nuestro equilibrio, lo cual nos haría más propensos a caer a medida que envejecemos.[2]

Lieberman no es el único preocupado por este asunto. Un estudio de 2007 comparó los pies actuales con los de unos esqueletos de dos mil años de antigüedad y concluyó que nuestros ancestros descalzos tenían unos pies más sanos y mejor formados que los nuestros.[3] Posteriormente, los investigadores descubrieron que renunciar al calzado mejora la osteoartritis de la rodilla, revierte el dolor de espalda y modifica de manera positiva la marcha.[4]

Últimamente, el centro de atención han sido las puntas elevadas, la curvatura que eleva los dedos de los pies en la mayoría de los tenis. El primer artículo que los analizó afirmaba que, a pesar de que proporcionaban más comodidad y confort a la hora de caminar, también debilitaban los pies, volviéndonos más susceptibles a tener problemas podológicos, como la fascitis plantar. Los autores escribieron que «los músculos de los pies intrínsecamente débiles son un desajuste evolutivo, ya que nuestros pies no están completamente adaptados a los zapatos modernos», cuyas «plantillas, acolchonados y otros elementos de soporte... incrementan la comodidad y disminuyen el esfuerzo que deben realizar los músculos de los pies».[5]

Parece ser que nuestros pies (y los veintiséis huesos, treinta y tres articulaciones y diecinueve músculos que contienen) no aprecian el lujo y el confort del calzado moderno tanto como nosotros.

Cuando caminamos descalzos, andamos de manera diferente; pisamos con menos fuerza, no golpeamos tanto con el talón y distribuimos el peso de manera más uniforme. Los estudios sugieren que, sin zapatos, caminamos más despacio y damos pasos más cortos, pero también nos permite dar un mayor número de pasos. Y lo que es más interesante, nos exponemos a un extraordinario abanico de sensaciones que hasta entonces habíamos perdido por culpa de las botas de suela gruesa o los tenis ultra acolchados. Nuestros pies tienen casi el doble de terminaciones nerviosas que el pene, por lo que son una de las partes más táctiles y sensoriales del cuerpo. Para mí, ese es el mayor placer de caminar descalza. La arena suave, la hierba cubierta de rocío, el césped cortado, el musgo húmedo, las piedras calentadas por el sol y un sinfín de otras sensaciones dejan bien claro por qué James Bain refulgía con una energía radiante después de sus paseos.

Caminar descalzo cambia completamente la experiencia de marchar. No solo nos movemos de manera diferente, sino que además nos sentimos extrañamente arraigados, conscientes del nuevo universo que se encuentra bajo nuestros pies. Es como caminar en 360 grados, y es muy placentero.

Consejos

Las playas de arena, las laderas cubiertas de hierba de las montañas y los bosques alfombrados con musgo son lugares perfectos para probar a caminar descalzo.

En las ciudades, el mejor lugar para hacerlo son los cementerios. Los parques con zonas en las que no puedan entrar perros también suelen estar limpios. O si no, siempre puedes caminar descalzo por tu casa y tu jardín.

Busca parques o caminos para caminar descalzo en tu zona. En Alemania puedes encontrar decenas de caminos para ello, ya que es el hogar espiritual de esta práctica. En Brasil, el Parque Nacional de los Lençóis Maranhenses es idóneo para realizar senderismo con los pies descalzos durante días.

El calzado minimalista (con una suela más fina, poco acolchonado y una puntera más ancha) es el punto medio ideal entre ambos extremos: nos ofrece la protección de un zapato pero sin las plantillas, las punteras elevadas y el acolchonado potencialmente dañinos del calzado moderno. Los estudios indican que este tipo de calzado refuerza la planta y los músculos del pie de la misma manera que si camináramos descalzos.[6]

Ten en cuenta que caminar descalzo habitualmente te ensanchará los pies. ¡Prepárate para tener el clóset lleno de zapatos que ya no te quedarán bien!

¿Te preocupa que la dureza de los callos de las plantas de los pies reduzcan su sensibilidad? No sufras: los estudios han demostrado que las personas que suelen caminar descalzas tienen exactamente la misma sensibilidad a pesar de tener una piel mucho más gruesa.

SEMANA 30

Caminar con iones

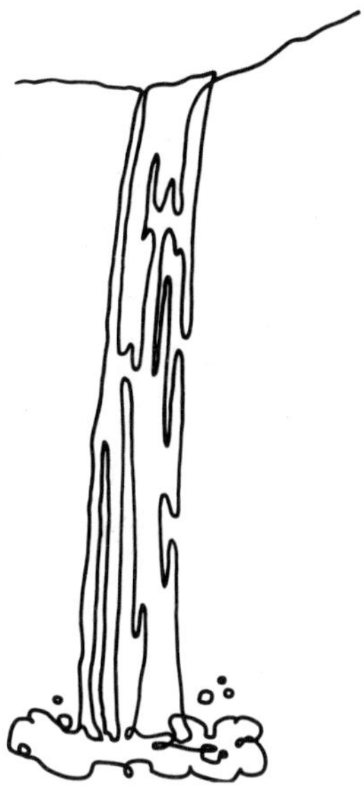

DURANTE LA PRIMAVERA DE 1802, el poeta Samuel Taylor Coleridge se hundió en la depresión más oscura de su vida. Coleridge ya estaba familiarizado con la desesperación, con sus lúgubres rincones y sus callejones sin salida. Pero también sabía que, en el paisaje adecuado, podía caminar y dejar atrás su «oscuridad y penumbra... la desconcertante vergüenza y el dolor que son amos y señores de todos nosotros».[1]

Coleridge, que ya era un caminante experimentado, empezó a hacer excursiones aún más largas. Durante dieciocho meses caminó siempre que tuvo oportunidad: solo, subiendo y bajando montañas escarpadas, a través de bosques enlodados y junto a riachuelos veloces. Caminaba bajo la brillante luz del sol, pero también (y con considerable entusiasmo) bajo la lluvia torrencial y el duro granizo.

Sin embargo, lo más significativo de sus caminatas era que siempre procuraba pasar por cascadas. El escritor Robert Macfarlane, al explicar la repentina fascinación de Coleridge por las cascadas, dijo que «si hay algún propósito en su mente [la de Coleridge], parece haber saltado por las cataratas de la zona». Coleridge las llamaba «grandes pendientes de agua» y soñaba con crear su propio mapa de cascadas. Sus paseos por cascadas, que a menudo daba cuando había una tormenta o llovía, fueron los que más lo consolaron y lo inspiraron durante ese momento tan oscuro y turbulento de su vida.

Hoy en día, los científicos han encontrado una posible explicación a los poderes curativos que Coleridge obtenía de los paseos por las cascadas bajo la lluvia: los iones negativos del aire.[2] Cuando se rompe la superficie del agua, se alteran las moléculas del aire; se rompen, se mezclan con moléculas de agua y se cargan de electricidad (se ionizan) durante el proceso, transformándolas así en iones de aire. Los iones de aire pueden tener una carga positiva (lo que, por lo general, no es muy bueno para nosotros) o negativa (por lo general, es muy bueno para nosotros), según si predominan los electrones o los protones. Los iones positivos son más pesados y normalmente descienden hasta el suelo. En cambio, los iones negativos (que tienen una carga negativa extra) son pequeños y ligeros, por lo que se mantienen en el aire.

Este proceso se magnifica alrededor de las cascadas, donde la fuerza colosal que tiene el agua al caer fractura las gotas de manera muy particular, creando así abundantes nanopartículas que planean en forma de una exuberante neblina por el aire. Hace unos cien años, los científicos descubrieron por primera vez que el aire que había alrededor de las cascadas era especial, y hoy en día se refieren a ese fenómeno como «efecto cascada».[3]

Cuando un equipo de investigadores austríacos se embarcó en un estudio de dos años de duración sobre el aire en torno a las cascadas, midiendo con cuidado y repetidamente los niveles de iones cerca de cinco cascadas distintas, descubrió que el total de iones negativos solía llegar a las decenas de miles por centímetro cúbico, una densidad sorprendentemente alta que puede llegar a ser hasta un 120 % más elevada que en el aire que habitualmente encontramos en el exterior.[4]

Pero ¿es posible que la exposición a las cascadas realmente mejore nuestro estado de ánimo y nuestra salud? Los primeros estudios observaron que los niños asmáticos que pasaban una hora al día jugando junto a una cascada presentaban menos síntomas, unos pulmones más fuertes, una inmunidad reforzada y una reducción de los niveles de inflamación.[5] Pero ¿se podrían replicar los mismos resultados en adultos sanos?

Para ahondar más en la cuestión, otro equipo de científicos austríacos reclutó a noventa trabajadores sociales estresados y los dividió en tres grupos: el primero tenía que pasar una hora al día junto a una cascada como parte de su paseo; el segundo también tenía que caminar, pero alejándose de la cascada, y el tercero (el de control) continuó con su rutina habitual. Al cabo de una semana, los dos grupos que habían tenido que caminar presentaban un ritmo cardíaco más bajo y una reducción sustancial del estrés. Pero una serie de pruebas revelaron que el grupo que había pasado tiempo junto a la cascada tenía (prácticamente en cada revisión) un estrés psicológico significativamente menor, una capacidad pulmonar increíblemente mejor y unos niveles considerablemente más altos de un anticuerpo crucial llamado inmunoglobulina A secretora (SIgA, por sus siglas en inglés). La SIgA, presente en la mucosa que reviste los orificios nasales, los intestinos y la boca, es una primera línea de defensa crucial de nuestro sistema inmunitario que nos protege de decenas de patógenos y toxinas, desde los coronavirus hasta la contaminación atmosférica. Para sorpresa de los científicos, el equipo de la cascada seguía teniendo una mejor inmunidad, y presentaban unos niveles de SIgA elevados, incluso ocho semanas después.[6]

Sus resultados coincidieron con los de experimentos anteriores realizados en ratones y ratas, en los que se concluyó que los iones negativos generados por el agua mejoraban la inmunidad de los roedores, lo que llevó a los investigadores austríacos a preguntarse si los abundantes iones negativos de las cascadas podrían entrar en nuestro cuerpo a través de la piel y las mucosas (de dentro de la nariz y la boca, por ejemplo), alterando así nuestra microbiota y creando una «alteración de la microbiota por una cascada» que, a su vez, podría explicar la mejora inmunitaria de los participantes.

¿Es posible que el entorno microbiológico de las cascadas (donde los microbios y fitoncidas de la naturaleza se mezclan y se dispersan a través de una niebla de iones negativos) sea una píldora milagrosa para la mente y el cuerpo? Los científicos todavía no tienen la respuesta. Pero Coleridge sí: su depresión desapareció tal y como esperaba, y fue sustituida por «un fantástico gozo que arrastra el alma». Eva Selhub y Alan Logan presentaron datos que coinciden con esta idea en su libro *El poder curativo de la naturaleza*: la exposición a los iones negativos mejora la salud, la cognición y la longevidad, además de conseguir que nos relajemos más y que estemos menos deprimidos, estresados y ansiosos.

Además, las investigaciones sobre esta cuestión despuntaron durante la COVID-19, cuando unos investigadores descubrieron que los iones negativos del aire podían contrarrestar los coronavirus.[7] Los experimentos realizados en la University of Oklahoma (en los que se utilizaron generadores de iones negativos en vez de cascadas) permitieron a los científicos observar que los iones negativos del aire se unían a las proteínas con carga positiva que se encuentran en los extremos de las puntas de los coronavirus, consiguiendo así neutralizarlos con eficacia. Los generadores de iones negativos también obtuvieron buenos resultados en pruebas realizadas en laboratorios con personas que sufrían depresión estacional; con tan solo una sesión diaria de treinta minutos, los sujetos notaron una mejora drástica de su estado de ánimo.

Los iones negativos existen solamente cuando se dan una serie de delicados y complejos factores y condiciones, y las investigaciones continúan arrojando luz sobre ellos. Sin embargo, sí que hay algo que podemos afirmar con certeza: el aire de los espacios interiores es el que tiene el total de iones negativos más bajo. Así que olvídate del gimnasio y sal al aire libre. Pero no solamente importa el total de iones negativos del aire: también debemos tener en cuenta que tienen diversas longevidades. Los iones urbanos pueden sobrevivir tan solo unos pocos segundos, mientras que los iones de los bosques, los océanos y las cascadas pueden llegar a durar hasta veinte minutos.[8]

CONSEJOS

LOS INVESTIGADORES AUSTRÍACOS SE DIERON CUENTA de que la concentración de iones fluctúa según el peso y la fuerza con la que fluye el agua; cuando la nieve se derrite en primavera o cae una lluvia torrencial, el total de iones alcanza niveles máximos. Busca agua que colisione con intensidad durante una tormenta, tal y como hacía Coleridge, y quédate ahí por lo menos treinta minutos impregnándote de su música salvaje y sus iones vigorizantes.

Los estudios sugieren que las montañas tienen los mayores niveles de iones negativos: si puedes, busca cascadas en regiones montañosas.

¿Estás leyendo esto en una mañana de primavera con niebla? Pues vete al bosque. Los bosques también tienen unos niveles espectacularmente altos de iones negativos de aire (NAI, por sus siglas en inglés), el doble que en los terrenos abiertos, sobre todo cuando se están formando las hojas o cuando hay niebla, momento en que el aire está cargado de NAI.[9]

Si salpicas mucho mientras nadas en aguas naturales, puedes crear un entorno microbiológico (casi) igual al de una cascada. Encuentra una ruta que pase por alguna alberca natural.

Las olas del mar que rompen al llegar a la orilla imbuyen de iones negativos el aire de la costa: camina tan cerca como te atrevas (sin arriesgarte) de las olas enfurecidas.

Los ríos cuyas aguas bajan a toda velocidad (por ejemplo, durante una riada) también crean grandes cantidades de iones. Véase «Semana 17: Seguir un río», p. 93.

Normalmente, las ciudades sufren de una escasez de iones negativos, así que busca agua en movimiento: fuentes, instalaciones con agua o ríos.

El total de iones negativos aumenta cuando llueve: cuanto más torrencial sea la lluvia, mayor será el número de iones negativos, a pesar de que estos niveles se estabilizan al cabo de un rato.[10] Camina siempre que caiga un chaparrón estés donde estés (véase «Semana 12: Caminar bajo la lluvia», p. 71).

El momento de mayor concentración de iones negativos en el aire suele ser entre medianoche y primera hora de la mañana, alcanza el punto álgido entre las siete y las once de la mañana, y luego va disminuyendo a lo largo de la tarde hasta que poco a poco va aumentando de nuevo durante la noche. Caminar a primera hora de la mañana (véase «Semana 10: Caminar durante la primera hora tras despertarte», p. 62), dar un paseo nocturno (véase «Semana 46: Dar un paseo nocturno», p. 225) o salir a dar una vuelta por la noche (véase «Semana 42: Caminar después de comer», p. 207) maximizará tu exposición a los NAI.[11]

Los iones negativos de aire están presentes durante todo el año, pero los estudios han demostrado que sienten predilección por el verano y el otoño. Además, cuanto más puro sea el aire, más tiempo perduran.

Los factores meteorológicos afectan enormemente la prevalencia y la abundancia de los iones negativos: disminuyen durante los largos días soleados de verano, se incrementan durante los días ventosos y tormentosos, se quedan merodeando si el ambiente es húmedo y se escabullen si hay niebla urbana. Prueba a dar un paseo cuando sople el viento (véase «Semana 9: Pasear con viento», p. 57).

Los rayos ultravioleta también crean iones negativos (véase «Semana 26: Caminar bajo la luz del sol», p. 134), al igual que las tormentas, durante las cuales la carga combinada de una inmensa cantidad de moléculas ionizadas puede llegar a hacer que el aire crepite (literalmente) por la electricidad.

SEMANA 31

Caminar junto al mar

EN EL PRIMER PÁRRAFO de *Moby Dick*, el narrador, Ismael, explica cómo el océano le afecta la mente y el alma. Ver «la parte líquida del mundo», dice,

> es mi manera de disipar la melancolía y regular la circulación. Cada vez que la boca se me tuerce en una mueca amarga; cada vez que en mi alma se posa un noviembre húmedo y lluvioso; cada vez que me sorprendo deteniéndome a pesar de mí mismo frente a las empresas de pompas fúnebres... comprendo que ha llegado la hora de darme al mar lo antes posible.

El autor, Herman Melville, sabía por instinto que el mar nos pone de buen humor, que de alguna forma tiene la capacidad de curarnos. El biólogo marino Callum Roberts se hizo eco de las palabras de Melville ciento sesenta y cinco años después: «Los seres humanos tenemos una conexión muy profunda con el mar. Los océanos nos inspiran, emocionan y tranquilizan... Pero nuestra conexión con el medio acuático es mucho más lejana en el tiempo: llega a los orígenes de la vida misma. Somos criaturas de los océanos».[1]

Tuvieron que pasar otros cinco años para que los investigadores consiguieran los datos que demostraban lo que muchos de nosotros ya sabíamos, y en 2019 se publicó una de las investigaciones más detalladas que se han hecho nunca sobre el bienestar que sentimos al estar junto al mar. Basándose en casi 26 000 personas, los investigadores concluyeron que quienes vivían a menos de un kilómetro del litoral inglés eran más felices y tenían una mejor salud mental que quienes vivían en el interior. La diferencia era especialmente notable en los hogares con ingresos bajos.[2]

Este no ha sido el único estudio que ha evidenciado que lo que articulaba el Ismael de Melville (en 1851) sigue siendo algo universalmente significativo hoy en día. Un estudio de Nueva Zelanda descubrió que cuanto más miramos al mar, más relajados, tranquilos y revitalizados nos sentimos. Y por lo que respecta al estado de ánimo y al bienestar, el mar lo supera todo, incluso a la vegetación y los árboles. Un estudio de 2016 de la University of Exeter descubrió que las personas que vivían cerca de la costa eran «en general más saludables y felices que quienes vivían en el interior», un hallazgo corroborado por un estudio realizado en Irlanda en el que se observó que la gente mayor que tenía vistas al mar sufría menos depresión.[3]

¿Qué tiene el mar que nos hace sentir tan bien? Según el profesor Douglas Kenrick, la sobreestimulación constante y el desorden mental provocan que el cerebro entre en «modo frenético», generando así unos niveles de estrés agotadores. El cerebro necesita un tiempo para recuperarse, un período para descansar y reponerse. O, tal y como dice Kenrick, un período de «restauración natural».[4] La manera más efectiva de conseguirlo es exponernos a un entorno que tenga un poco de interés y novedad, pero que también tenga un alto grado de predictibilidad estadística, pues así conseguiremos estar absortos pero relajados a la vez. Piensa en algo que sea regular pero no monótono, familiar pero no aburrido; por ejemplo, pasear junto a un río (véase «Semana 17: Seguir un río», p. 93). Puede que el mar sea el paradigma de la regularidad sin monotonía: aunque en esencia permanezca siempre invariable, nos hechiza con sus olas espumosas, las aves marinas que se sumergen en él y sus destellos de luz.

Hay quien piensa que el vaivén de las olas podría ser la clave para explicar por qué el océano afecta tan positivamente al estado de ánimo; que su patrón de movimiento continuo podría ser lo que incentiva a nuestra mente a salir del vórtice de sus propios pensamientos.[5]

Desde luego hay otras posibles explicaciones. Según la teoría de la biofilia, cada vez que estamos cerca de una fuente de agua o comida nos tranquilizamos de inmediato, como si el cerebro conservara antiguos recuerdos moleculares de inanición e hidratación.

Algunos investigadores creen que el ácido graso omega-3 que se encuentra en el pescado azul y el marisco desempeñaron un papel importante en el desarrollo del cerebro humano: un conocimiento inarticulado e innato que nos atrae a los entornos marinos, como si concibiéramos el océano como nuestro hogar y a su vez como una fuente de alimentación esencial.

Incluso hay una teoría que afirma que el agua marina podría contener bacterias que mejoran nuestra inmunidad, lo cual nos crearía una atracción fisiológica inconsciente hacia el océano siempre que tuviéramos que reponer la microbiota.

Los investigadores también han estudiado las características propias del mar, ya que sospechan que el sonido del oleaje y de las olas rompiendo podría tener grandes propiedades reparadoras, que los reflejos podrían despertar nuestro interés y captar la atención de nuestro cerebro, y que los patrones fractales de las conchas y las olas podrían calmar nuestras mentes extenuadas.

Pero ¿realmente necesitamos empaparnos de estudios científicos punteros para dejarnos tentar por la idea de caminar por la costa? Las curas de mar fueron muy populares durante el siglo XIX, millones de nosotros pasamos las vacaciones de verano junto al mar, la literatura está repleta de historias sobre el océano y más de un tercio de la población mundial vive en la costa. La ciencia simplemente está confirmando la necesidad fisiológica que tenemos de estar junto al mar, y nos recuerda que debemos sacar tiempo para ir a dar un paseo por la playa o por los acantilados.

Así pues, ¿con qué frecuencia deberíamos acercarnos al mar? Según el doctor Lewis Elliott, psicólogo ambiental, visitarlo un par de veces por semana o dos horas a la semana bastaría para notar sus beneficios físicos y mentales.[6]

Consejos

Normalmente hay menos gente paseando por la costa en los días lluviosos y los meses de invierno.

Llévate unos binoculares, porque es fascinante poder avistar aves.

Ve con tiempo para darte un chapuzón: cada vez hay más evidencia de que nadar en el mar reduce la inflamación y, posiblemente, previene la demencia, por no mencionar que reduce la depresión, la ansiedad y los cambios de humor. Cuando el doctor Mark Harper estudió a 61 personas que nadaban en agua fría, descubrió que el ánimo les mejoraba significativamente, cosa que atribuyó a la disminución de la inflamación.

Se puede caminar por el mar («Semana 32: Caminar dentro del agua», p. 163) en cualquier época del año. Solo tienes que escoger una zona con aguas calmadas y seguras.

Prueba a caminar con los pies descalzos. La arena proporciona una resistencia natural, por lo que nos ayuda a fortalecer los músculos y el torso.

¿No tienes manera de acercarte a la costa? La mejor alternativa es seguir un río (véase «Semana 17: Seguir un río», p. 93).

SEMANA 32

Caminar dentro del agua

Hacía una semana que había empezado el año nuevo; eran las dos y media del mediodía cuando Nancy Kerrigan, la campeona de patinaje artístico sobre hielo, terminó su sesión de entrenamiento en la pista de hielo de Detroit. Se estaba preparando para los Campeonatos de Patinaje Artístico de Estados Unidos de 1994, que tendrían lugar unos días más tarde. Pero aquella tarde ocurrió algo que casi destruye su carrera. Mientras Kerrigan abandonaba la pista de hielo, le golpearon salvajemente la pierna. Su asaltante se escapó lanzándose por una puerta de cristal y metiéndose en un coche con el que se dio a la fuga. Más tarde se descubrió que aquel hombre había sido contratado por el marido de una de las contrincantes de Kerrigan. Su lesión era demasiado grave como para poder competir en el inminente campeonato, pero ella estaba decidida a participar en las olimpíadas de invierno que se celebrarían siete semanas más tarde. Aquello parecía una locura demasiado ambiciosa. Sin embargo, Kerrigan sorprendió a todo el mundo al ganar la medalla de plata, y quedar a nada de obtener el oro. Pero ¿cómo lo consiguió? Pues reaprendiendo su rutina dentro del agua.

Caminar dentro del agua libera al cuerpo de los efectos de la gravedad, convirtiéndose en un ejercicio de cardio de bajo impacto que fortalece músculos que no siempre trabajamos cuando caminamos por tierra. Pero esto no quiere decir que deberíamos dejar de nadar, sino simplemente que deberíamos ver el agua como una estimulante oportunidad de caminar de una manera diferente.

Caminar dentro del agua es un ejercicio ideal para cualquiera que quiera fortalecer los músculos y quemar calorías sin que haya impacto en los huesos y las articulaciones. Dado que nuestro cuerpo flota dentro del agua, es un ejercicio perfecto para las mujeres embarazadas, para personas frágiles, para quienes tienen artritis u osteoporosis, y para las personas que se estén recuperando de alguna lesión. Cuando el agua carga con nuestro peso, somos libres de movernos de ciertas maneras que de otro modo nos resultarían demasiado dolorosas o difíciles. Tras romperse varios huesos en un accidente de bicicleta, mi cuñada, que es quiropráctica, recuperó su fuerza y su condición física gracias a un programa de caminar dentro del agua que se diseñó ella misma.

Varios estudios han concluido que caminar dentro del agua resulta beneficioso para quienes sufren osteoartritis en la cadera o las rodillas, dolor de espalda crónico y lesiones en la columna vertebral. Un estudio descubrió que caminar dentro del agua durante doce semanas ayudaba a los pacientes con estenosis espinal lumbar a recuperar la musculatura y el equilibrio.[1]

Pero caminar dentro del agua no es un ejercicio solamente para personas lesionadas, frágiles o embarazadas. Puesto que el agua tiene una densidad mayor, nos ofrece una resistencia natural entre doce y catorce veces mayor que la que encontramos en tierra, lo cual hace que caminar dentro del agua sea una manera espléndida de fortalecer los músculos e incrementar el tono muscular. Un estudio ha descubierto que caminar dentro del agua acelera más el ritmo cardíaco que caminar por tierra.[2] Otro estudio ha observado que en un grupo de mujeres que no estaban en forma se redujo la presión arterial de forma más drástica después de caminar dentro del agua que por tierra.[3]

Caminar dentro del agua también es una excelente manera de fortalecer el equilibrio, especialmente si lo hacemos en el mar, donde la arena o los guijarros que se mueven bajo los pies suponen un desafío adicional. Y por si eso fuera poco, caminar dentro del agua también incrementa la flexibilidad y el rango de movimientos: dado que el agua carga con nuestro peso, podemos extender las extremidades sin peligro, ya que sabemos que no nos haremos daño si nos caemos.

Y, por último, se ha demostrado que caminar dentro del agua (como ocurre con todas las maneras de caminar) mejora el ánimo. Las personas que sufren fibromialgia y que han probado a caminar dentro del agua afirman no solo estar menos rígidas y tener una mejor salud cardiovascular, sino también una mejor calidad de vida, un sueño más profundo y menos ansiedad y depresión; curiosamente, se observó lo mismo en un estudio realizado con personas que nadaban en mar abierto.[4]

A menor profundidad de agua, más gravedad; así que si quieres librarte de toda gravedad, tienes que sumergirte hasta el cuello.[5] Sin embargo, se ha demostrado que realizar ejercicio con el agua hasta los muslos es más intenso que con el agua hasta el pecho.[6] Por otro lado, hacer ejercicio con el agua hasta el pecho requiere menos energía, lo que nos permite caminar durante más tiempo y, por ende, mejorar la resistencia. Para trabajar los brazos, tenemos que balancearlos (o empujarlos) bajo la superficie con el agua hasta el pecho. En caso contrario, opta por hacerlo con el agua hasta los muslos o ve variando.

Empezar a caminar dentro del agua es fácil. Si vas a hacerlo en una alberca, solo necesitas un traje de baño y una toalla. Si quieres caminar en el mar o en un lago, considera ponerte unos zapatos para agua de goma o unos calcetines de neopreno. Camina cierta distancia (lo ideal son entre doce y veinticinco metros) y luego regresa de espaldas. Repítelo. A continuación, recorre la misma distancia caminando de lado. Repítelo mientras balanceas los brazos como si estuvieras caminando por tierra. Enseguida notarás la resistencia, pero sigue adelante.

Experimenta con la longitud de la zancada y, si es posible y seguro, con la profundidad del agua. Cuando te sientas cómodo, prueba a levantar las rodillas más arriba y a cambiar de velocidad. Prueba también a ponerte de puntillas, a saltar, a hacer *walking lunges* o a improvisar pasos de baile. Muchas de las sugerencias que se han dado en este libro son igual de efectivas dentro del agua.

Casualmente, caminar dentro del agua es perfecto para matar el tiempo mientras vigilas a los niños cuando están en el agua. No hace falta que estés acostado en la playa con la mirada fija en ellos sin pestañear. Simplemente camina dentro del agua...

CONSEJOS

EJERCITA LOS MÚSCULOS ABDOMINALES manteniendo la espalda recta, los hombros hacia atrás, la barbilla levantada y la mirada al frente, justo la postura para caminar que se explica en «Semana 2: Mejorar la marcha», (p. 27).

¿No sabes nadar muy bien? Ponte un chaleco salvavidas o algún otro dispositivo para mantenerte a flote.

Evita hacer ejercicio en albercas cálidas y bebe abundante agua; no siempre nos damos cuenta de lo sedientos que estamos (o de lo mucho que estamos sudando) cuando estamos sumergidos en el agua.

Considera llevar un traje de neopreno durante los meses más fríos si caminas por el mar o por un río.

SEMANA 33

Dibujar mientras caminas

CUANDO TOMAMOS UN SINFÍN DE FOTOS con nuestros teléfonos celulares, ¿realmente estamos capturando el momento o lo estamos perdiendo? El año pasado, mientras deslizaba el dedo hacia abajo pasando por cientos de imágenes, tuve la sensación de que era más bien lo segundo. La mayoría de las veces no recordaba dónde las había tomado o por qué había querido fotografiar aquella escena en particular. A todos los efectos, había perdido todos los momentos que había intentado preservar.

Hace tiempo, los caminantes y viajeros dibujaban y pintaban al aire libre. En vez de regresar a casa con miles de imágenes que acaban languideciendo en el teléfono, volvían con un solo cuaderno lleno de escenas destacadas que compartían con cariño y luego heredaban. Por eso llegué a la conclusión de que observar el paisaje como lo hacían antes no debe parecerse en nada a las (millones de) fotografías desechables que hago hoy en día.

Así que me propuse un reto: salir de excursión y caminar durante dos días sin tomar ninguna fotografía con mi celular. En vez de eso, me puse a dibujar. Un amigo me contó que Picasso siempre viajaba con un cuaderno de dibujo, un lápiz y una goma. Por supuesto que yo no soy

Picasso y, además, dejé de dibujar a los catorce años cuando ya no tuve más clases de arte. Pero me inscribí a una clase de dibujo y me compré un cuaderno, un lápiz y (lo más importante de todo) una goma de borrar.

Los dibujos que hice durante esa salida de dos días no son muy buenos, pero esa no es la cuestión. Cuando los miro, enseguida me siento transportada a aquella excursión. Más específicamente, vuelvo a revivir el momento en que hice el dibujo..., la fragancia de la menta acuática, el sol calentándome el cuello, el agua lechosa de color verde jade que fluía, el perro pelirrojo que me olió aquel día mientras estaba en la orilla del río. Cuando dibujamos, observamos. Y cuando observamos de verdad, descubrimos que nuestro entorno es bastante distinto; nos sentimos atraídos por la escena, por el momento, con una intimidad y una urgencia que nos insta a ignorar todo lo demás. De algún modo tenemos que convertir toda esa experiencia sensorial en líneas y formas, incluso en color. Dibujar una escena nos recuerda que estamos totalmente vivos.

Pero dibujar también nos aporta otras ventajas, incluso cambios fisiológicos beneficiosos para la salud. Cuando un hospital de Londres introdujo un programa artístico para los pacientes, el personal quedó asombrado por los resultados. Los pacientes que creaban arte «era significativamente más probable [...] que tuvieran mejores resultados clínicos; mejores constantes vitales, niveles más bajos de cortisol asociado al estrés y menos necesidad de tomar medicación para inducir el sueño».[1]

Un estudio alemán que se realizó una década después encontró una posible explicación para todo eso. Los investigadores realizaron escáneres cerebrales a dos grupos de jubilados; el primer grupo tenía que observar obras de arte mientras que el segundo grupo tenía que crear arte. Los escáneres del antes y del después mostraron que las personas que habían creado arte habían adquirido una mejor conciencia espacial que sus homólogos que solo lo habían observado. Pero a los investigadores les alucinó especialmente darse cuenta de que los sujetos que habían creado arte habían sufrido unos cambios significativos en una región cerebral en particular: el córtex prefrontal medial, que desempeña un papel vital en la resiliencia psicológica y la resistencia al estrés. Los investigadores concluyeron que «la producción de arte visual tiene un impacto en la resiliencia psicológica».[2] No es de extrañar que otros estudios hayan concluido que crear arte puede ser una excelente manera de gestionar el estrés, el agotamiento mental, la depresión y la ansiedad.[3]

Dibujar también es bueno para las neuronas. Un estudio estadounidense realizado con 256 adultos mayores concluyó que dibujar y pintar mantenía la mente mucho más ágil que cualquier otra actividad (incluyendo hacer manualidades, socializar y jugar a videojuegos). Los investigadores se preguntaron si crear arte podría ayudar a desarrollar nuevas vías neuronales, manteniendo así las neuronas estimuladas. En aquel estudio, quienes habían empezado a dibujar y pintar al convertirse en personas de mediana edad pero habían seguido haciéndolo hasta la vejez eran las que presentaban mayores beneficios.[4]

Cuando buscamos paisajes y objetos para dibujar, nuestra atención deja de estar centrada en nosotros mismos o en nuestro destino. Ya no corremos para llegar a la cima, a la meta o al lugar donde comer. Ya no andamos cabizbajos. Sino que prestamos atención a las pequeñas cosas que hay por el camino: un tronco de árbol nudoso cubierto de liquen azul; el contorno de una grulla en el cielo crepuscular; una iglesia con un campanario encantadoramente torcido.

Actualmente dibujo con regularidad y disfruto de la atención total que esta actividad requiere y de la sensación de tranquilidad que la acompaña. Dibujar y pintar nos ayuda a examinar minuciosamente, a observar más detenidamente, de modo que incluso después de guardar el cuaderno y el lápiz, los ojos están más en sintonía con el entorno, mejor preparados para detectar colores, formas y tonos. Tienen una mayor tendencia a mirar hacia el exterior en vez de hacia el interior.

Y además, cada momento que dibujo se me queda grabado a profundamente en la memoria. Sin necesidad de deslizar hacia abajo con el dedo...

Consejos

No juzgues tus dibujos. El propósito no es exponerlos en una galería; nadie tiene por qué verlos.

Experimenta con lápices de distintas graduaciones, carboncillo, bolígrafo y acuarelas. Las cajas de acuarelas de bolsillo son ligeras y fáciles de transportar si quieres añadir color a tus dibujos.

Busca por internet tutoriales rápidos para aprender a dibujar o cómprate un libro sobre el tema.

Explora los estilos de los maestros del dibujo y experimenta; hay muchas maneras diferentes de dibujar.

Los artistas profesionales que salen a caminar para dibujar aprovechan plenamente el tiempo y el paisaje; dejan que la lluvia se mezcle con la pintura, presionan hierba y dientes de león sobre el papel, utilizan ramitas en vez de pinceles y pintan con tierra, por ejemplo. Prueba a hacerlo tú también.

No te frenes por una cuestión de tiempo: hacer un boceto solo requiere unos pocos minutos, y siempre puedes embellecerlo más tarde. Algunos artistas pintan sobre la marcha, dándose tan solo unos pocos segundos para capturar un sujeto o una escena. Prueba a captar el paisaje de esta manera.

SEMANA 34

Caminar bajo la luna llena

HACE DOS DÉCADAS LLEGUÉ a un hospital de Londres aquejada por el dolor desgarrador del parto. Era bien entrada la noche y las contracciones eran cada vez más dolorosas. Mientras esperaba a que me asignaran una cama, me di cuenta de que el hospital parecía más lleno de lo habitual. Había dado a luz a mi primer hijo en aquel mismo hospital, pero entonces no me había parecido que fuera tan... frenético. Cuando por fin llegó la partera, dijo algo que me dejó con la boca abierta y estupefacta: «Hay luna llena... ¡Todo el mundo está dando a luz!».

Sacudida por otra contracción, pronto olvidé sus palabras. Hasta una década después, cuando empecé a salir a caminar durante las noches de luna llena. Una noche, mientras caminaba por un campo iluminado por la luz de la luna, tuve un *flashback* repentino del ajetreo inusual que hubo aquella noche en el ala de maternidad. Me fui a casa y me puse a investigar por internet. No tardé mucho en encontrar un estudio que corroboraba lo que había dicho la partera.[1] Unos investigadores de la ciudad japonesa de Kioto compararon las fechas de nacimiento de 1 007 bebés con el ciclo lunar durante un período de tres décadas. Descubrieron que durante las noches de luna llena incrementaban significativamente los partos, lo cual les llevó a concluir que «la fuerza gravitatoria de la luna influye en la frecuencia de los partos».

En las noches de luna llena se incrementa la fuerza gravitatoria porque tanto la luna como el sol jalan de la tierra. Sabemos que eso es lo que produce las mareas, pero ¿podría ser que también me hubiera provocado las contracciones? Bueno, por cada artículo que afirmaba que había una correlación entre ambas cosas (como el de Kioto), encontraba otros que decían que no tenían ningún tipo de relación.

En lo que respecta a los patrones de sueño, la evidencia es menos controvertida. Un estudio suizo publicado en la revista *Current Biology*, y basado en las investigaciones realizadas en «condiciones de laboratorio estrictamente controladas», concluyó que la duración del sueño profundo disminuye un 30 % en las noches de luna llena. El mismo estudio descubrió también que esas noches normalmente tardamos cinco minutos más en conciliar el sueño, tras lo cual dormimos veinte minutos menos de lo habitual. Los investigadores, que realizaron electroencefalogramas para registrar el sueño de los participantes y análisis de saliva para medir sus niveles hormonales, confirmaron que los niveles de melatonina (la hormona del sueño) disminuyen y que la calidad del sueño es peor cuando hay luna llena. Sobre la base de esos resultados afirmaron que «tenemos pruebas de que según el tiempo que falte para la siguiente luna llena, se producen cambios significativos en el sueño humano y los niveles nocturnos de melatonina».[2] La confianza que tuvieron en sus resultados estaba justificada: al menos otros tres artículos llegaron a la misma conclusión.[3]

Pero las fases lunares no solamente afectan al sueño. Varios artículos sugieren que nuestro comportamiento también se ve afectado. Efectivamente, la palabra «lunático» deriva de la palabra latina «luna». Pero, de nuevo, estos estudios son erráticos e inconsistentes. Un artículo de 2019 analizó la tasa de homicidios en Finlandia en relación con las fases lunares y descubrió que «existe una relación indiscutible entre las fases lunares y los homicidios [...] los homicidios disminuyeron (un 15 %) durante la luna llena».[4] Pero en Florida se observó precisamente lo contrario, ya que los homicidios y las agresiones con agravante se acumulaban durante la luna llena. Sorprendentemente, el informe de Florida también observó que «las emergencias psiquiátricas disminuyen significativamente» durante la fase de luna llena y luna nueva.[5] Otros artículos concluyeron que durante la luna llena se producían un mayor número de accidentes de moto y de suicidios en mujeres.[6] Por otro lado, un estudio alemán que relacionó los informes policiacos con los patrones lunares no encontró la más mínima correlación entre la luna llena y los homicidios, las agresiones o los suicidios.

Está claro que hay que seguir investigando la relación entre nuestro comportamiento y la luna llena. Pero ¿significa eso que deberíamos ignorar los numerosos estudios que han establecido una conexión entre ellos? No tan deprisa... Los estudios en animales demuestran que su comportamiento puede cambiar y, de hecho, cambia en función de la luz de la luna. Actualmente se sospecha que muchos seres vivos tienen un reloj circalunar interno que sincroniza su reloj circadiano con un reloj de mareas lunares. Los escarabajos peloteros africanos caminan en línea más recta las noches iluminadas por la luna. Ciertas criaturas marinas cambian su posición bajo el agua según la cantidad de luz nocturna que haya. Y las iguanas de las islas Galápagos, que poseen un reloj circalunar muy preciso, viven durante más tiempo que las iguanas cuyo reloj es menos preciso. Mientras tanto, otros estudios han relacionado la luna llena con los patrones de nacimiento de los tejones europeos y el ganado doméstico.[7]

Por supuesto que todo podría ser una simple coincidencia. Pero ¿por qué negar la posibilidad de que existan misterios lunares que todavía no hemos esclarecido? Ciertamente, muchos científicos están bastante convencidos de que existe un «efecto lunar», el problema es que todavía no hemos logrado desentrañarlo lo suficiente.

Además, los hallazgos inexplicables de muchos estudios potencian las misteriosas y enigmáticas cualidades de los paseos nocturnos. El paisaje cambia cuando el cielo está despejado y brilla la luna llena; todo tiene un aspecto distinto y transmite unas sensaciones diferentes (véase «Semana 46: Dar un paseo nocturno», p. 225). De pronto, la idea de que nosotros también cambiemos y nos transformemos con el ciclo lunar ya no parece tan descabellada.

La luz de la luna llena no brilla el doble que la de la media luna, tal y como cabría esperar, sino que es diez veces más brillante. Eso significa que el cielo nocturno queda demasiado iluminado como para contemplar las estrellas, pero existe la cantidad de luz ideal para realizar recorridos largos, seguir un camino por el bosque o avistar fauna salvaje nocturna.

Los paseos bajo una superluna tienen un efecto aún más espectacular, algo que normalmente ocurre dos veces al año y en meses consecutivos. Estos son los orbes más grandes y brillantes del año, el momento en que la luna está más llena y más cercana a la Tierra. La fecha de la superluna varía según la zona horaria, así que busca información por internet, elige un lugar, invita a un par de amigos y cruza los dedos para que haga buen tiempo.

A pesar de que las superlunas son espectacularmente brillantes, mi luna favorita es la luna de la cosecha de septiembre. Sale bien temprano, normalmente cuando se pone el sol, y suele flotar justo por encima del horizonte, por lo que parece más grande y brillante que otras lunas llenas. La luna de la cosecha también es conocida por emitir un brillo anaranjado etéreo. Esa leve tonalidad ámbar se debe a que vemos la luna a través de una capa de la atmósfera terrestre más densa. La luna de la cosecha mantiene ese tamaño, forma y posición espectaculares durante un par de noches antes y después de la luna llena, por lo que es un momento emocionante para dar una serie de paseos bajo la luna llena.

En las noches de luna nueva hay mucha menos luz, por lo que es un momento especialmente favorable para ver estrellas. Puede que las noches de luna nueva no tengan la luz brillante y espectacular de las de luna llena, pero la delgada luna creciente posee una belleza etérea y delicada.

Consejos

Busca en internet la fecha y hora exactas de las lunas llenas, las superlunas y la luna de la cosecha, y apúntatelo en la agenda, pero ten en cuenta que cambian cada año según la localización.

Sigue los mismos consejos sugeridos para dar paseos nocturnos (véase «Semana 46: Dar un paseo nocturno», p. 225), pero prueba a ir un poco más allá: camina por un sendero del bosque por el que puedas marchar sin linterna en las noches de luna llena o por una ruta junto al mar para deleitarte y asombrarte con los rayos de luna reflejados en las olas.

Si eliges cuidadosamente la ruta (y, por ejemplo, evitas descender por laderas sombrías), tendrás el camino iluminado durante todo el trayecto.

Las lunas llenas de primavera son una ocasión excelente para caminar entre las pozas de marea, ya que es el momento en que la marea está más baja (más retirada) y las criaturas de las pozas cobran vida; se puede ver su fluorescencia con una linterna de rayos ultravioletas (véase «Semana 46: Dar un paseo nocturno», p. 225).

No te olvides de las lunas llenas heladas de invierno. No hay nada más exquisitamente enigmático que una luna llena rodeada de nubes densas con cristales de hielo.

Presta atención a cómo te sientes. ¿Más valiente? ¿Menos propenso a arriesgar? ¿Menos adormilado? ¿O exactamente igual? Quizás un día la ciencia sepa explicar el porqué.

SEMANA 35

Caminar como un nómada

En 1980, un investigador francés llamado Édouard Stiegler estaba trabajando en Kabul cuando se fijó en los nómadas afganos que llegaban a pie al mercado local de ganado. Impactado por sus ojos brillantes y su comportamiento vivaz, les preguntó de dónde venían. Le respondieron que acababan de llegar ese mismo día después de realizar una travesía de setecientos kilómetros por el desierto y las montañas. Stiegler se quedó impresionado. Pero fue la velocidad de su travesía lo que realmente lo dejó boquiabierto: los nómadas afganos habían recorrido a pie esos setecientos kilómetros en tan solo doce días. Stiegler empezó a observarlos, a intentar comprender cómo era posible que caminaran sesenta kilómetros al día y no mostraran ningún indicio de fatiga. Según dedujo, la respuesta se encontraba en su manera de caminar centrada en la respiración. Los nómadas practicaban una técnica para caminar con consciencia que consistía en sincronizar su respiración con sus pasos (ligeros y de velocidad moderada).

Stiegler volvió inspirado a Francia y desarrolló una técnica de senderismo que bautizó con el nombre de «caminar a la afgana». Un año más tarde publicó su primer libro, *Régénération par la marche afghane*. Actualmente, la técnica de caminar a la afgana a veces se denomina «caminar con atención en la respiración» y, a pesar de que puede practicarla todo el mundo en cualquier ambiente, resulta especialmente beneficiosa en las caminatas que requieren resistencia. Normalmente la utilizo cuando practico senderismo a cierta altitud o hago excursiones largas. Pero también la uso en el parque que tengo al lado de mi casa en Londres, cuando necesito vaciar la mente de todos los pensamientos habituales o necesito unos instantes de paz interior. Dado que la técnica de caminar a la afgana se centra mucho en el ritmo y la respiración, casi se podría considerar una técnica meditativa, ya que de hecho sirve para hacer desaparecer el estrés o la ansiedad.

La teoría detrás de la técnica de caminar a la afgana es simple: respirar eficientemente permite al cuerpo estar bien oxigenado, consiguiendo así que podamos recorrer a pie mayores distancias sin agotarnos. Muchos de nosotros no respiramos de manera adecuada cuando realizamos ejercicio, ya que engullimos rápidas bocanadas de aire por la boca en vez de acompasar las inhalaciones (nasales y profundas) con nuestros pasos. Cuando caminamos al ritmo de nuestra respiración (o incluso cuando respiramos al ritmo de nuestros pasos), reducimos la velocidad respiratoria y las respiraciones se alargan. Combinado con una buena postura (algo que Stiegler también observó en los nómadas afganos), respirar de forma rítmica y constante es una manera de conseguir que las ascensiones a las montañas más exigentes y las rutas más largas sean menos extenuantes.

Caminar a la afgana no es complicado, pero requiere un poco de práctica. Además de respirar solo por la nariz y siguiendo el ritmo de nuestros pasos, no hay ninguna otra norma. Una vez dominadas las bases de la técnica, podemos seguir experimentando hasta encontrar los tiempos que se adecuen a nuestros pasos, ubicación y nivel de aptitud física. Stiegler sugiere modificar la respiración según caminemos cuesta arriba o cuesta abajo, deprisa o despacio, a nivel del mar o a cierta altitud, y acorde con nuestro nivel de forma física.

¿Por dónde empezar? Stiegler recomienda inhalar tres veces por la nariz, una a cada paso. Y al cuarto paso, aguantar la respiración. Durante los siguientes tres pasos, hay que exhalar a través de la nariz. Y al dar el siguiente paso, no se debe ni inhalar ni exhalar, sino que hay que mantener los pulmones vacíos. Pruébalo. Deberías dar ocho pasos en total y realizar una inhalación (en tres partes/pasos) y una exhalación (en tres partes/pasos), y aguantar la respiración después de cada una de estas acciones. Este patrón de 3-1:3-1 es la base de la técnica de caminar a la afgana y sincronizar los pasos y la respiración.

Cuando subas una pendiente, tendrás que moderar la respiración. Personalmente prefiero seguir un patrón 2:2 al subir montañas; una inhalación en dos partes por cada dos pasos que des, seguida inmediatamente de una exhalación en dos partes mientras das dos pasos, sin aguantar la respiración. Encuentra un ritmo que encaje con tu zancada, tu ritmo y el terreno, asegurándote de que los pasos y la respiración estén sincronizados. Una vez domines la técnica de caminar a la afgana, te parecerá magníficamente liberadora. Caminar al ritmo de tu propia respiración tiene algo especial, te da la sensación de poder seguir caminando eternamente hasta el horizonte y más allá.

Stiegler murió poco después de que se publicara su libro, y sus numerosas teorías nunca llegaron a ser validadas mientras estuvo vivo, entre ellas que caminar a la afgana mejora el sueño, la inmunidad y la salud cardiovascular. Pero actualmente esto está empezando a cambiar: un grupo de investigadores de la University of California escribió recientemente que moverse con consciencia «podría incluso llegar a superar al ejercicio físico convencional en cuanto al efecto que tiene en la calidad de vida, el estado de ánimo y el funcionamiento cognitivo».[1] En su libro *Respira: la nueva ciencia de un arte olvidado*, James Nestor cita numerosos estudios que asocian una respiración adecuada, como la de los nómadas afganos de Stiegler, a una menor presión arterial, una mayor inmunidad, una mayor densidad ósea y un mejor patrón de sueño (véase «Semana 5: Respirar mientras caminas», p. 41).

Consejos

No deberías forzar la respiración: toma aire lenta y regularmente, y sincroniza la respiración con tus pasos, que tampoco deberían ser demasiado forzados o rápidos. Para saber más sobre la respiración al caminar, véase «Semana 5: Respirar mientras caminas» (p. 41).

Mantén una buena postura y una buena marcha (véase «Semana 2: Mejorar la marcha», p. 27) para que tu respiración no sea demasiado superficial. A menos que estés subiendo una montaña, deberías tomar aire desde el diafragma.

El segundo libro de Stiegler, *Marcher, respirer, vivre*, nos propone varias fórmulas para sincronizar la respiración con los pasos según el terreno, la edad y el nivel de forma física, incluyendo un patrón de 6:6 para quienes estén en mejor forma.

SEMANA 36

Caminar con una mochila

En 1886, la escritora estadounidense Alice Brown cruzó Inglaterra a pie cargando en la espalda con todas sus posesiones. «Caminar es vivir de verdad», escribió en sus memorias,[1] donde afirmó haber descubierto lo que se siente «al volar como una paloma, vivir bajo el agua, echar raíces y crecer». Brown creía que cargar con su propio equipaje (algo muy inusual para una mujer culta en la Inglaterra victoriana) era un elemento esencial de su viaje de descubrimiento, y explicó que: «Notar el peso de la mochila no es una carga sino un regalo del cielo». Brown vivió hasta los noventa y dos años, algo que también era muy inusual para una mujer nacida en 1856.

Desde entonces, miles de personas (desde Bill Bryson a Cheryl Strayed) hemos descubierto el placer de caminar con una mochila. Hay algo liberador en echarse la mochila a la espalda y ponerse a caminar durante kilómetros. Ese sentimiento de independencia, libertad y autonomía que obtenemos al realizar recorridos largos es casi incomparable; es un momento en que podemos dejar atrás las preocupaciones y responsabilidades de nuestra vida cotidiana. Además, el mundo está lleno de paisajes alucinantes y caminos espectaculares, muchos de los cuales están tan alejados de todo que es obligatorio llevar mochila.

Resulta que llevar una mochila nos aporta otros beneficios menos conocidos: resistencia y vigor. El ejército británico tiene una palabra para referirse a caminar a buen paso con una mochila: *rucking*. Este santo grial de los ejercicios de resistencia no fuerza tanto las rodillas como correr y, según un estudio del *British Journal of Sports Medicine*, tampoco tiene el alto índice de lesiones asociado a correr largas distancias. El *rucking* refuerza la estabilidad de la cadera y la postura, cosa que nos hace menos vulnerables a sufrir lesiones cuando practicamos otros deportes. Es un ejercicio de cardio maravillosamente efectivo: algunos estudios sugieren que el *rucking* quema las mismas calorías (sino más) que correr. Cuando cargamos con una mochila, los músculos trabajan más para poder soportar tanto nuestra carga como a nosotros mismos hora tras hora. Y esto nos ayuda a reconfigurar y agrandar el corazón. Las pruebas realizadas a personas que normalmente hacen ejercicios de resistencia revelaron que su corazón era diferente al de otras personas: más alargado, más grande y con un ventrículo izquierdo más flexible, cosa que permite bombear la sangre con más facilidad y eficiencia. Las personas sedentarias o las que hacen menos ejercicio tienen un corazón más pequeño y rígido, lo que las hace más propensas a sufrir enfermedades cardíacas y a tener la presión arterial elevada.[2] Las personas que realizan ejercicios de resistencia suelen tener una muy buena salud metabólica, es decir, que la velocidad a la que almacenan grasa y queman energía está perfectamente equilibrada.

Según el profesor Daniel Lieberman, los seres humanos hemos evolucionado para poder caminar largas distancias cargando peso. Señala que quienes viven en tribus (especialmente las mujeres, que hacen la mayor parte del esfuerzo) cargan de manera habitual el 30 % de su peso corporal. Nuestro cuerpo, explica, está especialmente diseñado para ser resistente;[3] este es el motivo por el que tenemos entre cinco y diez millones de glándulas sudoríparas y unas piernas largas y flexibles con tendones elásticos. Hemos ido evolucionando para ser capaces de caminar y caminar y caminar cargando con bebés, animales muertos, agua y madera. Quizás por eso llevar una mochila nos produce un sentimiento tan satisfactorio, como si estuviéramos accediendo a un recuerdo molecular grabado en el interior de nuestro cerebro.

Caminar con una mochila también fortalece los músculos que van desde nuestra columna vertebral hasta la parte posterior de las rodillas pasando por las nalgas, conocidos como «cadena posterior»; se trata de una serie de músculos que hemos dejado languidecer en nuestro estilo de vida sedentario, pero que son imprescindibles para agacharnos, saltar, estar de pie y tener una buena postura. Cuando caminamos llevando peso en la espalda abrimos el pecho (cosa que nos permite respirar con más facilidad y eficacia), activamos el torso y trabajamos los músculos de la cadena posterior.[4]

Y por si todo eso fuera poco, las investigaciones preliminares sugieren que caminar llevando peso podría mejorar e incluso recuperar nuestra capacidad de pensar. Los experimentos, que consistieron en hacer subir a unas ratas por unas escaleras con una bolsa de pellets atada al cuerpo, revelaron que después de realizar aquel ejercicio los cerebros de los roedores estaban repletos de nuevas enzimas y neuronas, hasta tal punto que incluso los roedores que tenían demencia leve entraron en remisión y sus capacidades cognitivas «quedaron restauradas con éxito».[5]

Caminar con mochila requiere un poco de planificación y preparación. Primero tienes que mejorar la fuerza y la resistencia realizando paseos diarios, en los que, si quieres, puedes llevar incluso una mochila medio llena. Aún mejor, deja el coche en casa y sal a hacer la compra semanal a pie con una mochila. Los ejercicios para reforzar los músculos de la espalda pueden resultarte de ayuda. El entrenador físico del ejército Stew Smith recomienda prepararse con un programa de pesas, sentadillas y *lunges* con mancuernas.[6] Prueba a realizar excursiones de un día entero o de un fin de semana antes de embarcarte en una excursión más larga para que tu cuerpo se ajuste gradualmente al peso completo de la mochila.

No pierdas la motivación; prepara una excursión de larga distancia y cuelga una foto del recorrido en la pared o póntelo de salvapantallas. Durante esta última década se han creado una gran cantidad de nuevos senderos y también se han restaurado cientos de caminos antiguos. Hoy en día existe una plétora de aplicaciones que han hecho posible crear y compartir rutas o caminar siguiendo los pasos de nuestros ancestros. Se podría decir que nunca ha habido un mejor momento para echarse la mochila a la espalda y ponerse a viajar. Además, este tipo de rutas son perfectas para mujeres de todas las edades. Según la doctora Lisa Mosconi, «el ejercicio de intensidad baja o moderada optimiza el rendimiento metabólico en las mujeres, especialmente si se realiza de manera sostenida en el tiempo».[7] Para saber más sobre este tema, véase «Semana 40: Caminar como un peregrino» (p. 198).

Consejos

Invierte en una mochila adecuada. Debería tener la espalda, el cinturón lumbar y la cinta pectoral acolchadas.

Lleva la mochila correctamente: átate siempre el cinturón lumbar y la cinta pectoral para transferir el peso de la espalda a los hombros, distribuyéndolo así por toda la parte superior del cuerpo.

Ajusta las asas para que la mochila te quede bien ceñida al cuerpo. El cinturón lumbar debería estar lo más apretado posible, sin que llegue a resultar incómodo.

Si la mochila te roza el trasero, significa que la llevas demasiado baja. Si sobresale por encima de tu cabeza, significa que la llevas demasiado alta.

Cuando prepares la mochila, coloca los objetos más pesados lo más cerca posible de la espalda (en contacto con la columna vertebral) y los más ligeros en los márgenes exteriores. Lieberman sugiere poner los objetos más pesados en la parte superior, ligeramente inclinados hacia delante, para ahorrar energía cuando nos pongamos y nos quitemos la mochila.

Dobla las rodillas cuando cargues a tu espalda la mochila y nunca la lleves solo de un asa.

No te encorves, abre el pecho; camina como si tuvieras un cubito de hielo bajándote por la espalda.

Encuentra tu ritmo adecuado: ni demasiado rápido ni demasiado lento. Si vas demasiado rápido, te agotarás y te lesionarás. Si vas demasiado lento, los hombros te dolerán por culpa del peso de la mochila.

En las caminatas lleva únicamente botas de montaña con las que ya estés familiarizado y sepas que te quedan bien.

Caminar con bastones te ayudará a ejercitar todavía más la parte superior del cuerpo. Según Martin Christie, fundador de la Nordic Walking UK, al utilizar bastones ejercitamos el 90 % de nuestros músculos.[8]

Los bastones también nos ayudan a mantener el equilibrio, algo muy importante cuando cargamos con una mochila grande, ya que tenemos menos estabilidad. Dar pasos pequeños también ayuda a mantener el equilibrio, así que da zancadas más pequeñas cuando desciendas por una pendiente o cuando camines por un terreno desigual.

El calentamiento, el enfriamiento y los estiramientos son cruciales al hacer *rucking*, según el teniente coronel Liam O'Kelly, experto en la materia.[9] Estirar después de caminar, antes de que los músculos se enfríen, mejora la flexibilidad.

Hidrátate bien; bebe agua antes, durante y después de una larga caminata con mochila.

Pide a un amigo que te acompañe: los estudios demuestran que las distancias nos parecen más cortas y menos desalentadoras cuando vamos con un amigo.[10] Pero no te preocupes si vas solo: los mismos estudios demuestran que el simple hecho de imaginar que tenemos un amigo a nuestro lado puede provocar el mismo efecto.[11]

SEMANA 37

Recolectar mientras caminas

EN SEPTIEMBRE DE 1943, UNA TODAVÍA DESCONOCIDA Patience Gray llevó a sus hijos a vivir en una remota casa de campo destartalada escondida en las profundidades del bosque de Sussex. El trayecto hasta la tienda más cercana era de 6.5 kilómetros ida y vuelta, y tenían que recorrerlo dos veces por semana. En el camino, Gray empezó a recolectar setas, que se llevaba a casa para identificarlas y cocinarlas, cosa que despertó su insaciable apetito por recolectar. Siguió recolectando durante el resto de su vida en países como Francia, España, Grecia e Italia, donde deambuló durante días recogiendo plantas comestibles. El resultado de todo eso fue su clásico de culto titulado *Honey from a Weed*.

Recolectar mientras caminamos nos sumerge en la naturaleza de una forma que no puede compararse con ninguna otra manera de caminar. Nos metemos, literalmente, en el corazón espinoso de un arbusto de zarzamora, con el aroma de las frutas del bosque en la nariz, manchas de su jugo en la piel, la canción de un pájaro envidioso en el oído. Accedemos a la naturaleza más visceral y deliciosa. Gray afirmaba que recolectar nos permite «experimentar la relación que existe entre los humanos y las plantas».

Recolectar mientras caminamos es también una oportunidad para deambular durante horas, mientras recogemos (y a menudo comemos) a medida que avanzamos, acompañados por amigos, abuelos y niños. Todo el mundo puede recolectar, pero los niños tienen una especial afinidad para ello. Gray recopiló gran parte de su conocimiento sobre la recolección gracias a «niños (que) deambulaban en febrero y marzo... buscando malas hierbas». Una de las mejores lecciones sobre malas hierbas que recibió fue la de una niña de siete años que sabía cómo cocinar y comer todas las que crecían en el viñedo de su padre.[1]

Los antropólogos que estudiaron los cazadores recolectores de Tanzania descubrieron que los niños de más de cinco años eran unos recolectores especialmente ávidos y tenían muy buena vista para encontrar fruta, pájaros, tubérculos, miel y presas pequeñas.[2] Mi hija de doce años tiene una nariz tan fina para encontrar trufas que casi deja sin trabajo a un sabueso entrenado para encontrar el codiciado hongo. Por eso no es de extrañar que los psicólogos evolucionistas crean que llevamos en la sangre nuestras ansias por recolectar, que de alguna manera están codificadas en nuestro ADN.

El lugar donde vivimos determina lo que podemos recolectar. En la isla griega de Naxos, Gray recolectó escarola y endivia silvestre, cardo mariano y caléndula. En Italia encontró betabel y espárragos silvestres. En Inglaterra recolectó champiñones, ortigas y hojas comestibles. Puesto que crecí en la costa galesa, mi familia recogía cangrejos, hongos y moras. Durante las últimas dos décadas he recolectado arándanos, frambuesas y moras de los pantanos (Noruega), nueces (España), alga *samphire* (condado de Norfolk), mejillones (Irlanda), trufas (condado de Sussex), castañas (Londres), rosa mosqueta, hojas de diente de león, ajo de oso, flor de saúco, menta acuática y moras (prácticamente en todos lados). No hay nada más gratificante que regresar a casa cargado de comida fresca y gratuita. Y todavía más sabiendo que gran parte de lo que recolectamos son superalimentos ricos en vitaminas, minerales y fitonutrientes.

En la lista de los once mejores superalimentos que publicó recientemente la revista *Everyday Health*[3] (basada en una lista elaborada por los National Institutes of Health, NIH, de Estados Unidos), se incluían siete alimentos que podemos obtener fácilmente de la naturaleza:

frutas del bosque, marisco, ajo, setas, plantas de hoja comestible, frutos secos y semillas.

Las omnipresentes moras están repletas de antioxidantes y vitaminas C, A y K. Un estudio realizado en ratas alimentadas con moras descubrió que habían experimentado una mejoría en el equilibrio y la coordinación, además de tener «una memoria a corto plazo significativamente mejor».[4] Las extraordinarias propiedades de las setas son bien conocidas, y actualmente se está estudiando la micoterapia (el uso medicinal de las setas) para tratar el cáncer de mama.[5] Las hojas de diente de león son ricas en hierro, calcio, potasio y magnesio, además de contener múltiples vitaminas (A, C, K, E y B). Los primeros estudios sugieren que las hojas de las ortigas reducen los niveles de inflamación, de azúcar en sangre y de presión arterial.[6] Según otro estudio, las hojas de ajo de oso son especialmente efectivas para reducir la presión arterial y, al igual que todos los tipos de ajo, también son antifúngicas, antibacterianas y ricas en fitoquímicos.[7] Los frutos secos y las semillas son una excelente fuente de proteína, antioxidantes y fibra, y un reciente estudio de la Loma Linda University de Estados Unidos sugiere que ingerir un puñado de frutos secos al día reduce significativamente el colesterol.[8]

Normalmente recolecto mientras camino en primavera y otoño. En primavera recojo hojas de diente de león y de ortiga (abril), así como ajo de oso y flores de saúco (mayo/junio). Y en otoño, manzanas silvestres, moras, rosa mosqueta y ciruelas silvestres (agosto/septiembre), así como trufas, setas y frutos secos (septiembre/octubre). Puedes crear tu propio calendario para recolectar según donde vivas y lo que te guste comer, conservar o cocinar a ti y a tus amigos y familiares.

Es imprescindible tener una buena guía para recolectar; considéralo una inversión. Busca guías o manuales que se especialicen en el terreno o en la zona donde tienes previsto recolectar. A Patience Gray le gustaba *Wild Food* de Roger Phillips. Mis padres siempre han confiado en *Food for Free* de Richard Mabey. Para las setas, actualmente utilizo (con cautela) *Edible Mushrooms* de Geoff Dann, pero también me gusta *The Forager's Calendar* de John Wright y *Seaweed and Eat It* de Fiona Houston y Xa Milne. Muchos de estos libros contienen recetas para utilizar los ingredientes que tú mismo has recolectado, incluyendo pestos, conservas, licores, ensaladas y siropes.

Consejos

Nunca comas nada si no tienes la certeza de que es comestible. Participar en excursiones guiadas para recolectar es una excelente manera de descubrir qué hay de comestible por tu zona.

Recolecta de manera sostenible. No tomes más de lo que necesites, no te lleves plantas protegidas y evita entrar en terrenos privados.

La recogida de plantas, hierbas, verduras, frutas, etc. está sujeta a una compleja legislación, así que asegúrate de conocer la normativa que rige en la zona que estás. Algunos estados prohíben todo tipo de recolección en el territorio estatal, mientras que otros tienen una regulación más flexible. Recolectar dentro de una propiedad privada es ilegal.

Evita recolectar en áreas con aguas residuales, contaminación, perros y pesticidas. Limpia bien las hierbas.

Llévate suficientes recipientes o camina como un genuino recolector mediterráneo con un delantal casero con tres bolsillos; uno para las plantas ácidas, otro para las plantas dulces y otro para los hongos y raíces.

¿Te preocupa que te entren muchas ganas de comer? No hay problema. Los investigadores de la British University han constatado que caminar durante quince minutos reduce las ganas de comer (chocolate).[9] Pero ¿por qué deberíamos preocuparnos por esto cuando el tentempié que tenemos más a mano son las moras?

SEMANA 38

Subir montañas

Un día templado de abril de 1336, el poeta italiano Petrarca se puso en marcha para subir al monte Ventoux, en el sur de Francia. Iba acompañado de su hermano, que no dudó ni un momento en tomar el camino más directo «en línea recta hasta la cima». Por el contrario, Petrarca, buscó los caminos serpenteantes ocultos para evitar las cuestas empinadas. «No me hubiera importado seguir adelante si el camino hubiera sido menos empinado», escribió al recordarlo. Por desgracia, varias de las rutas que probó iban hacia abajo, no hacia arriba, así que lo único que consiguió fue «incrementar la distancia y la dificultad». Mientras su hermano lo esperaba acostado en la cima, Petrarca se maldijo a sí mismo por «haber intentado evitar el esfuerzo de la subida».[1]

Seis siglos más tarde, la escritora Nan Shepherd (una mujer sin una pizca de la autoproclamada pereza de Petrarca), declaró su amor por subir montañas. Para ella, lo más importante era el esfuerzo de la ascensión. Sabía que la emocionante sensación de bienestar que sentía cuando estaba en la montaña era consecuencia directa del ritmo sostenido al que caminaba al subir.[2]

Shepherd tiene la ciencia de su lado. Esforzarse por subir montañas, aunque sea a paso lento, ejercita el cuerpo con la misma intensidad que correr, lo cual incrementa el ritmo cardíaco, quema calorías y también provoca el célebre subidón de endorfinas que conocemos como «euforia del corredor». Pero a diferencia de correr, subir montañas no impacta en las articulaciones ni nos impide contemplar el paisaje.

Para subir montañas utilizamos unos músculos distintos que para caminar en plano. Cuando subimos montaña arriba, los músculos del abdomen, la cadera, los glúteos y la espalda entran en acción para estabilizar el esqueleto. Eso se debe a que cuando subimos, nos inclinamos hacia delante para propulsarnos cuesta arriba. Según un artículo publicado en la revista *Gait & Posture*, los glúteos, los tendones y los músculos de las pantorrillas trabajan mucho más cuando subimos por una pendiente.[3] Efectivamente, cuando ascendemos cuesta arriba y nos inclinamos, utilizamos todos los músculos de la parte inferior del cuerpo. Y cuando más empinada es la subida, más utilizamos los músculos abdominales y los de la espalda para mantenernos erguidos.

Cuando balanceamos los brazos, el cuerpo gira ligeramente, por lo que también trabajamos los músculos que tenemos a cada lado de la cintura (los oblicuos). Todo este esfuerzo para estabilizar y equilibrar el esqueleto también significa que subir montañas es un ejercicio magnífico para el tronco, sobre todo si caminamos por distintos tipos de terreno a los que nuestro cuerpo tiene que adaptarse con cada paso. Subir montañas nos permite estrechar el vínculo que tenemos con nuestro corazón bombeante más que cualquier otra manera de caminar.

Curiosamente, para subir y bajar montañas utilizamos músculos diferentes, cosa que provoca distintos impactos en el cuerpo. Cuando subimos una pendiente, los músculos se encogen (contracción concéntrica). Pero cuando bajamos, el cuerpo lucha contra la fuerza de la gravedad, por lo que los músculos se estiran (contracción excéntrica).

Cuando los científicos del Vorarlberg Institute de Austria compararon las cifras de azúcar en sangre, de colesterol y de triglicéridos de las personas que acababan de subir o de bajar una montaña, descubrieron que, a pesar de que ambos grupos habían reducido el colesterol LDL (malo), solo quienes habían caminado montaña arriba habían mostrado una disminución de los triglicéridos (un tipo de grasa asociada a las enfermedades cardíacas y los ictus). Pero lo que más sorprendió a los investigadores fue el inesperado impacto que bajar de la montaña causó en el cuerpo: resultó el doble de efectivo a la hora de mejorar la tolerancia a la glucosa y de reducir el nivel de azúcar en sangre. Los investigadores concluyeron que bajar montañas podría ser una excelente opción para los diabéticos o las personas mayores que nunca han hecho ejercicio.[4] Y para todos los demás, es un recordatorio para que subamos y bajemos montañas.

Hay otro motivo por el que deberíamos añadir subir montañas a nuestro repertorio de maneras de caminar. Un estudio reciente ha descubierto que quienes combinan caminar a paso normal y a paso ligero se convierten en caminantes más eficientes. ¿Cómo puede ser eso? A medida que envejecemos, caminamos de manera menos eficiente, ya que necesitamos mucho más oxígeno para caminar al mismo ritmo que una persona más joven y, en consecuencia, nos cansamos más fácilmente. Pero un estudio dirigido por el profesor Justus Ortega descubrió que la mayoría de las personas mayores que eran caminantes eficientes realizaban distintos tipos de ejercicio, entre ellos alguna actividad más intensa que caminar moderadamente (como correr, ir en bicicleta... o subir montañas) una o dos veces a la semana. El profesor Ortega explicó al *New York Times* que realizar un tipo de ejercicio más exigente mejora la salud y la función de las mitocondrias (las centrales eléctricas que proporcionan energía a nuestras células), lo cual no ocurre cuando caminamos de forma más moderada. Cuanto mejor funcionen las mitocondrias, más eficientes serán nuestros movimientos y, en consecuencia, menos cansados estaremos cuando caminemos. Subir montañas es el máximo exponente del ejercicio combinado, ya que implica caminar en subida, en bajada y en plano.

Por supuesto, subir montañas también nos aporta otras muchas alegrías. A algunos de nosotros nos gusta el aire que se respira a cierta altitud (véase también «Semana 23: Caminar en altitud», p. 121), al igual que a Nan Shepherd, que creía que a medida que el aire se volvía más escaso y estimulante, se sentía más ligera y le costaba menos esfuerzo caminar. Las vistas impresionantes activan nuestra visión panorámica (véase «Semana 8: Caminar con visión panorámica», p. 53). Las montañas nos proporcionan silencio, aromas y soledad (véanse «Semana 22: Dar una vuelta en silencio», p. 117, «Semana 39: Caminar con el olfato», p. 194, y «Semana 15: Caminar de manera solitaria», p. 84). Pero, sobre todo, subir montañas nos produce un fuerte sentimiento de satisfacción, de logro físico. Estamos, literalmente, en la cima del mundo. La alpinista pionera Mary Mummery lo expresó perfectamente cuando en 1887 subió al exigente pico alpino Täschhorn en medio de una tormenta: «Es verdad que era tarde; es verdad que teníamos frío, hambre y estábamos cansados; es verdad que nos hundíamos en la nieve hasta las rodillas; pero cuando conquistamos la *Teufelsgrat* [la cima], ninguno de aquellos pormenores tuvo ninguna importancia».[5]

Consejos

Utiliza bastones de senderismo. Los bastones no solo nos permiten ejercitar todo el cuerpo, al mover los hombros y los brazos, y nos ayudan a repartir el peso, sino que también retrasan la sensación de cansancio en las ascensiones largas, según un estudio publicado en el *European Journal of Applied Physiology*.[6] En los descensos, los bastones aligeran el peso que recae sobre las articulaciones de la rodilla y la cadera. Acorta los bastones cuando subas montañas y alárgalos en los descensos.

Encuentra un ritmo lento y firme, y utiliza la técnica de respiración afgana (véase «Semana 35: Caminar como un nómada», p. 176).

Da zancadas más cortas: es mejor dar pasos pequeños tanto para subir como para bajar una montaña (descender añade el doble de presión en las articulaciones de la rodilla que caminar en plano).

Asegúrate de que las botas de montaña te queden bien y de que sujeten bien los tobillos. Considera añadir más acolchonado (por ejemplo, una plantilla o un calcetín extra grueso) para amortiguar parte del impacto adicional del descenso.

Subir montañas caminando no es una alternativa fácil a subirlas corriendo: subir caminando por pendientes empinadas fortalece más los músculos de los gemelos que hacerlo corriendo, por lo que algunos expertos recomiendan a los corredores que incluyan subir montañas caminando en sus programas de ejercicios.[7]

Llévate a un amigo: según un estudio, cuando subimos montañas acompañados, las subidas nos parecen menos empinadas.[8]

Caminar montaña arriba puede empeorar el dolor en la parte inferior de la espalda. Empieza poco a poco y ve aumentando la velocidad y la duración de las excursiones a medida que los músculos de la espalda se vayan fortaleciendo.

SEMANA 39

Caminar con el olfato

En un fragmento inédito encontrado tras su muerte, la escritora y bióloga marina Rachel Carson escribió que cada vez que pensaba en los pájaros reinitas mientras paseaba por la isla, el recuerdo venía acompañado por una ráfaga perfumada: «el aroma de todas esas fragancias embriagadoras, aromáticas y agridulces de las píceas, los pinos y las bayas bajo el cálido sol durante las horas de un día de julio».[1] El olfato tiene la maravillosa capacidad de hacer eso, de transportarnos de manera instantánea a un momento y lugar, por lo que la nariz es una compañera de paseo sumamente satisfactoria.

El olfato funciona de manera distinta a los demás sentidos. En vez de ser procesado por una parte del cerebro llamada «tálamo» (donde se registran y se procesan las sensaciones), llega directamente al córtex olfativo primario, que se encuentra en las profundidades de nuestro cerebro. De nuestros cinco sentidos, el olfato es el más primitivo. Hace miles de años, el olfato era lo que nos ayudaba a encontrar alimento y evitar el peligro. Pero actualmente, las pantallas dominan tanto nuestra vida que se nos está marchitando el sentido del olfato. Aun así, nuestra nariz es sorprendentemente sofisticada; es una especie de sensor de sustancias químicas que contiene unos trescientos cincuenta genes de receptores olfatorios que han ido evolucionando durante miles de años, capaces de detectar hasta los olores más tenues y sutiles. Caminar nos permite reconectar con nuestro sentido del olfato, un sentido que nos afecta el cuerpo y el cerebro de maneras inverosímiles.

Durante las últimas décadas, los investigadores que han estado estudiando los efectos de inhalar aceites esenciales han obtenido resultados asombrosos. Los compuestos aromáticos que se encuentran en los pinos, el romero, la lavanda y decenas de otras plantas reducen el dolor y la ansiedad, eliminan algunos tumores cancerígenos, bajan la inflamación y mejoran el sueño, el estado de ánimo, la capacidad de concentración, la atención y la memoria.

Quizás no deberían sorprendernos estos resultados. Al fin y al cabo, llevamos siglos utilizando aceites esenciales. Los egipcios ya añadían anís, cedro y mirra en sus ungüentos en el año 4500 a. J.C. Unos cuantos siglos después, los sanadores chinos e indios hicieron un listado con más de setecientas plantas aromaterapéuticas, incluyendo la canela, el jengibre y el sándalo. Los griegos también documentaron el uso de tomillo, azafrán, lavanda y menta. Hoy en día, la industria farmacéutica utiliza grandes cantidades de estos aceites esenciales, ya que se ha demostrado que sus propiedades bioquímicas son antiinflamatorias, antimicrobianas, antivirales, antisépticas, anticancerígenas y antifúngicas.[2]

Actualmente sabemos que la vía intranasal es una puerta de entrada al cerebro, pasando primero por los pulmones y la sangre. Las moléculas aromáticas pueden atravesar la barrera hematoencefálica para interactuar con nuestro sistema nervioso central, provocando así cambios fisiológicos inmediatos, desde alteraciones en la presión arterial y la tensión muscular a cambios en el ritmo cardíaco y la actividad cerebral.

Se ha demostrado que el aceite de aguja de pino puede frenar la proliferación de células cancerígenas,[3] e incluso un estudio ha sugerido que el aceite extraído de las agujas de pino rojo podría ayudar a eliminar tumores en ciertos tipos de cáncer de mama.[4] Varios estudios realizados tanto en roedores como en personas han concluido que inhalar aceite de romero mejora la memoria, agudiza la concentración, reduce la inflamación y alivia el dolor.[5]

Otros estudios sugieren que «inhalar lavanda puede reducir significativamente los niveles de ansiedad»[6] y mejorar la sensación de relajación.[7] De hecho, el aceite de lavanda es el aceite que más se investiga, y los resultados relativos a su eficacia (entre los que se incluyen un sueño más profundo y una mejor concentración) son indiscutibles.[8] En los pacientes hospitalizados, el aroma de aceite de menta ha conseguido reducir significativamente las náuseas y los vómitos.[9] Inhalar aceite de salvia reduce drásticamente la frecuencia cardíaca de los pacientes con ansiedad.[10] Entre los pacientes que sufren alzhéimer, el aceite de bálsamo de limón mejora la memoria y el estado de ánimo.

Los investigadores de la Sussex University descubrieron que olisquear aceite de limón (conocido por incrementar la producción de glóbulos blancos y reforzar la inmunidad) cambia la manera en que percibimos nuestro propio cuerpo y nos hace sentir más «delgados y ligeros». Es decir, que algunos olores también tienen la capacidad de alterar nuestras emociones.

Muchas de estas plantas y hierbas tan aromáticas abundan en la naturaleza. Hace poco, mientras hacía una excursión por la costa cerca de Marsella, me acompañó un embriagador aroma a lavanda, salvia, tomillo y romero. Después, andando por Sierra Nevada en España, me acompañó el aroma de albahaca silvestre e hinojo. Ambas excursiones se me han quedado grabadas en la memoria, cosa que atribuyo al aire impregnado de aromas y a la relación que se ha demostrado que existe entre ciertos aceites y la memoria.

Las plantas desprenden más olor cuando hace calor o después de llover (¡idealmente cuando hace calor después de que llueva!), pero podemos disfrutar de su aroma frotando sus hojas, frutos o pétalos entre los dedos mientras caminamos o rompiendo una ramita muerta (en el caso del enebro, por ejemplo) e inhalándola directamente. Sorprendentemente, nuestras células olfativas se renuevan cada uno o dos meses. ¿Por qué no aprovecharlas?

Consejos

Busca zonas en las que abunden las plantas aromáticas: pinares, bosques llenos de campanillas, las orillas húmedas y mentoladas de arroyos y ríos, los caminos llenos de hierbas aromáticas de las montañas del Mediterráneo, etc. En entornos urbanos, busca parques con árboles o jardines de rosas y hierbas medicinales.

Camina despacio y de vez en cuando cierra los ojos y tápate las orejas con las manos para ayudar a centrar la atención en tus células receptoras olfativas.

Exhala poco a poco justo después de oler un aroma: cuando un olor recorre el camino a la inversa y pasa por nuestros sensores olfativos, se amplifica.

Si quieres oler una flor directamente, utiliza la técnica de los perfumistas, que consiste en realizar una serie de aspiraciones nasales cortas y superficiales (para inundar los receptores olfativos).

Los días más cálidos son los mejores; muchas flores liberan una mayor cantidad de aroma los días con más abundancia de insectos.

Para realizar un recorrido olfativo por la ciudad, prueba los consejos de la «Semana 11: Dar un paseo olfativo por la ciudad» (p. 66).

SEMANA 40

Caminar como un peregrino

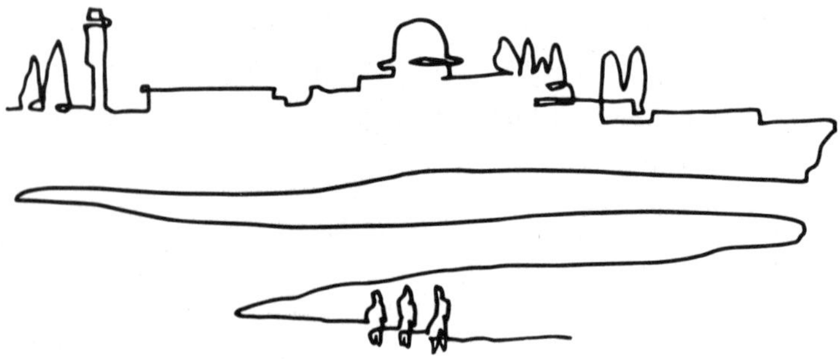

El primer día de 1953, una mujer que más tarde sería conocida como Peace Pilgrim salió de su casa y empezó a caminar. Llevaba una túnica de color azul marino adornada con las palabras «40 000 kilómetros a pie por la paz». En su mochila solo llevaba una muda de ropa, un cepillo de dientes y un peine, pero nada de dinero. En efecto, Peace Pilgrim no volvió a utilizar ni a llevar dinero encima nunca más. Ni tampoco volvió a llevar una vida normal. Tan solo caminó: más de cuarenta kilómetros diarios por Estados Unidos, Canadá y México de noche, con calor, nieve y tormentas. Su peregrinación continuó durante los siguientes veintiocho años de su vida. ¿De dónde sacó la energía, la fortaleza, la valentía? «De Dios», afirmaba, ya que ella atribuía su extraordinaria salud a su gran espiritualidad.[1]

La peregrinación como viaje espiritual autoimpuesto ha existido durante siglos. Incluso ya en el año 1300, Roma recibía tres mil peregrinos cada día. En Japón se conservan registros escritos de peregrinaciones (la única ocasión en que muchas mujeres podían salir de casa) que datan del período Heian (794-1185). La primera peregrinación musulmana a La Meca (conocida como *Hajj*) tuvo lugar en el año 628.

En las últimas décadas se ha producido un resurgimiento de peregrinos, es decir, personas que caminan en busca de una renovación espiritual, que quieren formar parte de algo más grande que ellos mismos siguiendo, día tras día, los antiguos caminos de peregrinación. En 2019, la ciudad española de Santiago de Compostela recibió trescientos cincuenta mil peregrinos, y la *Hajj*, dos millones. Cada año, trescientos treinta millones de personas realizan una peregrinación.[2] A lo largo de los últimos años han surgido nuevas organizaciones con el objetivo de restaurar y promocionar los caminos de peregrinación, que incluyen la British Pilgrimage Trust, el South Cultural Routes Project de Italia, y el National Pilgrim Centre de Noruega.

Sin embargo, las peregrinaciones no tienen por qué ser de larga distancia. La peregrina medieval Margery Kempe creía firmemente en la microperegrinación, es decir, en recorrer distancias de tres kilómetros o menos hasta el lugar sagrado más próximo. Según el British Pilgrimage Trust, no se trata de la duración del trayecto, sino de cómo se hace.

Así pues, ¿cuál es la diferencia entre una peregrinación y un paseo? En primer lugar, para hacer una peregrinación hay que tener un destino con significado. Antiguamente solía ser un lugar sagrado, pero hoy en día puede ser un árbol antiguo, la casa de un pintor o arquitecto admirado, algún lugar del que tengamos un buen recuerdo, o el sitio donde crece una orquídea rara. En segundo lugar, una peregrinación requiere un propósito. Puede ser algo tan simple como planificar las tareas del día o dejar la mente en blanco antes de ir a dormir. Pero también puede tratarse de algo que requiera más reflexión y presente un desafío: un problema con el que necesitemos ayuda o algo por lo que queramos dar las gracias.

Una peregrinación tampoco tiene por qué hacerse siguiendo un camino de peregrinación tradicional. Mi ruta conmemorativa más significativa consiste en caminar por la playa por la que paseó mi padre el último día de su vida. «Al realizar una peregrinación, literalmente recorres un camino físico, tienes un objetivo definido (tu destino) y una manera de alcanzarlo: caminar. La simplicidad... puede que sea el secreto para encontrar nuestra propia dirección», dijo el doctor Guy Hayward del British Pilgrimage Trust al periódico *The Guardian*.

Lo de la simplicidad está muy bien. Pero ¿no es más probable que sintamos una especie de trascendencia espiritual si realizamos una peregrinación auténtica y genuina? Nancy Frey, experta en la peregrinación a Santiago de Compostela, desde luego opina que sí: «Cuando un peregrino empieza a caminar, ocurren varias cosas... experimenta un cambio en su percepción del tiempo, se le amplifican los sentidos y adquiere una nueva consciencia de su cuerpo y del paisaje».[3] En sus observaciones, Frey se dio cuenta de que los peregrinos estaban muy conectados con el entorno que tenían a su alrededor, por lo que desarrollaban «una fuerte percepción del aquí y el ahora».[4]

Los investigadores que realizaron un estudio en Yale-Columbia descubrieron que la experiencia espiritual incluye «cambios notables en la percepción [que] amortiguan los efectos del estrés», confirmando así los hallazgos de investigaciones anteriores que habían asociado las experiencias espirituales con una mayor resiliencia.[5]

Numerosos estudios realizados durante los últimos años han investigado el efecto de la espiritualidad y la fe en nuestra salud tanto física como mental. Muchos concluyeron que ser espiritual favorece una mayor satisfacción vital y bienestar, un propósito y un sentido mejor definido, así como un mayor nivel de esperanza y optimismo, además de reducir los niveles de depresión y ansiedad.[6] Y lo más sorprendente es que algunos artículos indican que hay una correlación entre la práctica espiritual y la longevidad. El profesor asociado Marino Bruce, autor de uno de esos artículos,[7] explicó que el hecho de sentir que:

> ... que no estamos solos en el mundo, que formamos parte de una fuerza superior, puede proporcionarnos la confianza necesaria para lidiar con los problemas de la vida. Biológicamente hablando, si eso logra reducir el estrés, significa que es menos probable que tengas la presión arterial alta o diabetes u otros factores que incrementan la mortalidad.

O puede que nuestras experiencias espirituales sean consecuencia de una complicada mezcla de neuroquímicos. Un estudio de 2008 relacionó las experiencias espirituales con la elevación de las concentraciones de varios neuroquímicos, como la dopamina, la melatonina, las endorfinas y el neurotransmisor de la felicidad, la serotonina.[8] Sin embargo, aceptar que las experiencias extracorpóreas (a falta de un mejor término) activan o están activadas por factores fisiológicos no les resta valor. Al contrario, las ensalza.

Al margen de cuáles sean nuestras creencias, realizar una peregrinación acompañados de miles de personas que anteriormente han recorrido ese mismo camino o, si se trata de una ruta organizada, de los peregrinos que caminan a nuestro lado, nos brinda un consuelo colectivo que no podemos encontrar en ninguna otra manera de caminar.

Aunque se pueden hacer peregrinaciones cortas, los caminos de peregrinación tradicionales suelen requerir caminar durante días (¡y días!) de un modo regular, es decir, que requieren fortaleza y resistencia. Según Lisa Mosconi en su libro *The XX Brain*, este es exactamente el tipo de ejercicio en que las mujeres destacamos más, y también del que más nos beneficiamos. Las mujeres poseemos predominantemente «fibras musculares de tipo 1 [...] estrógenos que queman azúcares y [...] una mayor densidad capilar», explica. Esta potente combinación implica que usamos la glucosa con especial eficiencia. También ayuda a nuestra sangre a circular, hora tras hora, a través del tejido muscular. Las mujeres son mejores en cuanto a resistencia, declara Mosconi, y añade que «la mayoría de las mujeres necesita hacer ejercicio de baja intensidad durante períodos de tiempo prolongados para estimular el metabolismo y mejorar la salud cardiovascular».[9] Que precisamente es lo que ocurre cuando caminamos y caminamos...

Consejos

Considera acabar el recorrido en algún lugar de oración. El British Pilgrimage Trust sugiere que planifiques tu llegada para coincidir con una misa de tarde.

La experta en peregrinación Clare Gogerty, en su libro de 2019 titulado *Beyond the Footpath*, recomienda llevar un diario del peregrinaje, aprendernos los nombres de la flora y la fauna del camino y apagar el teléfono celular.

Caminar por un camino de peregrinación es una excelente opción para las personas que quieren caminar solas, pero a la vez tener la oportunidad de relacionarse. Los peregrinos que recorren rutas como el Camino de Santiago suelen forjar amistades para toda la vida. Véanse «Semana 15: Caminar de manera solitaria» (p. 84) y «Semana 43: Caminar en compañía» (p. 211).

¿Todavía no sabes adónde ir? Explora aplicaciones y páginas web como por ejemplo <explorechurches.org>; el Woodland Trust's Ancient Tree Inventory; el English Heritage's Blue Plaque scheme (que tiene una aplicación para las placas azules de Londres); <ancient-yew.org>, que lista los tejos más antiguos de Gran Bretaña; y <megalithic.co.uk>, que lista menhires y megalitos.

La literatura de peregrinación goza de muy buena salud. Para inspirarte, prueba a leer *The Crossway* de Guy Stagg, *Walking to Jerusalem* de Justin Butcher, o la conferencia *online* en GirlTrek sobre cómo seguir los pasos de Harriet Tubman.[10]

SEMANA 41

Caminar para perderse

EN 1955, EL TEÓRICO FRANCÉS Guy Debord acuñó los términos «psicogeografía» y *le dérive* («la deriva») para describir los paseos urbanos hechos únicamente para explorar nuestra respuesta psicológica al paisaje.[1] Se podría considerar la antítesis de la «Semana 25: Caminar con un propósito» (p. 130) o de la «Semana 40: Caminar como un peregrino» (p. 198), ya que para caminar a *le dérive* hay que perderse, caminar sin ningún propósito o motivo, deambular por los rincones olvidados de la ciudad.

A menudo paseo a la deriva por Londres, mi ciudad natal, no porque sea una psicogeógrafa, sino porque me gusta perderme. Me gusta la sensación de despertarme de golpe, como si me hubieran vertido un expreso doble directamente en el cerebro y lo hubieran removido bien. Cuando nos perdemos, nos exponemos a nuevos paisajes y puntos de referencia, obligando así a nuestro cerebro a ponerse en guardia y a tomar nota, a interactuar con el entorno. Al cerebro le encanta la novedad. Cuando el cerebro se encuentra cara a cara con algo nuevo o diferente, enseguida crea nuevas vías neuronales, mejorando de paso la memoria y la capacidad de aprendizaje.

Los neurocientíficos han descubierto que las regiones del cerebro conocidas como *substantia nigra* y «área tegmental ventral» (crucial para el aprendizaje y la memoria) se activan cuando vemos imágenes nuevas, sobre todo cuando son positivas o agradables. Esta combinación de placer y novedad impulsa la creación de nuevas neuronas, a la vez que nos recompensa con un golpe de dopamina.

Cuando estamos perdidos (o cuando creemos estarlo), el cerebro se esfuerza en protegernos, obligándonos a interactuar con nuestro entorno con fuerzas renovadas. Todo lo contrario a lo que ocurre cuando nos dejamos guiar por el GPS. Al seguir a ciegas un pequeño punto rojo, no prestamos atención a lo que tenemos delante, detrás o debajo de nosotros. Y al no tener que esforzarnos por interpretar el entorno, no nos damos cuenta de la riqueza que tenemos a nuestro alrededor, desde las florituras arquitectónicas que han utilizado los constructores históricamente para personalizar su trabajo, hasta los destellos verdes de las hojas nuevas. Pero también nos perdemos la sorprendente emoción de adentrarnos en lo desconocido, de encontrarnos en algún lugar inesperado, en algún lugar totalmente nuevo.

Cuando nos perdemos, también nos sentimos obligados a desarrollar la capacidad de encontrar caminos (una capacidad que pusimos en marcha en la «Semana 24: Caminar con un mapa», p. 125). Esto resulta especialmente importante en el caso de las mujeres, ya que todavía se considera que no se nos da muy bien orientarnos. La habilidad espacial, según la antropóloga Elizabeth Cashdan, «es la mayor diferencia cognitiva conocida entre sexos». Cashdan, que ha investigado la habilidad espacial en culturas de todo el mundo y en otras especies, afirma que eso no tiene nada que ver con el cerebro femenino, sino con el condicionamiento cultural y la falta de confianza de las mujeres. Históricamente, mientras que los hombres se adentraban en territorios lejanos y poco conocidos para buscar alimento y pareja, a las mujeres se las animaba a quedarse cerca de casa. Al no alimentarse, su habilidad espacial acabó languideciendo y sus células de red y de lugar se fueron atrofiando.[2] Los estudios actuales han encontrado una relación directa entre el hecho de moverse por zonas amplias y tener una buena cognición espacial, independientemente del sexo. Dicho de otro modo, cuanto más tiempo caminemos sin mapa, navegando por zonas desconocidas, mejor será nuestra comprensión espacial.

Además, dado que hoy en día sabemos que el cerebro tiene plasticidad, podemos deducir que cualquiera puede reconfigurar su cerebro para tener una buena habilidad espacial. Según la profesora Sheryl Sorby, podemos lograrlo con tan solo quince horas de entrenamiento, sea cual sea nuestra edad.[3]

La cognición espacial no es solo una cuestión de género. También es una cuestión de edad. A partir de la adolescencia, nuestra capacidad de orientación disminuye. Al igual que cualquier otra capacidad cognitiva, la habilidad de encontrar caminos requiere práctica. Perderse caminando es una manera excelente de mejorar la orientación espacial, ya que así obligamos al cerebro a utilizar todos los recursos que tenga a su disposición.

Paradójicamente, los paseos para perderse resultan más efectivos si los planificamos de antemano. Perdernos puede pasar rápidamente de ser algo emocionante a ser una experiencia terrorífica; por ejemplo, en el caso de que nos encontremos en un lugar oscuro y peligroso o de que no tengamos acceso a comida ni agua.

Consejos

Caminar para perderse es una manera excelente de descubrir una nueva ciudad, pero llévate siempre un mapa por si acaso.

Normalmente tenemos zonas que no hemos explorado justo al lado de casa o a un corto trayecto en autobús o tren. Para disfrutar plenamente de la experiencia de perderse, elige una zona que sea segura y transitable.

Empieza el paseo por la mañana: adentrarnos en lo desconocido resulta mucho más inquietante cuando la luz se desvanece.

Llévate un mapa, una brújula, un teléfono (solo para emergencias) y un cargador o una batería extra, una botella de agua y un tentempié.

Elige el acompañante adecuado (perderse no es para todo el mundo). Guy Debord recomienda ir a la deriva con grupos de entre dos y tres personas.

O aún mejor, ve a solas. En su libro *Wayfinding: The Art and Science of How We Find and Lose our Way*, Michael Bond nos anima a explorar por nuestra cuenta, porque solo utilizamos plenamente nuestras habilidades de localización cuando estamos completamente solos, sin delegar nada a nadie.

Una *dérive* al estilo Debord puede durar desde unos minutos hasta varios días, con una «duración media» de un día. Para saber más, lee la *Theory of the Dérive* de Debord disponible en internet.[4]

SEMANA 42

Caminar después de comer

¿POR QUÉ SOMOS TANTOS los que creemos que hacer ejercicio después de comer mucho es perjudicial para la salud? Por culpa de mi abuela crecí convencida de que lo mejor para hacer la digestión es sentarnos y descansar después de comer. Hacer ejercicio, me advertía, podía provocarnos jalones musculares, indigestión o algo incluso peor. Durante décadas procuré no moverme mucho después de comer. Cuanto más copiosa fuera la comida, menos me movía. Era tan prisionera del consejo de mi abuela que pasé gran parte de mis años como madre intentando convencer a mis revoltosos hijos de que se quedaran quietos después de comer. Les decía que era crucial para la salud que se tomaran unos momentos de descanso después de cada comida.

Solo los estudios científicos más rigurosos han conseguido ayudarme, tras cuarenta y pico años, a romper con este mito de que no deberíamos movernos mucho después de comer. Resulta que es todo lo contrario: realizar ejercicio moderado después de comer nos aporta numerosos beneficios, desde ayudar a prevenir el estreñimiento hasta reducir los niveles de glucosa en sangre. Y el ejercicio moderado por excelencia es, por supuesto, caminar. O dar una vuelta. O dar un paseo.

Es más, cuanto más copiosa sea la comida, más necesita el cuerpo dar un paseo tras el festín. La buena noticia para quienes sean reacios a los paseos largos es que solo hace falta caminar durante diez minutos para reducir los picos de glucosa en sangre que podemos sufrir tras comer demasiado.

Cuando se trata de la digestión, parece ser que la combinación de hacer ejercicio y la gravedad ayuda a que la comida pase de un modo fluido por todo el sistema digestivo. Un estudio publicado en la revista *Gut* descubrió que «la duración del tránsito [intestinal] se aceleró espectacularmente gracias al ejercicio moderado», aunque la frecuencia de las defecaciones y el peso de las deposiciones fueran los mismos.[1] En otras palabras, el ejercicio ayuda a que todo se mueva, reduciendo así el riesgo de estreñimiento. Un estudio posterior concluyó que los participantes de mediana edad que sufrían estreñimiento crónico y empezaron a caminar media hora al día redujeron muchos de los síntomas de sus intestinos bloqueados (es decir... menos tiempo haciendo fuerza, deposiciones más blandas, menos defecaciones incompletas), además de acelerar el «tiempo total del tránsito colónico».[2]

Y no solo la digestión responde de manera favorable tras dar un paseo después de comer. Un fascinante estudio de 2016 concluyó que caminar después de comer ayudaba a regular los niveles de azúcar en sangre de un modo más eficiente que caminar en cualquier otro momento del día. En ese estudio, los investigadores querían descubrir si las personas con diabetes tipo 2 estaban mejor después de dar una vuelta de diez minutos tras comer o yendo a caminar media hora una sola vez. Los investigadores observaron que los paseos más cortos pero frecuentes (sobre todo después de comer) reducían más los niveles de glucosa en sangre que caminar media hora una sola vez al día. Pero, sorprendentemente, los efectos más drásticos se observaron cuando los participantes salieron a pasear después de cenar. Esos paseos consiguieron que los niveles de glucosa en sangre bajaran un 22 % más que los de los sujetos que caminaban una sola vez al día, lo cual alentó a los investigadores de la University of Otago de Nueva Zelanda a sugerir que pasear después de comer o cenar podría reducir la necesidad de recibir inyecciones de insulina.[3] Un metaestudio más reciente confirmó estos hallazgos, y los autores convinieron que «el ejercicio realizado después de comer, independientemente del momento del día que sea, tiene un impacto beneficioso en la glicemia postprandial» (es decir, en los niveles de azúcar en sangre).[4]

Pero no hace falta que seamos diabéticos para obtener los beneficios de un paseo después de comer o cenar. Incluso los niveles de glucosa en sangre de las personas que no son diabéticas pueden dispararse tras una comida copiosa. Muchos de nosotros solemos ingerir más carbohidratos por la noche, ya que comemos pasta, pizza, papas, arroz o pan. Además, cuando oscurece, solemos ser más propensos a holgazanear en el sillón (o a retirarnos a la cama). En vez de eso, deberíamos salir a dar una pequeña vuelta haga el tiempo que haga. Lo último que deberíamos hacer es alargar el brazo para alcanzar el control de la televisión o, aún peor, acurrucarnos bajo el edredón.

De la misma manera que caminar después de comer acelera el tránsito de los excrementos por el intestino, también acelera el trayecto de los nutrientes (de la comida que acabamos de engullir), por lo que permite suministrar sustancias bioquímicas esenciales, vitaminas y minerales de manera eficiente a su destino apropiado. Es como si moverse después de comer fuera como poner un poco de aceite en un candado oxidado, ya que facilita el paso de la comida y sus nutrientes por nuestro cuerpo.

Cuando empecé a dar paseos después de cenar (a veces con un amigo o mi hija, otras con mi marido, pero a menudo sola), también descubrí otros beneficios adicionales. En primer lugar, empecé a beber menos vino. No tenía mucho sentido llenarme el vaso hasta arriba sabiendo que iba a salir. En segundo lugar, dejé de picotear la comida que quedaba en la mesa; saber que iba a dar un paseo ponía freno a mi tendencia natural a picotear las sobras. En tercer lugar, estos paseos me revitalizaban, y cuando regresaba a casa, me concentraba mucho mejor y tenía más ganas de leer que de holgazanear en el sillón. Y, por último, normalmente me ayudaban a dormir mejor. Quizás fuera porque la luz nocturna me activaba la producción de melatonina (para saber más sobre la luz, la oscuridad y nuestro reloj circadiano, véase

«Semana 10: Caminar durante la primera hora tras despertarte», p. 62) o porque mi respiración rítmica me calmaba (véase «Semana 51: Caminar como forma de meditación», p. 247).

Tampoco hay ninguna necesidad de sentirse culpable por la (corta) duración de un paseo nocturno. Con diez minutos es suficiente, tal y como sugieren los investigadores de Otago. Otros estudios afirman que a la hora de reducir la presión arterial, dar tres paseos de diez minutos resulta más efectivo que salir a caminar una sola vez.[5] Dar estos tres paseos después de cada comida podría ayudar a reducir los picos de azúcar en sangre y a su vez a disminuir la presión arterial.

Consejos

Si notas cualquier tipo de malestar, prueba a esperar unos pocos minutos.

No hace falta andar deprisa o a paso ligero después de una comida copiosa: se trata de dar un paseo, no de hacer una caminata rápida.

Presta atención a tu postura y acuérdate de levantar peso desde las caderas. No te conviene caer con el estómago lleno.

¿Quieres salir a deambular bajo la luz menguante del anochecer tras la cena? Sigue los consejos para caminar de noche de la «Semana 34: Caminar bajo la luna llena» (p. 171) y de la «Semana 46: Dar un paseo nocturno» (p. 225).

SEMANA 43

Caminar en compañía

DURANTE SIGLOS, LAS COLINAS galesas han estado llenas de sonidos: el repiqueteo de las pezuñas, los ladridos de los perros, los bramidos de las reses, los gruñidos de los cerdos y los graznidos de las ocas. Y el sonido más distintivo de todos, los gritos agudos de los pastores, de los hombres (y ocasionalmente de las mujeres) que guiaban manadas de ganado desde Gales hasta Londres. Puede que el trayecto de 322 kilómetros fuera lento y laborioso, pero nunca solitario. Los pastores caminaban en ruidosas manadas que se oían a kilómetros a la redonda. Los acompañaban decenas de caminantes; chicos que iban a hacer de aprendices a Londres, chicas que iban a incorporarse al servicio de alguna casa, mujeres visitando amigos y familiares, comerciantes de ganado y jóvenes ricos en busca de aventuras. Ese hervidero caótico de personas y animales avanzaba serpenteando por el paisaje; comían juntos, dormían juntos y se movían juntos. Leer sobre los pastores y sus acompañantes nos recuerda las pequeñas alegrías de caminar en compañía.

Los antropólogos Tim Ingold y Jo Lee Vergunst afirman que caminar es una «actividad fundamentalmente social».[1] La historia lo confirma: hace siglos que las manifestaciones, los desfiles, las marchas, las procesiones y las peregrinaciones son ocasiones para sociabilizar, al igual que lo era guiar el ganado. Caminar en compañía nos hace sentir más seguros. Además, estimula conversaciones, fomenta relaciones y cimienta amistades. Ese ritmo lento y familiar lo convierte en algo único e incomparablemente inclusivo.

Puede que caminar de manera solitaria sea mejor para reflexionar (véase «Semana 15: Caminar de manera solitaria», p. 84), pero caminar en grupo satisface otras necesidades humanas fundamentales. El contacto directo con otras personas activa una cascada de sustancias químicas que nos hacen sentir bien, neurotransmisores como la dopamina y la oxitocina que nos protegen (según la psicóloga Susan Pinker, como si fueran «una vacuna... ahora y en un futuro»). El mero hecho de estrechar la mano a alguien, explica, nos llena el cuerpo y el cerebro de oxitocina, eliminando inmediatamente el estrés y la ansiedad.[2] Durante los últimos años, y últimamente más a causa de la pandemia de la COVID-19, se ha incrementado el número de personas que abogan por la sociabilización, no solo por las evidencias anecdóticas, sino también por los cientos de estudios académicos que lo confirman: tener buenas relaciones sociales mejora la salud física, mental y cognitiva, además de alargar la vida.[3]

Los efectos negativos de la soledad están igual de bien documentados. Numerosos estudios la han relacionado con la depresión y la ansiedad: un estudio de 2020 sugiere que es tres veces más probable que los jóvenes solitarios sufran depresión en un futuro, lo cual podría derivar en síntomas depresivos que podrían durar años.[4] Otros estudios han relacionado la soledad con una mala salud física: cuanto más solos estamos, más probabilidades tenemos de sufrir demencia, enfermedades cardíacas e ictus; incluso algunos expertos afirman que la soledad es igual de perjudicial que fumar, la contaminación ambiental y la obesidad.[5]

Pero ¿por qué caminar en grupo? En primer lugar, se ha demostrado que los grupos excursionistas mejoran la salud física de sus miembros, ya que estos afirman haber bajado de peso y el índice de masa corporal (IMC), y haber reducido la presión arterial y el colesterol (entre otras cosas). Pero lo más importante es que los grupos excursionistas tienen una tasa asombrosamente baja de abandono: cuando caminamos unidos, nos mantenemos unidos.[6]

Sin embargo, los grupos excursionistas destacan especialmente por mejorar la salud mental de sus miembros. Un estudio en el que 1 843 participantes caminaron un total de 74 000 horas combinadas descubrió que había una reducción «estadísticamente significativa» en los niveles de estrés y depresión en las personas que normalmente caminaban en grupo,[7] muchas de las cuales también afirmaron tener un mayor sentimiento de satisfacción. Así pues, ¿qué es lo que tiene caminar en compañía que nos hace sentir más satisfechos?

Las antropólogas Tessa Pollard y Stephanie Morris creen que la experiencia compartida de caminar en grupo puede convertir una sesión de ejercicio ordinaria en una ocasión social sumamente enriquecedora. Sus estudios sugieren que cuando caminamos acompañados, experimentamos sentimientos de conexión social, aceptación, pertenencia y seguridad.[8] El paso lento y rítmico, el movimiento coordinado y la ausencia de contacto visual crean una intimidad relajada, haciendo que resulte más sencillo compartir e intercambiar secretos, pensamientos e ideas.

Por otra parte, las fluctuaciones de caminar en grupo crean lo que los antropólogos denominan «socialización efímera», que actualmente se considera uno de los principales motivos por los que caminar en compañía resulta tan terapéutico. Cuando caminamos en grupo, vamos saltando entre personas y conversaciones cada vez que cambiamos de dirección o doblamos una esquina, a veces platicando, a veces caminando en silenciosa sincronía. Es una manera muy única de estar en compañía, completamente diferente a la mayoría de las ocasiones sociales. Pollard explica que «es una manera efímera y liviana de formar conexiones sociales» y que destaca especialmente por no ser muy intimidante.

También hay otros motivos que explican por qué nos sentimos tan animados cuando caminamos juntos. Pollard cree que el sentimiento de pertenencia que se crea al caminar en grupo no se limita solamente a las personas: «El sentimiento de pertenencia se extiende al propio paisaje». Cuando caminamos por cualquier sitio, ya sea urbano o rural, conectamos con el entorno de una manera muy sensorial: oímos, olemos, sentimos e incluso saboreamos. Compartir esta experiencia con otros hace que los miembros se sientan vinculados con los demás y con su entorno. Además, se comparten momentos de éxito, de hambre, de frío, de curiosidad y de asombro.

Los estudios que Pollard y Morris realizaron con mujeres de zonas desfavorecidas del Norte de Inglaterra mostraron que los grupos excursionistas resultaban especialmente efectivos para aquellas personas que se encontraban en un punto de inflexión en sus vidas (los científicos sociales lo denominan «alteraciones biográficas»), ya que pasear regularmente en grupo se convirtió en su salvavidas,[9] en un momento en que podían calmarse, fortalecerse y animarse.

Marchar y hablar tienen muchas más cosas en común que su parecido fonético. En su libro *The Body*, Bill Bryson propone que el *Homo sapiens* se volvió bípedo más o menos por la misma época en que desarrolló sus habilidades comunicativas. Dado que éramos criaturas pequeñas que cazábamos otras más grandes, el autor sugiere que nuestras habilidades comunicativas eran casi tan importantes como nuestra capacidad de caminar. Por otro lado, el biólogo evolutivo Daniel Lieberman también destaca que hace miles años (e incluso actualmente en algunas tribus) recolectábamos en grupo y cazábamos en parejas.[10] Es bastante probable que nuestro amor por caminar y platicar entre dos personas esté grabado profundamente en nuestro ADN.

Así pues, no debería sorprendernos que algunos estudios hayan descubierto que los beneficios de caminar en grupo sean aún mayores en entornos naturales que en zonas urbanas. Los investigadores han concluido que los paseos por la naturaleza tenían «una influencia significativa en el bienestar mental». Un estudio puntualizó que pasear por la naturaleza tampoco es la cura, «pero si un paso adelante en la recuperación».[11]

En un estudio realizado con la participación del 1 % de la población femenina adulta de Australia, se concluyó que muchas veces los sujetos perciben las excursiones en grupo como una fuente de transformación psicológica y de «rescate emocional», donde mantenerse unidos es un factor tan vital como el entorno salvaje.[12] Caminar en grupo por los paisajes australianos es una manera de garantizar la seguridad y a la vez incentivar una camaradería que a menudo acaba transformándose en amistad de por vida. Muchas de las participantes de este estudio destacaron los extraordinarios efectos que tuvieron las caminatas en grupo en su autoestima: las caminantes volvían a casa, según una de ellas, sintiendo que eran «mejores personas, madres y esposas».

Consejos

Según el neurocientífico Daniel Levitin, salir a caminar, los lugares inexplorados y las caras nuevas nos ayudan a mantener el cerebro joven; hacer una excursión en grupo durante las vacaciones combina estas tres cosas.

El médico de cabecera puede proporcionarte información sobre grupos excursionistas específicos para tu condición de salud, y también sobre grupos de apoyo.

Las bibliotecas locales son una buena fuente de información, y hay muchas asociaciones que organizan caminatas o excursiones largas en grupo. Prueba <https://meetup.com>.

Las organizaciones benéficas suelen montar caminatas para recaudar fondos.

Plantéate realizar una peregrinación, el paradigma de las caminatas sociales. Véase «Semana 40: Caminar como un peregrino» (p. 198).

¿Todavía no tienes claro si salir a caminar de manera solitaria o en compañía? La periodista científica Florence Williams aconseja que «si estás deprimido o ansioso, caminar en grupo te levantará el ánimo [...] Si quieres encontrar soluciones a tus problemas, reflexionar y potenciar tu creatividad, será mejor que vayas solo».[13]

SEMANA 44

En busca de lo sublime

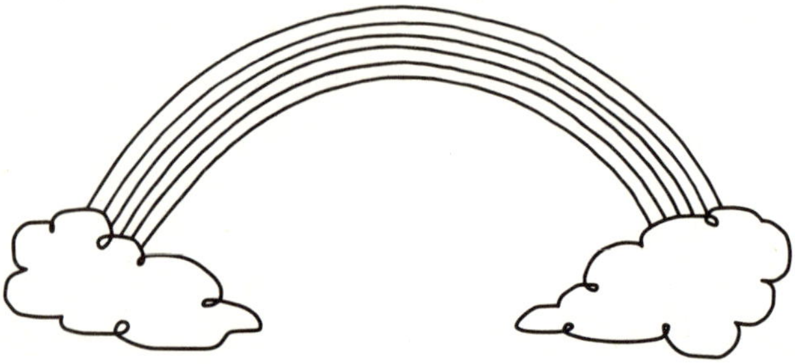

Una calurosa tarde de verano de 2014 estaba caminando por las cuevas de roca de Bohemia cuando de repente cayó una tormenta. El cielo se oscureció y se llenó de electricidad. Se veían relámpagos brillantes zigzagueando. Y en aquel ambiente con aquella luz tan inquietante, las enormes rocas pálidas brillaban y resplandecían, y el musgo refulgía con una delicada luz verdosa. Fue un momento fascinante durante el cual la mente se me quedó completamente vacía. Y sin embargo no me sentía vacía, sino que me invadía un sentimiento que no conseguía articular. Más tarde descubrí que la emoción que me había mantenido hechizada durante aquel momento tan extrañamente embriagador tenía un nombre: asombro.

Todos hemos vivido momentos así. Momentos en los que nos quedamos maravillados ante el increíble misterio y la embriagadora belleza de un paisaje o lugar. Al ver por primera vez una cordillera de montañas, al contemplar los espléndidos colores de la puesta de sol, al avistar de repente una cascada; todos conservamos estos recuerdos en nuestro interior, y solemos recordarlos con una claridad inusual. Puede que hasta nos sintamos profundamente conmovidos e incluso alterados por estas experiencias. Para algunos, estos momentos tienen un significado espiritual o religioso. Normalmente (pero no siempre), estos momentos ocurren cuando estamos en la naturaleza. Normalmente (pero no siempre), nuestra respuesta está teñida de miedo o incredulidad.

No se trata de un fenómeno nuevo: los poetas y los filósofos llevan siglos documentando el poder de lo sublime. Pero, últimamente, el asombro se ha convertido en una materia de estudio. En varias universidades, neurocientíficos y psicólogos están explorando diligentemente los efectos del asombro tanto en laboratorios como al aire libre, y los resultados que obtienen son fascinantes.

Pero ¿a qué nos referimos cuando hablamos de asombro? La psicóloga Michelle Shiota lo describe como un estado de mindfulness emocionantemente inesperado, que se consigue sin realizar ningún esfuerzo (a diferencia de la meditación), como una experiencia que nos hace sentir más pequeños y humildes, pero que a la vez puede cambiarnos. Shiota se dio cuenta durante los primeros experimentos de que el asombro no se expresa con una sonrisa, sino con ligeras expresiones de sorpresa: abrir mucho los ojos, alzar las cejas y abrir la boca.[1] También se dio cuenta de que las escenas que causaban asombro modificaban el cerebro de los observadores. Durante una serie de experimentos se expuso a los participantes a una amplia variedad de escenas y luego se les pidió que criticaran una obra escrita; Shiota descubrió que quienes habían experimentado asombro demostraron tener una mejor capacidad analítica y un proceso mental más riguroso. Otros investigadores también han llegado a la misma conclusión: sentir asombro está relacionado con un mejor proceso cognitivo. La profesora Melanie Rudd sostiene que el asombro expande nuestro concepto del tiempo, permitiéndonos así concentrarnos mejor. Rudd se preguntó si este aumento de la concentración podría ser el motivo por el que el asombro se asocia a una mejor cognición. Al exponer a los sujetos ante algo asombroso, se dio cuenta de que se sentían menos presionados por el tiempo y menos impacientes que sus homólogos que no habían sido expuestos a algo asombroso.[2]

Por otra parte, otro investigador del campo de la psicología, Dacher Keltner, quiso investigar si el asombro podía alterarnos de otras maneras. Sus experimentos demostraron que estar expuesto a escenas que provocan asombro nos vuelve más humildes, curiosos, felices y altruistas. En uno de esos experimentos se descubrió que era más probable que las personas que se habían asombrado al ver unos árboles recogieran un bolígrafo tirado a propósito que las personas que habían estado mirando un edificio. Experimentos posteriores concluyeron que el asombro favorece el sentimiento de pertenencia, ya que los participantes se sintieron más emocionalmente conectados entre sí y más capaces de lidiar con la incertidumbre.[3]

Los experimentos más interesantes los realizó la doctora Jennifer Stellar, que expuso a los participantes a un amplio abanico de escenas y luego les tomó muestras de saliva y las analizó para ver si contenían una citocina proinflamatoria llamada interleucina-6 (IL-6), una molécula señalizadora relacionada con muchas enfermedades inflamatorias crónicas y con la depresión.[4] Sorprendentemente, Stellar descubrió que los participantes que más se habían asombrado tenían unos niveles inferiores de IL-6.[5] Parece ser que el asombro es la emoción positiva que más mejora la salud física. «El asombro —escribió en su artículo— resultó ser el mayor indicador de unos niveles bajos de citocina proinflamatoria».

No es de extrañar que los estadounidenses hayan sido pioneros en los «paseos de asombro»; rutas cortas y parcialmente guiadas en las que la atención de los caminantes se centra en árboles importantes, formaciones de nubes, lagos o, en entornos urbanos, en vistas o edificios espectaculares. Los estudios realizados sobre esos paseos de asombro concluyeron que los caminantes que habían participado en esa actividad se sentían más positivos tras ocho semanas que los que no habían participado.[6] Y mejor aún, descubrieron que los efectos eran acumulativos, lo cual sugiere que cuanto más busquemos el asombro mientras caminamos, mayor será nuestro posible bienestar.

No hace falta apuntarse a un paseo de asombro guiado. Lo único que tenemos que hacer es apagar el teléfono celular, utilizar nuestros sentidos y prestar atención a la belleza cautivadora presente en casi cualquier paseo, normalmente en las pequeñas cosas: el liquen, el musgo, los insectos, las gotas de lluvia. Todo el mundo puede cultivar su capacidad de asombro.

Consejos

Si te viene a la mente la lista de cosas que tienes por hacer, deshazte de ese tipo de pensamientos; observa el horizonte, huele el aire, escucha.

Los estudios indican que la novedad es un componente importante del asombro, así que prueba a caminar por algún lugar nuevo, a caminar de espaldas (véase «Semana 49: Caminar de espaldas», p. 237), a pasear de noche (véanse «Semana 34: Caminar bajo la luna llena», p. 171, y «Semana 46: Dar un paseo nocturno», p. 225) o a caminar descalzo.

Tener experiencias nuevas en nuestros paseos habituales no es tan difícil como parece. Pocos de nosotros levantamos la cabeza para observar el cielo, pero las formaciones de nubes suelen ser sorprendentemente asombrosas.

Los binoculares y las lupas hacen que resulte más sencillo encontrar maravillosos detalles más pequeños.

Sumérgete en las obras de quienes escriben acerca de la naturaleza y de los naturalistas, ya que pueden descubrirnos increíbles lugares sublimes a los que de otra forma no prestaríamos atención. El conocimiento no contrarresta el misterio, sino que lo aumenta.

Un estudio de 2019 descubrió que es más probable que las personas consideradas curiosas (por sí mismas y por sus amigos) experimenten lo sublime.[7] Nutre tu curiosidad con el paseo de la «Semana 21: Ejercitar el músculo de la curiosidad: caminar por una línea ley» (p. 113).

SEMANA 45

Trabajar mientras caminas

HACE CINCO AÑOS ESTUVE a punto de dejar mi trabajo (muy sedentario) de escritora e investigadora. El dolor que sentía en la parte inferior de la espalda hacía que me resultara imposible estar sentada durante largos períodos de tiempo; y si no podía sentarme, ¿cómo iba a trabajar? Los costosos tratamientos con fisioterapeutas y osteópatas habían fracasado estrepitosamente. La cara silla ortopédica había fracasado estrepitosamente. El programa de ejercicios para fortalecer la espalda había fracasado estrepitosamente. El único momento en que no sentía dolor era al caminar. Estaba a punto de cambiar de carrera y convertirme en guía turística cuando de repente abrí una revista y vi una fotografía de Victoria Beckham en una caminadora. Pero no se trataba de una caminadora cualquiera, sino que Victoria Beckham, vestida elegantemente con tacones puntiagudos y una chamarra larga muy elegante, sin una pizca de licra a la vista, utilizaba una caminadora con escritorio.

Aquello me despertó el interés, pero tenía mis dudas. ¿Me iba a caer? ¿Me costaría un riñón? ¿Y dónde iba a meter un escritorio móvil del tamaño de un sillón? Pero la pregunta que me corroía era mucho más complicada: ¿Cómo afectaría el hecho de caminar mientras trabajaba con la laptop a mi cuerpo, mi cerebro y mi redacción? Al cabo de un año, todavía aquejada por ese dolor de espalda, compré una caminadora con escritorio.

Inevitablemente, si estás caminando mientras trabajas, quemas muchas más calorías que si estás sentado; una velocidad bastante habitual de 2.5 km/h en una caminadora con escritorio suele quemar cinco veces más calorías que estar sentado. Trabajar en una caminadora con escritorio nos hace sumar (de media) unos dos mil pasos adicionales a nuestro total diario.

Se ha demostrado que caminar mientras trabajamos nos afecta fisiológicamente, ya que nos permite transformar momentos sedentarios en momentos de actividad. Los estudios demuestran que quienes hacen ejercicio con este tipo de escritorios consiguen bajar de peso, reducir la grasa, disminuir la circunferencia de la cadera y la cintura, reducir los niveles de colesterol, bajar las concentraciones de glucosa e insulina en sangre, y reducir la presión arterial.[1]

Pero los beneficios que nos aporta no son solamente fisiológicos. Los investigadores descubrieron que utilizar una caminadora con escritorio mejora la memoria a corto plazo y la atención. En un estudio de 2015 se pidió a dos grupos de personas que leyeran un documento largo y una serie de correos electrónicos. Uno de los grupos trabajó en una caminadora con escritorio (a una velocidad de 2.25 km/h) y el otro, en un escritorio tradicional. Les pusieron electrodos en el cuero cabelludo para monitorizar la actividad eléctrica del cerebro mientras leían, una exploración llamada electroencefalografía (EEG), y al cabo de cuarenta minutos interrogaron a ambos grupos sobre el contenido del documento y los correos electrónicos. Los sujetos que habían trabajado en la caminadora demostraron tener mejor memoria, ya que consiguieron recordar mejor lo que habían leído que sus homólogos que no habían estado caminando.

Pero, además, los sujetos que habían trabajado en caminadoras afirmaban haber estado más concentrados en su tarea, es decir, que habían estado más centrados y atentos. Pero ¿era verdad que habían estado más concentrados mientras realizaban su tarea? Los resultados de los electroencefalogramas lo confirmaron, ya que mostraron una mayor actividad en las partes del cerebro relacionadas con la memoria y la atención.[2] Desde entonces, otros artículos han confirmado que trabajar y caminar a la vez mejora nuestra memoria de trabajo visual (la responsable de absorber información y utilizarla para tomar decisiones), además de reducir el número de errores que cometemos.[3]

Y eso no es todo... Un estudio anterior de la University of Minnesota monitorizó a cuarenta trabajadores de oficina que, tras utilizar durante un año una caminadora con escritorio, se volvieron más productivos y creativos. El doctor Avner Ben-Ner, el investigador principal, lo atribuyó al incremento del flujo sanguíneo al cerebro, y añadió que «estando tirado en una silla no se obtienen los mismos beneficios cerebrales».

Los hallazgos de Ben-Ner coincidieron con un experimento de la Stanford University que se analizó la capacidad de los trabajadores de una oficina de pensar de manera divergente, primero mientras estaban sentados en sus mesas y luego mientras caminaban en una caminadora con escritorio. El 81 % de los participantes resultaron ser más creativos y tener muchas más ideas mientras caminaban que mientras estaban sentados.[4]

Hoy en día ya se ha establecido de sobras la relación entre la actividad física y el pensamiento original y divergente, ya que numerosos estudios han llegado a la conclusión de que el movimiento estimula la creatividad y genera nuevas ideas de más calidad y también en mayor cantidad.[5] En su libro *In Praise of Walking*, Shane O'Mara afirma que «podemos alcanzar un estado más creativo mientras estamos en movimiento», y considera que caminar no solo mejora la condición fisiológica del cerebro, sino que amplía toda la red neuronal, incluyendo las partes más alejadas. A medida que la red y las vías se amplían, podemos «alejar o acercar el *zoom*» con respecto a nuestros pensamientos, recuerdos y sensaciones, lo que nos permite inspirarnos en múltiples experiencias y crear nuevas conexiones que facilitan el pensamiento lateral.[6]

Los estudios actuales sugieren que la manera en que nos movemos también puede mejorar aún más nuestra creatividad. Un experimento japonés de 2020 en el que se pidió a sesenta y tres chicas estudiantes que pensaran en distintas ideas para utilizar el papel de periódico mientras realizaban movimientos sueltos y fluidos con los brazos o bien movimientos angulares, descubrió que las que realizaban movimientos sueltos y fluidos con los brazos tenían una cantidad significativamente mayor de ideas. Los autores del estudio concluyeron que la «fluidez de los movimientos que realizaron con los brazos incrementó considerablemente la fluidez creativa».[7] ¿Qué podemos sacar de este estudio? ¡Que debemos balancear los brazos (tal y como se explica en la «Semana 2: Mejorar la marcha», p. 27) sin reprimirnos!

Sinceramente, no puedo afirmar que sea más creativa o divergente cuando trabajo en la caminadora con escritorio. Pero sí que hay algo de lo que estoy segura: el dolor de espalda que me aquejaba ha desaparecido. En vez de convertirme en guía turística he seguido investigando y escribiendo libros, aunque ahora durante la mayor parte de mi jornada laboral utilizo la caminadora con escritorio.

Consejos

Aprender a trabajar y caminar a la vez requiere un período de adaptación, y puede que no sea para todo el mundo. En cualquier caso, presiona a tu empresa para que invierta en comprar unas cuantas caminadoras con escritorio.

Prueba la caminadora con escritorio antes de comprártela; asegúrate de que el escritorio sea ajustable y de que tenga un tamaño adecuado para tus necesidades. Las caminadoras con escritorio son grandes y muy pesadas, así que piensa detenidamente dónde la vas a colocar, y evita las ventanas soleadas y los espacios demasiado cálidos.

Empieza poco a poco. La mayoría de quienes utilizan una caminadora con escritorio caminan a una velocidad de entre 1 y 2.5 km/h.

Cuando ya te hayas acostumbrado a caminar mientras trabajas, cambia la velocidad de la cinta según el tipo de tarea que estés haciendo. Yo suelo acelerar el ritmo cuando leo (3.5 km/h) y reducirlo cuando escribo (2-2.5 km/h) o pienso (1.5 km/h).

Reparte las horas de trabajo entre la caminadora con escritorio y la silla de la mesa normal y presta atención a cuál de las dos te funciona mejor según el tipo de tarea que estés haciendo.

¿No tienes una caminadora con escritorio? En vez de hacerlo todo sentado, sugiere a tus compañeros de trabajo caminar mientras hacen una reunión o pasear mientras hacen una lluvia de ideas. Anda por los pasillos, las banquetas y los estacionamientos siempre que sea posible. Se ha demostrado que incluso los paseos cortos «incentivan la libre circulación de ideas», según Marily Oppezzo, cuyos experimentos pioneros también han concluido que para conseguir unos mejores resultados deberíamos pasear al aire libre.[8]

SEMANA 46

Dar un paseo nocturno

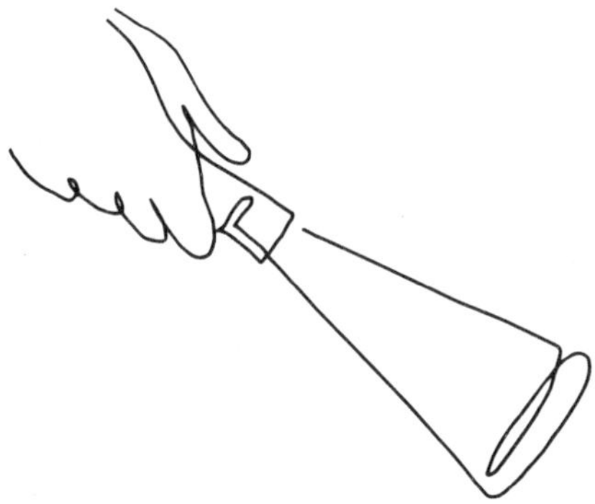

En 1994, un terremoto cortó los cables de alta tensión de la ciudad de Los Ángeles, y sumergió a la ciudad en la oscuridad. Los residentes, asustados, empezaron a llamar a los centros de emergencia de la zona, pero no porque sus casas se estuvieran derrumbando, sino porque estaba ocurriendo un fenómeno extraño y misterioso en el cielo nocturno que muchos de los que llamaron describieron como «una nube plateada gigante». Los preocupados residentes de Los Ángeles estaban viendo por primera vez la Vía Láctea.

Sin embargo, más o menos por aquel entonces, en la otra punta del mundo, una madre australiana estaba cada vez más frustrada; Di Westaway quería hacer ejercicio, pero no tenía ni un momento libre durante el día, así que tomó la valiente decisión de hacer excursiones nocturnas con unas cuantas amigas. Ataviadas con linternas frontales, Westaway y sus amigas empezaron a reunirse una vez al mes para adentrarse en la naturaleza australiana. Al principio, sus caminatas de tres horas se centraron en hacer ejercicio. Pero Westaway enseguida se dio cuenta de que sus incursiones nocturnas les estaban permitiendo reconectar con la naturaleza, el silencio y, sobre todo, la densa oscuridad de terciopelo del paisaje nocturno. «Pensábamos que lo que necesitábamos era hacer ejercicio, pero visto en retrospectiva, el cielo nocturno y la oscuridad eran igual de importantes», recuerda.[1]

El resplandor artificial del cielo nocturno es ahora más brillante que nunca, y últimamente se ha agravado todavía más debido a las luces LED de bajo costo, que inundan el cielo oscuro con su luz azul de largo alcance. Actualmente, el 99 % de los estadounidenses y los europeos viven bajo un cielo con tanta contaminación lumínica que resulta prácticamente imposible ver la Vía Láctea. Algunos de nosotros vivimos bajo una neblina permanente tan brillante que nuestros ojos nunca entran en modo visión nocturna.

Y, sin embargo, la oscuridad es una necesidad humana fundamental. Los estudios sugieren que el déficit de oscuridad podría estar relacionado con la depresión, el insomnio, la obesidad, una inmunidad débil y la aparición de enfermedades cardíacas. Los experimentos realizados en laboratorios han desvelado que la exposición lumínica por la noche altera los ciclos circadianos y la fisiología neuroendocrina, lo cual podría acelerar el crecimiento de los tumores. Cuando unos científicos israelíes superpusieron unas fotos tomadas por satélite que mostraban la luz artificial nocturna con un mapa de los casos de cáncer de mama, los resultados fueron impactantes: cuanta más luz había de noche en un lugar, mayor era la prevalencia del cáncer de mama. En los vecindarios donde había suficiente luz como para poder leer un libro por la noche, las mujeres tenían un 73 % más de riesgo de sufrir cáncer de mama.[2]

Pero, al parecer, la luz brillante no es lo único que nos afecta. Según la doctora Eva Selhub, «incluso los niveles bajos de luz por la noche pueden reducir la plasticidad del cerebro e interferir en las estructuras neuronales habituales».[3] Actualmente, los investigadores creen que la luz artificial nocturna inhibe la producción de melatonina, la hormona que nos ayuda a dormir. La investigadora del sueño Christina Pierpaoli Parker explicó a la revista *National Geographic* que los paseos nocturnos nos ayudan a dormir porque «actúan en el impulso homeostático del sueño». En cualquier caso, está claro que necesitamos la oscuridad «para sobrevivir y prosperar», tal y como señaló uno de los miembros de un destacado consejo médico estadounidense.[4]

Los paseos nocturnos y las excursiones de noche nos ayudan a reconectar con la luz de las estrellas, los rayos de luna y la oscuridad, nos llevan por paisajes que nos resultan familiares pero que a la vez son totalmente nuevos, y también reajustan nuestro reloj interno para estar en sincronía con los ciclos de luz y oscuridad con los que hemos vivido durante miles de años.

Con la ayuda de organizaciones como la International Dark-Sky Association, algunos gobiernos han empezado a identificar y designar áreas de oscuridad, es decir, lugares con un cielo nocturno prístino donde poder observar miles de estrellas. Para experimentar todos los beneficios de la oscuridad, visita la página web <www.darksky.org> y descubre dónde hay un trozo de cielo oscuro cerca de ti. No hace falta que nos vayamos muy lejos para disfrutar de un paseo nocturno en todo su esplendor, pero cuanta menos polución nocturna haya, más auténtico será el paseo nocturno y más posibilidades tendremos de ver estrellas fugaces, meteoros o cometas. Y no solo el cielo nocturno cobra vida en la oscuridad. Según la experta en vida marina Heather Buttivant, la noche es el mejor momento para ver las pozas de marea en acción. Llévate una linterna de luz ultravioleta y observa cómo las algas y las anémonas brillan y resplandecen con tonalidades fluorescentes de rojo, azul, verde, rosa y lila.[5]

Pasear de noche tiene sus propios riesgos, pero podemos minimizarlos escogiendo una ruta que sea fácil de seguir, plana y con un terreno regular. No queremos ir trepando por rocas (a no ser que queramos observar pozas de marea, por supuesto) ni tropezar con madrigueras de conejos. Evita salir las noches en que el terreno esté húmedo para evitar resbalar y patinar. Para poder observar mejor las estrellas tienes que encontrar un sitio desde el que tengas una visión despejada del cielo, por lo que es mejor optar por un prado que por un bosque.

Te recomiendo que la primera vez que salgas a pasear de noche elijas un terreno que conozcas bien. No te preocupes, ¡tendrá un aspecto maravillosamente diferente por la noche! Ponte en marcha cuando todavía quede un poco de luz para que tus ojos tengan tiempo de ajustarse; el mejor momento para empezar es a la hora del crepúsculo. Si sigues el mismo camino para ir y volver, puedes tomar nota mentalmente de los puntos de referencia en las sombras, así será menos probable que te pierdas a la vuelta cuando sea negra noche.

Consejos

Llévate una linterna frontal que tenga luz roja para proteger la visión. Si además se puede regular la intensidad de la luz, aún mejor. Las linternas frontales te permiten tener las manos libres para poder manipular un mapa o una botella de agua, y también puedes utilizarlas para iluminar un pícnic nocturno. Pero la linterna frontal no deja que los ojos se pongan en modo visión nocturna, así que no la utilices a no ser que sea estrictamente necesario.

La temperatura siempre disminuye por la noche, así que vístete en capas. Ponte botas o zapatos con un buen agarre; no querrás estar pendiente de tus pies, sino de ver cometas o criaturas nocturnas. No te pongas ropa muy holgada ni cualquier otra cosa con la que pudieras tropezar.

Es más fácil tropezar de noche. Utiliza bastones de senderismo o un palo.

Llévate un teléfono celular con la batería completamente cargada para emergencias y, a no ser que seas muy valiente o imprudente, pide a un par de amigos que te acompañen. Si quieres intentar ver fauna salvaje, limitad el tamaño del grupo y valeros de los ojos en vez de usar linternas.

Si cuando sales ya es de noche, quédate sentado en medio de la oscuridad por lo menos durante veinte minutos para que tus ojos puedan ajustarse tranquilamente. Evita mirar directamente las luces más brillantes (por ejemplo, los faros de los coches), ya que si no a los ojos les resultará más difícil ajustarse a la oscuridad. Aplicar presión en los ojos acelera el cambio al modo visión nocturna, así que prueba a presionarlos suavemente con las manos.

La visión nocturna requiere mucho esfuerzo —y cuantos más años cumplimos, más esfuerzo requiere—, así que deja descansar los ojos con regularidad tapándolos con la palma de la mano. La visión nocturna se basa primordialmente en la visión periférica, por lo que es mejor centrar la vista en los lados y los bordes de los objetos en vez de en el centro.

Si estás pensando en dar un paseo nocturno por un lugar acreditado por la Dark Sky[6] (¿y quién no querría hacerlo?), sigue sus consejos para planificar la ruta y recórrela primero a plena luz del día.

Por la noche, el sonido llega mucho más lejos. Agudiza el oído para captar los sonidos que resultan imperceptibles durante el día; los búhos ululando, las carreteras lejanas y las criaturas nocturnas escabulléndose.

Llévate un termo con alguna bebida caliente si hace frío.

¿Quieres observar las estrellas? Invierte en unos binoculares astronómicos y descárgate una aplicación en el teléfono celular para poder identificar los cuerpos celestes.

¿Prefieres ir en un grupo organizado? Busca por internet excursiones nocturnas guiadas, o excursiones para ver murciélagos o ruiseñores (a veces, las asociaciones sin ánimo de lucro dedicadas a la fauna salvaje organizan este tipo de salidas). Las sociedades astronómicas suelen montar paseos para ver estrellas, y en algunas ciudades se realizan paseos bajo el movimiento «Reclamar la Noche» (algunos son solo para mujeres).

Vayas a donde vayas, baja el ritmo; los paseos nocturnos no son una caminata rápida para contar pasos, sino una oportunidad para deambular y maravillarse.

SEMANA 47

Empezar a caminar de un salto para tener unos huesos tremendamente fuertes

CADA AÑO, EN LAS REMOTAS planicies desérticas de Yemen, no muy lejos del mar Rojo, se celebra una competición deportiva. Este sorprendente e increíble evento es el rito de iniciación de los chicos jóvenes de la tribu Zaraniq. Sin tener gimnasios, ni entrenadores, ni calzado acolchonado, los chicos saltan, sin esfuerzo y con elegancia, por encima de una fila de camellos de dos metros de altura de un solo brinco. Los Zaraniq no utilizan armas para enfrentarse a sus enemigos; confían en su fuerza y vigor, que manifiestan en las competiciones de saltar camellos.

Según el biólogo evolutivo Daniel Lieberman, nuestros cuerpos están hechos para saltar y brincar, ya que tenemos el puente del pie mullido y unos tendones de Aquiles que nos ayudan a propulsarnos hacia arriba. Tanto correr como bailar y caminar deprisa son formas de movimiento en que saltamos de un pie a otro, cargando con nuestro propio peso corporal al movernos y luchando contra la fuerza de la gravedad. A diferencia de nadar o ir en bicicleta, estos tres tipos de movimiento son un ejercicio excelente en el que se trabaja con el peso.

Caminar con regularidad es una manera muy efectiva de preservar los huesos. Al igual que los músculos, los huesos empiezan a debilitarse cuando nos acercamos a la década de los treinta. No es de extrañar que, debido a nuestro estilo de vida sedentario, la osteoporosis (que significa que los huesos son porosos) y su precursor, la osteopenia (la disminución de la densidad ósea), actualmente afecte a un 55 % de los estadounidenses de más de cincuenta años, tanto hombres como mujeres.[1] Cuando aparece la osteoporosis, ya no podemos confiar en que los huesos puedan cargar con nuestro peso: incluso la torcedura o el golpe más leves pueden romper o fracturar parte del esqueleto.

Pero ¿caminar con regularidad puede ayudarnos a aumentar (en vez de simplemente preservar) nuestra densidad mineral ósea (DMO)? Sí, pero solo si modificamos nuestra manera de caminar. El hueso es un tejido vivo capaz de reconstruirse a lo largo de nuestras vidas, proceso denominado «remodelación ósea». Para que los huesos remodelados sean fuertes y densos, necesitan el choque que se produce al impactar con el suelo. Cuanto mayor sea el impacto, en mejor estado estarán los huesos. La velocidad también desempeña un papel muy importante: cuanto más rápido nos movemos, mayor es el impacto que se produce cuando el pie choca contra el suelo, por lo que los huesos se beneficiarán todavía más.

Por eso, cuando se trata de crear hueso nuevo, correr resulta un poco más beneficioso que caminar. Caminar a paso ligero es mejor que pasear despacio: un estudio realizado en más de 60 000 mujeres posmenopáusicas descubrió que las que caminaban a paso ligero por lo menos cuatro veces a la semana presentaban un menor riesgo de sufrir fracturas de cadera que las mujeres que, o bien no caminaban, o bien andaban con menos frecuencia y más despacio.[2]

Sin embargo, para que caminar resulte más beneficioso, hay que incorporar algunos saltos. El mejor ejercicio que podemos hacer tanto para crear como para mantener los huesos es saltar. Los investigadores de la Brigham Young University descubrieron que saltar unos pocos minutos demostró ser mucho más eficiente que cualquier otro ejercicio a la hora de crear huesos fuertes, incluso más que correr. Además, también observaron que dar diez saltos al día mejoraba significativamente la densidad mineral ósea tras solo dos meses.[3] Otros estudios lo han corroborado: saltar fortalece los huesos de los adolescentes, los hombres, los ciclistas y las ratas, es decir, de prácticamente todo el mundo.[4] Saltar (sin cuerda) tiene unos efectos similares y, además, es una maravillosa manera de crear un interludio durante un paseo.

También hay otro motivo de peso por el que deberíamos introducir otros tipos de movimientos en nuestra rutina de paseo. Cuando mezclamos distintos tipos de movimiento (incorporando cambios de dirección repentinos), los huesos responden de manera favorable y se vuelven aún más fuertes. Los atletas que practican futbol o deportes de raqueta tienen una mayor densidad ósea que los demás, incluso más que los corredores de larga distancia. Efectivamente, los estudios muestran que la fortaleza ósea de las personas que se mueven de distintas formas está a la par de la de los saltadores de altura.[5] Los investigadores creen que esto se debe a los cambios de dirección constantes: los deportistas que se dedican al futbol o a los deportes de raqueta no solo se mueven hacia delante, sino también hacia atrás y de lado, además de estar constantemente parándose y poniéndose otra vez en marcha. Los científicos se refieren a este tipo de combinación de movimientos con el atractivo término (ejem) de «ejercicios de carga de impacto variable». Añadir movimientos adicionales a nuestro paseo diario (como bailar, saltar, caminar del revés o brincar) lo transforma en un ejercicio inigualable para el desarrollo óseo.

Los paseos por el campo nos ofrecen muchas oportunidades para saltar y brincar. Las piedras, las ramas caídas, los riachuelos y los hoyos son una excusa perfecta para dar saltos. También podemos cruzar los charcos o los pequeños muros de un salto.

Si paseamos por zonas urbanas, podemos saltar (respetuosamente) por encima de las lápidas de los cementerios, los parterres de flores, los muros bajos y los tramos cortos de escaleras.

Si no quieres añadir saltos y brincos a tu paseo (ya que no es recomendable para las personas frágiles o ancianas), procura caminar a paso ligero. Un estudio reciente descubrió que caminar a 5-6 km/h es la velocidad perfecta para preservar la densidad ósea en la vejez.[6] Para favorecer la generación ósea, añade unos cuantos cambios de dirección repentinos, camina de lado y de espaldas (véase «Semana 49: Caminar de espaldas», p. 237) manteniendo el mismo paso enérgico.

La marcha nórdica, subir montañas caminando, hacer *rucking* y caminar con peso («Semana 43: Caminar en compañía», p. 211, «Semana 38: Subir montañas», p. 189, y «Semana 36: Caminar con una mochila», p. 180) también pueden convertir nuestro paseo en un ejercicio ideal para favorecer la generación ósea, sobre todo si lo hacemos cuando brilla el sol. Estudios recientes muy interesantes sugieren que el calor podría protegernos de la pérdida de densidad ósea, cosa que explicaría por qué la incidencia de caderas fracturadas es mucho mayor en los países del norte que en los del sur.[7]

Consejos

Intenta empezar y terminar el paseo dando diez saltos en la intimidad de tu propia casa.

¿Saltar te resulta cansado? Bebe una taza de café una hora antes de la hora que tengas previsto empezar. Un estudio de 2021 demostró que la cafeína facilita y mejora los saltos (en realidad, con una dosis de cafeína somos capaces de realizar la mayoría de los movimientos con más facilidad y potencia).[8]

¿Te cuesta mantener el ritmo a paso ligero? Prueba a incrementar tu velocidad durante un minuto, o entre un árbol y una luminaria, y luego retoma tu ritmo habitual.

Camina con niños, ya que estarán encantados de tener la oportunidad de saltar y brincar sin una pizca de vergüenza. Además de pasársela bien, también fortalecerán sus huesos, cosa que les ayudará a prevenir la pérdida de densidad ósea cuando sean mayores.[9] Puede que no estés vivo para verlo, pero un día te lo agradecerán.

SEMANA 48

Caminar con hambre

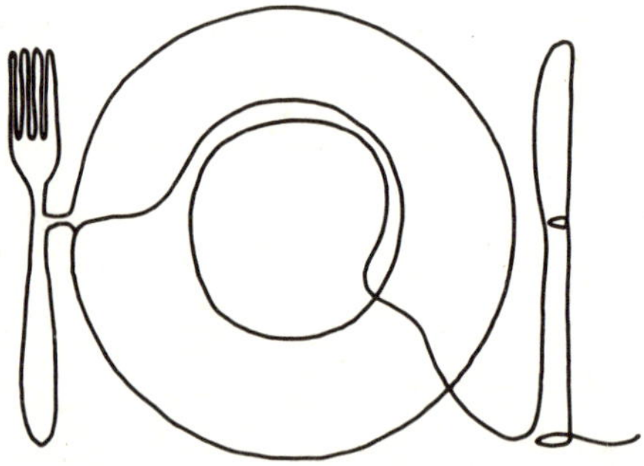

PUEDE PARECER UN POCO CONTRADICTORIO proponer ir a caminar cuando estamos hambrientos porque hay que comer para tener la energía necesaria para dar todos esos pasos, ¿no? Pues no, más bien al contrario. Los últimos estudios sugieren que dar un paseo a buen ritmo antes de desayunar, mientras nuestro cuerpo todavía está en modo ayuno, quema más calorías, mejora la respuesta de nuestro cuerpo a la insulina y reduce el riesgo de sufrir diabetes tipo 2 y enfermedades cardíacas. Parece ser que el mejor momento para desayunar es después de haber caminado. Solo hay una excepción, y son las excursiones largas y exigentes. En este caso deberías tomar un buen desayuno antes de emprender la marcha.

Actualmente, los científicos deportivos creen que el ejercicio regula el apetito, así que cuanto más nos movamos, menos ganas tendremos de comer comida superflua. Un estudio de 2019 descubrió que los varones jóvenes sanos que hacían ejercicio antes de desayunar consumían menos comida a lo largo del día que cuando desayunaban y no hacían ejercicio (o hacían ejercicio después de desayunar).[1] Otro estudio concluyó que los hombres con sobrepeso que caminaban durante sesenta minutos antes de desayunar quemaban el doble de grasa que los que hacían ejercicio después de desayunar. Seis semanas más tarde observaron unas diferencias mucho más drásticas: los que hacían ejercicio antes de comer presentaron unos mejores niveles de azúcar e insulina en sangre. Según los investigadores, los músculos de los sujetos que hacían ejercicio con el estómago vacío presentaban un mayor número de las proteínas necesarias para transferir la glucosa de la sangre a los músculos. Es decir, que sus cuerpos estaban más sanos y trabajaban con más eficiencia. De hecho, los investigadores calificaron de «positivos y profundos» los cambios que observaron cuando se hacía ejercicio antes de desayunar.[2]

Un estudio de 2020 descubrió que los ejercicios de baja intensidad, como caminar, son particularmente efectivos cuando se realizan en ayunas, ya que los sujetos que hicieron ejercicio de baja intensidad quemaron más calorías que los que realizaron ejercicio vigoroso (o de alta intensidad). Los autores sugieren que realizar movimientos de baja intensidad antes de desayunar podría ayudarnos a frenar la inflamación,[3] un factor relacionado con muchas enfermedades contemporáneas, desde el alzhéimer hasta el cáncer. Pero ¿a qué se debe? Los investigadores no lo tienen del todo claro, pero es posible que sea porque la grasa secreta componentes inflamatorios que favorecen la inflamación crónica, por lo que caminar en ayunas podría ser beneficioso no solo para aquellas personas que quieran perder peso. Colin Jackson, entrenador y un atleta excepcional, empieza cada mañana dando un paseo en ayunas en el que recorre seis kilómetros en cincuenta minutos.

Yo también doy un paseo en ayunas cada mañana y, de hecho, se ha convertido en una parte esencial de mi día a día. Es muy sencillo: me levanto, me bebo un vaso de agua, me pongo los tenis y camino. ¡Bingo!

Si quieres perder peso, sigue el ejemplo de Jackson y camina en ayunas cada mañana a la misma hora. Los estudios publicados en la revista *Obesity* en 2019 sugieren que la clave para perder peso es el hábito y la constancia: quienes caminaban cada día a la misma hora conseguían mantener más a raya el peso.

Consejos

Puede que tardes un tiempo en acostumbrarte a caminar con el estómago vacío, especialmente si estás habituado a desayunar temprano. Empieza dando pasos cortos y ve aumentando el ritmo poco a poco.

¿Eres incapaz de caminar cuando tienes hambre? Prueba a comerte un plátano o unos frutos secos con fruta deshidratada antes de emprender la marcha.

Aunque los estudios sugieren que caminar en ayunas es especialmente efectivo para reducir la obesidad,[4] no es para todo el mundo. Escucha a tu cuerpo y consulta con tu médico.

SEMANA 49

Caminar de espaldas

EL 7 DE MARZO DE 1931, un tejano llamado Plennie Wingo llegó caminando de espaldas a un rodeo en Fort Worth. Vestido con ropa de vaquero y con una maraña de carteles publicitarios colgando del cuello, Wingo anunció su proyecto de caminar por todo el mundo de espaldas. Llevaba seis meses practicando, caminando de espaldas cada noche durante veinte minutos bajo el cobijo de la oscuridad para que nadie le robara la idea. Un mes después se puso en marcha, armado con unos lentes con diminutos espejos atados a cada lado de la lente para poder ver hacia dónde se dirigía. Mantenía el equilibrio con la ayuda de un palo robusto. La desconocida historia de Wingo es a la vez absurda y espeluznante. Desde Texas fue caminando de espaldas hasta Oklahoma, luego hasta Missouri y luego hasta Illinois, recorriendo entre veinticuatro y treinta y dos kilómetros al día. En tan solo dos meses gastó dieciséis pares de punteras metálicas.

Siguió caminando de espaldas: fue a Ohio, a Connecticut y a Boston, desde donde se montó a un barco con destino a Hamburgo, ciudad a la que llegó en enero acompañado de una borrasca de nieve. Caminó por encima del hielo y la nieve hasta Berlín, Dresde y Praga, y luego hasta Rumanía, Bulgaria y Turquía, donde enseguida lo encerraron sin reparos en prisión. Al cabo de un tiempo consiguió terminar su viaje después de recorrer más de once mil kilómetros, por lo que se hizo un hueco en el *Libro Guinness de los Récords*. Todo indicaba que Wingo iba a morir durante ese alocado viaje. En cambio, vivió hasta los noventa y ocho años, caminó de espaldas con regularidad afirmando siempre que era «bueno para la salud».[1]

¿Acaso Wingo tenía razón? Parece ser que sí. Durante las últimas décadas se ha considerado que caminar de espaldas es una manera extraordinariamente simple y poco conocida de mejorar la salud. De hecho, los estudios demuestran que la mejor manera de mejorar la marcha cuando caminamos hacia delante es, sorprendentemente, caminar de espaldas. Según un estudio de 2020 publicado por *Brain Communications*, eso se debe a que cuando caminamos de espaldas, utilizamos una combinación completamente diferente de músculos del torso y de la parte inferior del cuerpo.[2] Y resulta que cuando los fortalecemos, consiguen que toda la parte inferior del cuerpo funcione de manera efectiva y eficaz.

Pero caminar de espaldas también nos ayuda a mejorar la marcha hacia delante, ya que refuerza el equilibrio y la estabilidad. Cuando caminamos sin utilizar los ojos como guía, necesitamos tener un sofisticado entendimiento del espacio en el que nos movemos y que vamos a pisar, una habilidad llamada propiocepción, cinestesia o incluso «sexto sentido». Esta habilidad se basa en los propioceptores, unas neuronas presentes en articulaciones, músculos y extremidades que colaboran con nuestros sentidos para comunicarse con el sistema nervioso central y el cerebro; una cadena casi milagrosa de instrucciones que se transmiten en un nanosegundo, perfeccionada a lo largo de miles de años para que podamos caminar con un esfuerzo mental mínimo. Esta cadena intrincadamente coordinada de órdenes neuromusculares se activa cientos de veces cada día; cada vez que nuestros pies esquivan un hoyo que aparece de repente; cada vez que cambiamos la pisada para adaptarla a una banqueta de hormigón, a un talud o a un pantano (por ejemplo); cada vez que saltamos para patear una pelota, o que bajamos corriendo por un tramo de escaleras a oscuras. Los investigadores conjeturan que, puesto que caminar de espaldas requiere unos patrones de movimiento tan poco familiares y complejos, mejoran nuestras capacidades propioceptivas y, por ende, también nuestro equilibrio, además de agudizarnos los sentidos.

Los investigadores también han establecido que caminar de espaldas es físicamente más exigente, ya que ejercitamos los músculos de la parte inferior del cuerpo más a conciencia que cuando caminamos hacia delante. Cuando caminamos de espaldas, tocamos el suelo con los dedos de los pies antes que con el talón, motivo por el que Wingo desgastaba continuamente las punteras de sus zapatos. Al aterrizar sobre los dedos de los pies, movemos los músculos de la pantorrilla y los glúteos, además del músculo recto femoral (uno de los músculos del cuádriceps), haciéndolos trabajar muchísimo más que cuando caminamos hacia delante. En definitiva, caminar de espaldas es un ejercicio aeróbico excelente y, además, nos ayuda a quemar más calorías que caminar hacia delante.

Las primeras investigaciones apuntan a que caminar de espaldas también hace que nuestros músculos isquiotibiales sean más flexibles, además de ser beneficioso para nuestra postura.[3] Normalmente, al caminar, nos inclinamos ligeramente hacia delante, pero caminar de espaldas impide que eso ocurra y estimula a la columna vertebral y al torso a esforzarse más para mantenernos erguidos y estables, y de paso realinear la pelvis. Eso podría explicar por qué un estudio de 2011 concluyó que caminar de espaldas durante diez minutos cuatro veces por semana reducía el dolor inferior de espalda después de solamente tres semanas.[4]

Otros estudios han relacionado caminar de espaldas con una mejora en la velocidad, la zancada y la marcha.[5] Cuando caminamos de espaldas, fortalecemos las articulaciones de la rodilla y los cuádriceps —ambos fundamentales para nuestra marcha—, lo que significa que tenemos una mejor coordinación, que realizamos movimientos más fluidos y elegantes, y que somos capaces de caminar con más facilidad y menos esfuerzo. Y es precisamente por eso que caminar de espaldas ha obtenido unos resultados excelentes en personas con la movilidad deteriorada, incluyendo a las que sufren artritis reumatoide juvenil, osteoartritis de rodilla, ictus, enfermedad de Parkinson, parálisis cerebral, esclerosis múltiple y lesiones de columna vertebral o de rodilla.

También se ha observado una mayor confianza en uno mismo, una mayor fuerza y una mejoría de la agilidad, el sueño y el estado de ánimo después de caminar de espaldas, además de una mejor capacidad de concentración. Un estudio [6] realizado en niños con TDAH descubrió que tras caminar de espaldas durante diez minutos, estos eran capaces de concentrarse durante más tiempo, por lo que cometían menos errores en las tareas que realizaban posteriormente. Todavía está por ver si ocurre lo mismo con otro tipo de pacientes, pero es posible que tengan una mayor capacidad de concentración después de caminar de espaldas porque hacerlo requiere que estén sumamente concentrados. Tal y como escribieron los investigadores, caminar de espaldas podría «mejorar el desempeño de la atención».

Tras ver que había pruebas tan convincentes, estaba determinada a probar por mí misma eso de caminar de espaldas. ¡Y fue muy divertido! Cuando caminamos de espaldas, alejándonos de un paisaje, la vista panorámica se ensancha en vez de estrecharse. Con cada paso que damos, el espacio a nuestro alrededor se expande y se despliega, revelándose muy poco a poco y de manera misteriosa. Es muy distinto de caminar hacia un paisaje, ya que la escena que tenemos delante puede permanecer igual durante horas.

Cuando no nos valemos de los ojos para guiarnos, los demás sentidos entran en acción. Nos volvemos vívidamente conscientes de que nuestro cuerpo se mueve por un espacio. Al estar plenamente concentrados en dónde debemos pisar, notamos el suelo que tenemos bajo los pies, el movimiento del pie, la dirección del viento. Dado que estamos esforzándonos por ir con cuidado y mantenernos erguidos, nuestra mente no puede divagar ni dispersarse (no puede reflexionar sin rumbo, tener epifanías dramáticas ni mantener brillantes conversaciones). Cuando caminamos hacia delante, nos olvidamos de nuestro cuerpo y existimos únicamente en el interior de nuestra mente. Pero cuando caminamos de espaldas, abandonamos la mente y existimos únicamente en el interior de nuestro cuerpo.

Consejos

Wingo se hizo un esguince y se fracturó el tobillo por lo menos dos veces. Además, provocó un accidente de coche. Ten cuidado: busca un lugar con un terreno regular, familiar y vacío en el que practicar y empieza poco a poco. También puedes pedirle a alguien que te guíe.

Concéntrate en cada paso (empieza con pasitos), en tocar el suelo con los dedos y en mover el pie hasta tocar el suelo con el talón. Intenta caminar de espaldas durante unos minutos cuando salgas a dar tu paseo diario.

Consulta la «Semana 20: Un paseo para recordar» (p. 108) para saber más sobre cómo el hecho de caminar de espaldas puede ayudarnos a tener mejor memoria.

Caminar descalzos o con un calzado minimalista (véase «Semana 29: Caminar descalzo», p. 149) nos permite sentir más el terreno que pisamos, lo cual realza la experiencia sensitiva de caminar de espaldas.

¿Estás estudiando algo que te obliga a utilizar toda la capacidad de tu cerebro? Unas fascinantes investigaciones del Huberman Lab descubrieron que moverse de manera inestable e inusual durante unos minutos (por ejemplo, caminando de espaldas), hace que el cerebro libere unas sustancias neuroquímicas que aceleran la plasticidad y permiten que sea significativamente más fácil aprender y recordar.[7] Nota: eso solo ocurre si el movimiento nos resulta nuevo, por lo que no funcionará para quienes caminen de espaldas habitualmente.

SEMANA 50

Caminar por un bosque perenne (para dormir bien)

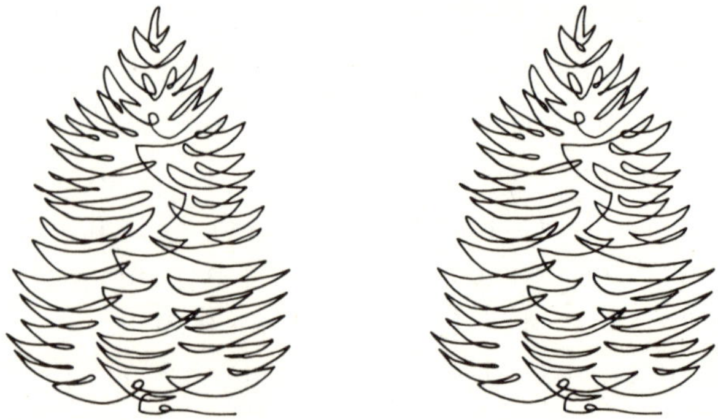

EN 1795, MARY WOLLSTONECRAFT LLEGÓ a Noruega. Cargando a cuestas con su bebé ilegítimo, con los bolsillos vacíos e infeliz, Wollstonecraft se pasaba las horas caminando por los famosos bosques de pinos de Noruega. En una carta dirigida a su amante escribió: «Estoy más viva de lo que me has visto en mucho, mucho tiempo». Sus cartas describían eufóricamente la «fragancia salvaje» de los «pinos y los abetos» que le «calma el corazón». Wollstonecraft, que se podría considerar la inventora del feminismo gracias a su rompedor libro *Vindicación de los derechos de la mujer*, consideraba que su viaje a Noruega la había ayudado a «pasar página en la historia de mi propio corazón».[1]

Puede que Wollstonecraft fuera una de las primeras personas en escribir sobre el maravilloso poder de los pinos, pero los nativos americanos, los chinos y los coreanos ya llevaban siglos utilizando el pino con fines medicinales, mientras que los griegos y los romanos creían que los piñones eran una especie de viagra de la época. Así que no debería ser ninguna sorpresa que los investigadores actuales se estén poniendo al día y estén haciendo análisis de saliva y sangre, así como escáneres cerebrales, para demostrar los milagrosos efectos terapéuticos de los pinos, que incluyen cualquier conífera del género *Pinus* de la familia *Pinaceae* (cedros, píceas, abetos, lárices, falsos abetos y pinos).

El arma secreta de los pinos es su arsenal de aceites esenciales llamados «fitoncidas», unos compuestos químicos creados por el árbol para defenderse de los ataques de insectos, animales, hongos y enfermedades. Cuando caminamos por un pinar y olemos esa distintiva fragancia resinosa, en realidad estamos oliendo el sistema de autodefensa del árbol, sus fitoncidas esparciéndose por el ambiente, como si estuvieran rociando el aire con cientos de aerosoles simultáneamente.

Cada árbol, y de hecho cada planta, produce su mezcla única de compuestos para autodefenderse, algunos de los cuales han demostrado ser antiinflamatorios, antibacterianos, antifúngicos y antioxidantes (véase «Semana 19: Deambular entre los árboles», p. 103). Los pinos producen ciertos tipos de fitoncidas en abundancia, y el experto en bosques Peter Wohlleben afirma que el aire de los pinares es el más puro que podemos respirar.[2]

Para mí, los experimentos más interesantes que se están realizando en el ámbito de los pinos no son los que se centran en la pureza del aire, sino en el sueño. Los primeros investigadores en encontrar una conexión entre los pinos y una mejoría del sueño fueron un equipo de científicos japoneses que en 2005 descubrieron un fitoncida llamado alfa-pineno (α-pineno) que provocaba que las ratas durmieran más de lo normal.[3] Los experimentos posteriores concluyeron que el α-pineno actuaba exactamente de la misma forma que una pastilla para dormir, recorriendo las mismas vías neuronales, pero sin causar ningún efecto secundario ni afectar a la actividad delta necesaria para dormir profundamente. Los medicamentos que solemos utilizar para dormir incrementan la cantidad de sueño, pero a expensas de la calidad, ya que reduce la actividad delta (las ondas delta que surgen durante la fase de sueño profundo). Los roedores que inhalaron o consumieron α-pineno durmieron más profundamente durante más tiempo.

Los fitoncidas de las coníferas están hechos de unas sustancias químicas llamadas «terpenos». Aunque el α-pineno es el fitoncida más abundante, también se ha demostrado que el segundo de la lista, el 3-careno, mejora el sueño en roedores. En otras palabras, los pinos producen por lo menos dos tipos de compuestos que inducen el sueño.

Actualmente se han empezado a realizar experimentos en humanos con resultados muy prometedores. En un estudio coreano de 2019, un grupo de pacientes con cáncer pasaron seis días en un bosque compuesto predominantemente de cedros, cipreses y lárices, disfrutando de lo que los japoneses denominan *shinrin-yoku* (baño de bosque), realizando un paseo diario de treinta minutos.[4] Al terminar el experimento, la eficiencia de su sueño (la cantidad de tiempo que estaban en la cama durmiendo en vez de dando vueltas) había mejorado. También pasaban más tiempo durmiendo.

Un segundo estudio descubrió que los beneficios del sueño que nos proporciona caminar por un pinar aumentan aún más si paseamos por la tarde.[5] En este estudio japonés, los paseos que dieron los sujetos duraban dos horas, pero se pidió a algunos que pasearan antes del mediodía y a otros, por la tarde. Ambos grupos consiguieron conciliar el sueño más deprisa, pero los participantes que habían paseado por la tarde durmieron durante más tiempo.

Al igual que Mary Wollstonecraft, he tenido la gran suerte de poder deambular por un bosque noruego de coníferas, inhalando el aire densamente perfumado y experimentando un sentimiento de rejuvenecimiento similar. Durante los meses de verano hice excursiones y recolecté arándanos (las dos actividades tradicionales de Escandinavia en verano), y en invierno regresé para caminar por la nieve. En el sofocante frío del invierno nórdico, el olor de las coníferas resultaba más elusivo. Según el doctor Qing Li, pionero en *shinrin-yoku* e investigador, podemos tomar baños de bosque en cualquier momento del año, aunque la máxima concentración de fitoncidas se produce cuando la temperatura alcanza los 30 °C.[6]

Sin embargo, nuevos estudios indican que esto no siempre es verdad. Las emisiones de terpenos se ven afectadas por varios factores además de la temperatura: la cantidad y duración de la luz del día, las estaciones y la edad de los árboles. Un estudio coreano descubrió que algunos bosques emiten más terpenos en septiembre, mientras que otros ubicados en una zona diferente liberan más en mayo. Algunos bosques emiten más de noche y otros, en cambio, secretan más durante el día. Según este estudio, los únicos factores consistentes son la edad de los árboles y el viento: los árboles más viejos producen menos terpenos y el viento siempre los dispersa.[7]

Los terpenos sirven para mucho más que para ayudarnos a dormir. Un metaanálisis danés de 2021 observó indicios de una reducción de la inflamación y de una mejor inmunidad tras «inhalar compuestos provenientes de la naturaleza». Con respirarlos durante media hora a la semana ya es suficiente para reducir los niveles de presión arterial y la depresión... aunque los resultados óptimos alcanzaron el punto máximo a las cuatro horas.[8]

Consejos

Para mejorar el sueño, camina por la tarde e inhala profundamente a través de la nariz. O prueba la técnica de los perfumistas, que consiste en realizar una serie de inhalaciones cortas y superficiales.

Opta por los bosques perennes naturales en vez de por los bosques de pinos comerciales. Cuanto mayor sea la variedad de coníferas, mayor será la diversidad de fitoncidas.

Si quieres aprovechar los niveles más altos de terpenos, elige un día cálido en que no corra el aire y opta por bosques que tengan árboles más jóvenes.

Todos los tipos de bosque tienen beneficios (véase «Semana 19: Deambular entre los árboles», p. 103), así que no te preocupes si no tienes un bosque perenne cerca de casa.

¿No tienes árboles cerca de casa? No te rindas: un estudio de la Northwestern University descubrió que las mujeres insomnes que caminaban regularmente en una caminadora conseguían dormir cuarenta y cinco minutos más.[9]

Puedes encontrar vastos pinares en Escocia, Alemania, Alaska, Canadá, algunas regiones de Estados Unidos, Tasmania, Corea, Polonia y, por supuesto, Japón. Considera tomarte un respiro e ir de excursión (véase «Semana 36: Caminar con una mochila», p. 180) o hacer ecoterapia. Actualmente, en algunos bosques se ofrecen sesiones de baños de bosque.

Muchos escritores han alabado el perfume de los pinares, pero mi elogio favorito es el de Nan Shepherd: «Huele como cuando la mermelada de fresa comienza a hervir».

SEMANA 51

Caminar como forma de meditación

UNA VEZ, MIENTRAS CAMINABA por Nuevo México perdida y sin mapa, me topé accidentalmente con un centro zen budista y me encontré en medio de un paseo meditativo. Me quedé observando atónita a los monjes mientras circunvalaban poco a poco, en silencio, descalzos y ataviados con sus túnicas negras. Llevaba años coqueteando con la idea de la meditación, deleitándome con la idea de vivir completamente en el presente. Pero estar sentada con los ojos cerrados me provocaba somnolencia y, además, cuando mi columna vertebral me pidió que pasara menos tiempo sentada y caminara más, abandoné definitivamente la meditación. Pero ver aquel paseo meditativo tan extremadamente grácil, en el que los monjes utilizaban el ruido de sus pasos para alcanzar una (aparente) calma interior, me animó a reconsiderar la meditación, pero esta vez de pie.

Decenas de estudios indican que la meditación puede contrarrestar el estrés de la vida diaria, un estrés que, si no se controla, puede acabar dejando unas profundas cicatrices. Una revisión de dieciséis estudios que investigaban el impacto de la meditación en el personal de enfermería (un grupo que suele estar «plagado de estrés y agotamiento») descubrió que la meditación ayuda con el estrés, la ansiedad, la depresión, el agotamiento, la empatía y el estado de ánimo.[1] Otros estudios sugieren que la meditación (tanto en reposo como en movimiento) puede prevenir e incluso revertir los efectos perjudiciales de un ambiente estresante, en parte —según la bióloga Sabrina Venditti de la Universidad La Sapienza de Roma— gracias a que «mejora [nuestro] sistema inmunitario, [nuestro] metabolismo y [nuestra] respuesta ante el estrés».[2] La meditación, dice Venditti, que utiliza el elocuente término de «moléculas de silencio», parece alterarnos a nivel celular, activando genes que pueden sernos de ayuda y desactivando los que pueden dañarnos.

Pero la meditación no es solamente para quienes presentan estrés, agotamiento o una mala salud. También se ha descubierto que cambia estructuralmente ciertas partes del cerebro; fortalece el córtex prefrontal (la región del cerebro implicada en la planificación y la toma de decisiones); agranda el hipocampo (nuestro almacén de recuerdos) y encoge la amígdala (la parte del cerebro relacionada con el miedo y la ansiedad). Los escáneres cerebrales muestran que las personas que meditan habitualmente tienen una materia gris más densa (el tejido que contiene neuronas), uno de los indicadores de la inteligencia.[3]

Sara Lazar, neurocientífica de la Harvard University, dirige un laboratorio dedicado a estudiar los efectos de la meditación en el cerebro. Tras llevar a cabo un experimento con meditadores habituales a los que se realizó una gran cantidad de escáneres cerebrales, Lazar descubrió la respuesta a la pregunta que todo el mundo se estaba haciendo: ¿Durante cuánto tiempo debemos meditar para alterar la estructura del cerebro: años, meses? ¿Y cada cuánto tenemos que meditar: cada semana, cada día, cada hora? ¿Y durante cuánto tiempo, horas o minutos?

Lazar quedó sorprendida por sus hallazgos: en tan solo ocho semanas, los participantes que nunca antes habían practicado meditación, consiguieron expandir zonas críticas del cerebro. Y lo más importante es que para lograrlo solo habían hecho falta veintisiete minutos de meditación diaria. Algunos estudios posteriores sugieren que se pueden conseguir cambios significativos con tan solo entre quince y veinte minutos. Según Lazar, las personas de cincuenta y dos años que meditan habitualmente tienen la misma cantidad de materia gris que las personas a las que doblan en edad.[4]

Los paseos meditativos combinan el poder de la meditación con los beneficios del movimiento y el aire fresco. Y, sin embargo, no tienen nada de nuevo. De hecho, sus orígenes se remontan al siglo VI d. J.C. y al propio Buda. A pesar de que Buda nunca hizo una excursión ni salió a dar una vuelta, se pasó toda la vida yendo a pie. Durante cincuenta años, Buda caminó para desplazarse entre pueblos, ciudades y aldeas, platicando, enseñando y recibiendo limosnas. Se cree que en su retiro anual de tres meses durante la época de los monzones formalizó sus paseos meditativos, y el Canon Pali (las primeras escrituras budistas que inicialmente se transmitían oralmente pero que con el tiempo fueron transcritas) señala que caminar es una de las cuatro posturas elegidas de Buda para practicar el mindfulness y alcanzar la tranquilidad, la claridad y la satisfacción.

Pero ¿los paseos meditativos pueden lograr los impresionantes resultados que ofrece la meditación tradicional sentada? Pues parece ser que sí. Un estudio descubrió que los paseos meditativos reducen los síntomas de depresión y estrés, a la vez que incrementan la fuerza física, la flexibilidad, la agilidad, el equilibrio y la resistencia cardiorrespiratoria (una medida que usan los médicos para determinar cuál es nuestro estado de salud y nuestra aptitud física en general).[5] El mismo estudio concluyó que aunque todas las maneras de caminar reducen drásticamente la inflamación y los niveles de colesterol HDL, solo los paseos meditativos reducen los niveles de cortisol, colesterol LDL y una proteína llamada interleucina-6 asociada a la inflamación y la depresión. Por otro lado, un estudio de 2019 descubrió que en las mujeres mayores que realizaban paseos meditativos también mejoraban el equilibrio y la coordinación.[6]

Así pues, ¿por dónde empezamos? La profesora budista Sylvia Boorstein recomienda dar un lento paseo de media hora y señala que aunque en la meditación convencional se sigue el ritmo de la respiración, en los paseos meditativos hay que seguir el ritmo de nuestros pasos.[7] Recomienda caminar tanto en el interior como en el exterior, pero sobre todo en un lugar que sea «privado y simple». El camino elegido debe tener por lo menos entre tres y seis metros, y tan pocas distracciones como sea posible para que podamos centrar toda nuestra atención en los pies.

Cierra los ojos. Sin moverte, respira profundamente unas cuantas veces. Centra la atención en tu cuerpo, empezando por las plantas de los pies, que deberían estar bien arraigadas en el suelo, y siguiendo por el torso y los brazos hasta llegar a la cabeza; después vuelve a los pies.

Abre los ojos y empieza a caminar, prestando atención a cada vez que levantes o apoyes los pies, al balanceo de los brazos o a la sensación de tus manos entrelazadas suavemente por detrás de la espalda. «Siente todo tu cuerpo moviéndose por el espacio», dice Boorstein. Si tu mente se pone a divagar, identifica la fuente de la distracción y después vuelve a centrarte en tu cuerpo, en el movimiento rítmico de tus pies. No hace falta caminar o pisar de manera especial. Avanza tan lentamente como quieras, pero mantén la atención fijada en los pies, en cómo las plantas de los pies presionan el suelo, en su conexión constante con la tierra, en la sensación de pesadez cuando los apoyas, en la sensación de ligereza cuando levantas cada pierna.

Toma conciencia del balanceo de los brazos, del aroma a savia, del cantar de los pájaros, del momento en que te quedas sin aliento y luego lo recuperas, del cambio de presión de una pierna a la otra, de la brisa de aire que roza tu piel. Observa, toma conciencia, pero no te obceques con nada de eso. En su lugar, vuelve siempre a dirigir la atención hacia los pies y la respiración.

El maestro zen Thich Nhat Hanh sugiere que experimentemos con diferentes patrones de respiración, incluyendo exhalaciones más largas para poder «expulsar todo el aire [estancado] de los pulmones». Si escuchamos a nuestros pulmones, explica, y jugamos con distintos patrones de respiración, podemos transformar nuestra manera de respirar, mejorando así la respiración y la circulación.[8]

No hay una manera correcta o incorrecta de dar un paseo meditativo. No hay una velocidad, tiempo, postura o ubicación recomendados (aunque yo sugiero elegir un camino lo más recto y llano posible).

El objetivo es utilizar el proceso físico de caminar para centrar toda nuestra atención en el presente. Para muchos de nosotros, el simple acto de caminar nos mete de lleno en el momento y consigue acallar el parloteo incesante que tenemos dentro de la cabeza. Sin embargo, los paseos meditativos requieren que centremos más la atención en el ritmo de nuestros pasos, que si queremos podemos sincronizar con nuestra respiración, como en la técnica de caminar a la afgana (véase «Semana 35: Caminar como un nómada», p. 176). Al igual que la meditación sentada, los paseos meditativos entrenan nuestras mentes aceleradas para vivir más en el presente. Pero, además, también consiguen que movamos las extremidades, que trabajemos los músculos y que la sangre fluya.

Consejos

Podemos meditar mientras caminamos tanto al principio como al final de un recorrido, incluso si se trata de una caminata funcional para ir a trabajar o al supermercado, algo que resulta especialmente útil para todos los que tenemos poco tiempo.

Aunque Boorstein sugiere dar un paseo meditativo de media hora, puede ser más corto y durar tan solo unos minutos. Puedes caminar tan deprisa o tan despacio como quieras.

Existen varias aplicaciones para el teléfono celular para dar paseos meditativos, además de tutoriales de internet en caso de que necesites más orientación.

¿Prefieres meditar sentado? Prueba a dar un paseo inmediatamente después. Los estudios sugieren que combinar la meditación sentada con un paseo puede tener unos resultados impresionantes para quienes sufren dolor en la parte inferior de la espalda o ansiedad.[9]

Otra alternativa podría ser caminar por un laberinto, un ejercicio contemplativo y relajante que lleva practicándose desde hace siglos. Encuentra un laberinto cerca de tu casa en <https://labyrinthlocator.com>.

SEMANA 52

Dar paseos profundos y buscar fractales

Hace una década, el escritor y asesor de paisajismo Tony Hiss salió a comprarse un café con hielo. Su corto paseo hasta la cafetería resultó ser toda una epifanía: «El familiar paisaje del exterior enseguida me pareció inexplorado». Aunque llevaba toda la vida viviendo en Nueva York, de repente «los objetos familiares... me parecieron los más cambiados... Era como si entonces estuvieran cargados de significado..., como si tuvieran una historia acurrucada en su interior». Los ojos de Hiss se posaron sobre un buzón azul y, en vez de pasar corriendo a su lado, dejó que su mente imaginara cómo se había creado ese buzón, «el gran cuidado y reflexión... e inteligencia» que intervinieron en su diseño, confección y colocación. Ese momento revelador en que «la conciencia y la atención se intensificaron, se reorganizaron y se reestructuraron» cambió su manera de caminar. Regresó a casa «enriquecido y renovado», pero también con el germen de una idea: estar en movimiento activa nuestra capacidad de aventura.[1] Posteriormente acuñó el término «viaje profundo». Podría decirse que su paseo catalizador para ir a comprar café con hielo no fue un viaje profundo, sino más bien un «paseo profundo».

Un paseo profundo es, por necesidad, un paseo lento. Muchas de las maneras de caminar mencionadas en este libro son, por supuesto, distintas maneras de dar paseos profundos; formas de involucrar los sentidos, la mente y el espíritu mientras nos movemos. Cuando observamos los pájaros, los hongos, las flores, los edificios y las nubes, estamos dando un paseo profundo. Cuando buscamos sonidos, aromas y silencio, estamos dando un paseo profundo. Pero hay otra manera muy simple de transformar cualquier trayecto a pie en un aventurero paseo profundo: buscar fractales.

Un fractal es un patrón repetido, normalmente intrincado, habitualmente idéntico, que suele encontrarse en la naturaleza. Piensa, por ejemplo, en un copo de nieve, un helecho o una ola del mar. Los fractales están por todas partes, y observarlos resulta muy gratificante. De hecho, Richard Taylor, un profesor de física que lleva décadas estudiando fractales, cree que observar patrones fractales «puede inducir cambios asombrosos en el cuerpo»; por ejemplo, reducir el estrés, mejorar las habilidades cognitivas y aumentar nuestra capacidad para concentrarnos.[2] Los experimentos en los que se han utilizado tanto electroencefalogramas (EEG) como imágenes de resonancia magnética funcional (IRMf) lo confirman: al observar fractales, se activan varias partes de nuestro cerebro, incluido el parahipocampo, que nos ayuda a procesar las emociones, además de tener un importante papel en la memoria y la navegación espacial. Los estudios de Taylor sugieren que el simple hecho de observar patrones fractales puede reducir nuestro nivel de estrés un 60 %.[3]

Pero no todos los fractales son iguales, y menos en lo que respecta a su capacidad de calmarnos. Los fractales se miden según su complejidad, o el ritmo al que el patrón preciso empequeñece en cada repetición. A eso se le llama «dimensión fractal» (o «D»), y normalmente el rango oscila entre D1 y D2. Los fractales menos complejos, más grandes y poco definidos suelen acercarse más al D1 (por ejemplo, las nubes o un paisaje plano), mientras que los patrones más definidos, pequeños e intrincados se acercan más al D2 (como las venas ramificadas de una hoja o un bosque denso). Los estudios de Taylor demuestran que los fractales con una complejidad baja-media son los que más nos calman. Cuando observamos fractales en un rango entre 1.3 y 1.5, nuestros cerebros producen ondas cerebrales alfa, las de la felicidad: nos sentimos tranquilos y estimulados; nada aburridos (D1) ni abrumados (D2).

Más recientemente, un estudio en el que se expuso a niños pequeños a fractales descubrió que empezamos a apreciarlos antes de cumplir los tres años, lo cual ha animado a los investigadores a sospechar que estamos programados para apreciar los fractales, para que nos parezcan relajantes.[4] Taylor cree que nuestro amor innato por los fractales podría ser una consecuencia de la manera en que funcionan nuestros ojos; sus experimentos indican que los ojos humanos observan siguiendo un patrón fractal propio.

Los fractales no se encuentran solamente en la naturaleza. Puede que sean menos abundantes en las ciudades, pero si miras bien, verás fractales en (casi) todas partes, desde las ventanas de las iglesias y los líquenes de las lápidas hasta las flores en los escaparates de las floristerías y los cuadros de las galerías de arte (suele haber muchos fractales en el arte; por ejemplo, en la obra de Jackson Pollock, que ha sido analizada frácticamente en profundidad por Taylor). Tampoco necesitamos observar los fractales durante mucho tiempo. Según Taylor, «basta con que la exposición sea ambiental [...] en otras palabras, el mero hecho de tener fractales a nuestro alrededor ya resulta beneficioso».[5]

Buscar fractales es solo una de las muchas maneras en las que podemos convertir un paseo normal en un paseo profundo. En Londres, los botánicos organizan paseos para observar plantas en distintas urbanizaciones, en los que hablan tanto de cultura e historia como de flores silvestres. En los cementerios en ruinas se realizan muchas visitas guiadas que incluyen folclore, arquitectura y detalles de la vida de personas célebres. Las caminatas micológicas implican buscar setas y champiñones entre los setos y las esquinas olvidadas de los parques urbanos. En el fondo, muchos de estos tipos de paseos están relacionados con los fractales. Pero lo que quería enfatizar es que si buscas por internet, encontrarás cientos de individuos extraordinarios dispuestos a compartir sus vastos conocimientos en un paseo y normalmente por poco dinero.

Además, los paseos profundos tienen otros beneficios: parece ser que activan y fortalecen ciertas neuronas del cerebro. En 2021, un grupo de neurocientíficos holandeses descubrió lo que denominaron un «circuito de curiosidad» en los cerebros de los ratones, una región en las profundidades del cerebro llamada «zona incierta». Los experimentos demostraron que la zona incierta se activa durante las «investigaciones profundas», pero en cambio permanece inactiva durante las «investigaciones superficiales». Lo que sugiere que los paseos profundos podrían ejercitar tanto el cerebro como el cuerpo.

Pero el objetivo de un paseo profundo no es realmente estimular las neuronas, sino cambiar nuestra percepción sobre el acto de caminar para que dejemos de verlo como una cosa aburrida o un tiempo perdido yendo a alguna parte y empecemos a apreciarlo como una oportunidad pausada para vivir una aventura, una experiencia. Como un tiempo invertido. Hiss lo explicó así: en los «viajes memorables, la gente [...] entra en una parte diferente de su propia mente y empieza a utilizar una conciencia que tiene su propio abanico de intereses y preocupaciones [...] [así que] ese día parece más vivo y lleno de posibilidades».[6] Así es como lo veo yo... Podemos encontrar universos enteros en las grietas de la banqueta, en la corteza agrietada de los árboles caídos y bajo la piel de la tierra.

Consejos

Los paseos profundos son, en realidad, caminatas en las que hay que estar atento, así que ve a solas o con un acompañante afín.

Los paseos profundos se benefician de los conocimientos, ya sean de geografía, geología, arquitectura, historia, fractales o botánica. Documéntate antes de salir, descárgate una aplicación apropiada o encuentra un guía que esté bien informado.

Algunas aplicaciones pueden amenizar los paseos por zonas urbanas, al igual que las visitas guiadas (muchas de ellas actualmente van más allá de las típicas rutas turísticas). Ve a dar una vuelta con un guía de grafitis en Berlín, sigue el trayecto del río subterráneo de Londres, apúntate a un cursillo de cine a pie impartido por un director de cine en Tokio, busca una ruta sobre las mujeres de París en esa misma ciudad o una ruta de comida étnica en Nueva York.

El mejor momento para dar paseos profundos por la ciudad es a primera hora de la mañana, ya que las calles están iluminadas pero vacías.

¿Quieres pasear por el campo con niños? Anímalos a que encuentren cuantos más fractales mejor.

Dibuja los fractales que veas (véase «Semana 33: Dibujar mientras caminas», p. 167).

Crea una ruta a pie para compartir tus conocimientos.

EPÍLOGO

La especie humana ha evolucionado durante miles de años para poder caminar todo el día, cada día, llevando peso, aunque llueva o haga viento, sea de día o de noche, subiendo y bajando montañas, siguiendo ríos, a través de los bosques y por planicies. Hemos evolucionado hasta tal punto que los seiscientos músculos esqueléticos de nuestro cuerpo están en constante movimiento. Hemos evolucionado para poder tener aire en los pulmones, oler aromas con la nariz, sentir el sol sobre la piel, notar el aire moviéndonos el pelo, pisar arena y tierra con la planta del pie. Sin embargo, la especie humana también ha evolucionado para conservar nuestra preciada energía. La vida moderna consiente nuestro deseo innato de conservar energía, de no hacer nada. Nunca había sido tan sencillo hacer tan poco, moverse de manera tan esporádica. Y nunca había sido más difícil resistirse a las facilidades seductoras de nuestra época electrizada y pixelada.

Pero debemos resistir. Para preservar intacto el cuerpo, el cerebro y el alma, debemos mantenernos activos y estar al aire libre. No todo el día, pero sí cada día. Los seres humanos estamos más vivos cuando nos movemos, cuando descubrimos el mundo al ritmo de nuestros pies, cuando damos un paso adelante para alejarnos de las comodidades cotidianas de nuestro hogar y seguimos nuestros sentidos.

Este libro es mi carta de amor al acto de caminar. Espero que te anime a levantarte, a salir y a ponerte en marcha, a disfrutar del gran privilegio y riqueza de una vida vivida mayoritariamente a pie y a menudo al aire libre.

Quiero ceder las últimas palabras de este libro a mi padre, cuya negativa a manejar me obligó a caminar, y que murió mientras escribía este libro: «Muévete con delicadeza. Presta atención a la ligereza de las plumas. Sigue el vuelo de los reyezuelos».

AGRADECIMIENTOS

Ha sido mucha la gente que ha colaborado en la creación de este libro. Sin ningún orden en particular, me gustaría dar las gracias a todas las personas que tan generosamente me han brindado su tiempo y conocimiento: Joanna Hall, Duncan Minshull, la doctora Tessa Pollard, la doctora Kate McLean, el teniente coronel Liam O'Kelly, Subhadassie, Ellen Cooper de Groote, la doctora Helen Cox, la doctora Charlotte Megeney, el British Pilgrimage Trust, Brian Prendergast, Roy Vickery, Martin Christie, la Sussex Ornithological Society, y la artista y caminante Geraldine van Heemstra. Me gustaría dar las gracias a todos los investigadores en cuyos libros, pódcasts, estudios y artículos me he apoyado repetidamente y sin cuyo incansable trabajo este libro no existiría. Cualquier error que pueda haber en este libro es culpa mía y solamente mía.

Muchas gracias a todas las personas que me han ayudado a transformar una idea en este libro: a mis infatigables agentes, Rachel Mills en Londres y Stuart Krichevsky en Nueva York; a mis maravillosos editores y sus equipos: Michelle Howry, al igual que Sally Kim, Ashley Hewlett, Colleen Nuccio, Ashley Di Dio, Maija Baldauf, Lorie Pagnozzi y el resto del equipo en Putnam; y Rowan Yapp, así como Lauren Whybrow en Bloomsbury. Y gracias a Alexis Seabrook por las hermosas ilustraciones del libro.

Muchísimas gracias a todos los amigos y compañeros que han caminado a mi lado durante todos estos años; ya saben quiénes son. Y sobre todo quiero dar las gracias a mi familia, que ha caminado a mi lado por decenas de ciudades, subiendo y bajando montañas, bajo la lluvia torrencial y con un calor insoportable, por campos iluminados por las estrellas y bosques oscuros, recogiendo basura, recolectando, paseando al amanecer y descalzos, a veces perdiéndonos, pero finalmente encontrándonos.

NOTAS

Introducción

1. Bryson, Bill, *Un paseo por el bosque*, RBA Libros, Barcelona, 2014.

2. *Tab marching* o *rucking* es un término militar utilizado para referirse a marchar a paso ligero con una mochila. Véase «Semana 36: Caminar con una mochila».

3. Strain, Tessa, Søren Brage, *et al.*, «Use of the prevented fraction for the population to determine deaths averted by existing prevalence of physical activity: A descriptive study», *The Lancet Global Health*, 8 (7) (2020), pp. e920-e930.

4. Walker, Peter, *The Miracle Pill: Why a Sedentary World is Getting it All Wrong*, Simon & Schuster, Londres, 2021.

5. McGee, Sean L. y Mark Hargreaves, «Exercise adaptations: Molecular mechanisms and potential targets for therapeutic benefit», *Nature Reviews Endocrinology*, 16 (2020), pp. 495-505.

6. Kusuyama, Joji, Ana Barbara Alves-Wagner, *et al.*, «Effects of maternal and paternal exercise on offspring metabolism», *Nature Metabolism*, 2 (2020), pp. 858-872.

7. Harris, Johan E., Kelsey M. Pinckard, *et al.*, «Exercise-induced 3'-sialyllactose in breast milk is a critical mediator to improve metabolic health and cardiac function in mouse offspring», *Nature Metabolism*, 2 (8) (2020), pp. 678-687.

Semana 1: Caminar con frío

1. Andrews, Kerri, *Wanderers: A History of Women Walking*, Reaktion Books, Londres, 2020.

2. Ritter, Christiane, *A Woman in the Polar Night*, Greystone Books, Vancouver, Columbia Bitánica, 2010 (originalmente publicado en 1938). Versión castellana de Carles Andreu, *Una mujer en la noche polar*, Ediciones Península, Barcelona, 2019, pp. 139-140.

3. David-Néel, Alexandra, *My Journey to Lhasa*, Dead Authors Society, 2020 (originalmente publicado en 1927), p. 118. Versión castellana de Milagro Revest Mira, *Mi viaje a Lhasa*, Tushita edicions, Barcelona, 2018, pp. 159-161.

4. Cooper, S. M. y R. P. R Dawber, «The history of cryosurgery», *Journal of the Royal Society of Medicine*, 94 (4) (abril de 2001), pp. 196-201.

5. Imamura, R., Funatsu, M., *et al.*, «Effects of wearing long-and mini-skirts for a year on subcutaneous fat thickness and body circumference», artículo presentado en la IX Conference on Environmental Ergonomics, Shaker Verlag, Aquisgrán, 2000.

6. Cruzan Morton, Carol, «Research on brown fat heats up», *Harvard Medical School News & Research* (1 de mayo de 2009), <https://hms.harvard.edu/news/research-brown-fat-heats>.

7. Becher, Tobias, Srikanth Palanisamy, *et al.*, «Brown adipose tissue is associated with cardiometabolic health», *Nature Medicine*, 27 (4 de enero de 2021), pp. 58-65.

8. Ward, Adrian F., «Winter wakes up your mind—and warm weather makes it harder to think straight», *Scientific American* (12 de febrero de 2013), <https://www.scientificamerican.com/article/warm-weather-makes-it-hard-think-straight/>.

9. Halali, Eliran, Nachshon Meiran e Idit Shalev, «Keep it cool: temperature priming effect on cognitive control», *Psychological Research*, 81(2) (marzo de 2017), 343-354.

10. Bielinis, Ernest, *et al.*, «The effect of winter forest bathing on psychological relaxation of young Polish adults», *Urban Forestry & Urban Greening*, 29 (enero de 2018), pp. 276-283.

11. Jungmann, Manuela, Shervin Vencatachellum, *et al.*, «Effects of cold stimulation on cardiac-vagal activation in healthy participants: Randomized controlled trial», *JMIR Formative Research*, 2(2) (2018), p. e10257.

12. «The wonders of winter workouts», *Harvard Men's Health Watch* (1 de diciembre de 2018), <https://www.health.harvard.edu/staying-healthy/the-wonders-of-winter-workouts>.

13. Cruzan Morton, Carol, «Research on brown fat heats up», op. cit.

14. Prossegger, Johanna, *et al.*, «Winter exercise reduces allergic airway inflammation: A randomized controlled study», *International Journal of Environmental Health and Public Health*, 16 (11) (junio de 2019), 2040. Y Freidl, Johanna,

et al., «Winter exercise and speleotherapy for allergy and asthma: A randomized controlled clinical trial», *Journal of Clinical Medicine*, 9 (10) (2020), 3311, por ejemplo. Pero consulta primero con tu médico.

15. Cruzan Morton, Carol, «Research on brown fat heats up», *op. cit.*

Semana 2: Mejorar la marcha

1. Pieruccini-Faria, Frederico, Sandra E. Black, *et al.*, «Gait variability across neurodegenerative and cognitive disorders: Results from the Canadian Consortium of Neurodegeneration in Aging (CCNA) and the Gait and Brain Study», *Alzheimer's & Dementia* (16 de febrero de 2021), DOI: 10.1002/alz.12298.

2. El programa WalkActive de Joanna Hall puede encontrarse *online* en <https://joannahallwalkactive.com> o en YouTube.

3. «Walk this way: LSBU research spearheads nationwide "Walkactive" campaign», *LSBU* (6 de junio de 2014), <https://www.lsbu.ac.uk/about-us/news/walk-this-way-lsbu-research-spearheads-nationwide-walkactive-campaign>.

4. «Walk this way to protect your neck», Harvard Medical School, *Staying Healthy* (24 de septiembre de 2020), <https://www.health.harvard.edu/staying-healthy/walk-this-way-to-protect-your-neck>.

5. Celis Morales, Carlos A., *et al.*, «Walking pace is associated with lower risk of all-cause and cause-specific mortality», *Medicine and Science in Sports and Exercise*, 51 (3) (marzo de 2019), pp. 472-480.

6. Osei-Tutu, Kannin B., y Phil D. Campagna, «The effects of short- vs. long-bout exercise on mood, VO_{2max}., and percent body fat», *Preventive Medicine*, 40 (1) (enero de 2005), pp. 92-98.

Semana 3: Caminar, sonreír, saludar y repetir

1. «When you're smiling, the whole world really does smile with you», University of South Australia (12 de agosto de 2020), <https://www.unisa.edu.au/Media-Centre/Releases/2020/when-youre-smiling-the-whole-world-really-does-smile-with-you>.

2. Wesselmann, Eric D., Florencia D. Cardoso, *et al.*, «To be looked at as though air: Civil attention matters», *Psychological Science*, 23 (2) (2012), pp. 166-168.

3. «Body posture affects confidence in your own thoughts, study finds»,

Science Daily (5 de octubre de 2009), <https://www.sciencedaily.com/releases/2009/10/091005111627.htm>.

4. Peper, Erik, Richard Harvey, *et al.*, «Do better in math: How your body posture may change stereotype threat response», *NeuroRegulation*, 5 (2) (2018), pp. 67-74.

5. Véase por ejemplo: «Mental health statistics: relationships and community», Mental Health Foundation, <https://www.mentalhealth.org.uk/statistics/mental-health-statistics-relationships-and-community>.

Semana 4: Solo un paseo lento

1. «The human milk oligosaccharide, 3'SL, in pre-weaning milk influences attention, learning and memory later in life», Nestlé Nutrition Institute (14 de mayo de 2020), <https://www.nestlenutrition-institute.org/news/article/2020/05/14/human-milk-oligosaccharide-3sl-pre-weaning-milk-influences-atten tion-learning-and-memory-later-life>.

2. Harris, Johan E., Kelsey M. Pinckard, *et al.*, «Exercise-induced 3'-sialyllactose in breast milk is a critical mediator to improve metabolic health and cardiac function in mouse offspring», *Nature Metabolism*, 2 (8) (2020), pp. 678-687.

3. «Physical activity at any intensity linked to lower risk of early death», *BMJ, Science Daily* (21 de agosto de 2019), <https://www.bmj.com/company/newsroom/physical-activity-at-any-intensity-linked-to-lower-risk-of-early-death>.

4. Thosar, Saurabh S., Sylvanna L. Bielko, *et al.*, «Effect of prolonged sitting and breaks in sitting time on endothelial function», *Medicine & Science in Sports & Exercise*, 47 (4) (abril de 2015), pp. 843-849.

5. Duvivier, Bernard M. F. M., Nicolaas Schaper, *et al.*, «Minimal intensity physical activity (standing and walking) of longer duration improves insulin action and plasma lipids more than shorter periods of moderate to vigorous exercise (cycling) in sedentary subjects when energy expenditure is comparable», *PLoS One*, 8 (2) (2013), p. e55542.

6. Browning, Raymond C. y Rodger Kram, «Energetic cost and preferred speed of walking in obese vs. normal weight women», *Obesity*, 13 (5) (2005), pp. 891-899.

7. «Step up your walking game», *Harvard Medical School Heart Health* (1 de julio de 2020), <https://www.health.harvard.edu/heart-health/step-up-your-walking-game>.

8. Una neurorradióloga es una radióloga especializada en el sistema nervioso central (el cerebro, la médula espinal, el cuello y la cabeza).

9. Brenner, Jacqueline, Suzanne LeBlang, *et al.*, «Mindfulness with paced breathing reduces blood pressure», *Medical Hypotheses*, 142 (septiembre de 2020), p. 109.780.

10. El intrincado y complejo nervio vago es uno de los doce pares de nervios craneales que transportan información desde varias partes del cuerpo hasta el cerebro. Tiene un papel crucial en nuestra habilidad para relajarnos y digerir, entre otras cosas.

11. Se han publicado muchos artículos. Este es tan solo uno de ellos: Wu, Xiao, *et al.*, «Exposure to air pollution and COVID-19 mortality in the United States: A nationwide cross-sectional study», *Science Advances, 6 (45) (4 de noviembre de 2020), eadb*4049.

12. White, Mathew P., Ian Alcock, *et al.*, «Spending at least 120 minutes a week in nature is associated with good health and wellbeing», *Nature Scientific Reports*, 9 (2019), número de artículo 7.730.

13. Vyvyan, C. C., *Roots and Stars*, The Country Book Club, Londres, 1963.

Semana 5: Respirar mientras caminas

1. Para saber más sobre el proceso de envejecimiento celular, véase Streets, Annabel y Susan Saunders, *The Age-Well Project: Easy Ways to a Longer, Healthier, Happier Life*, Piatkus, Londres, 2019.

2. Uno de los muchos estudios que explora este asunto: Martel, Jan, Yun-Fei Ko, *et al.*, «Could nasal nitric oxide help to mitigate the severity of COVID-19?», *Microbes and Infection*, 22 (4) (mayo-junio de 2020), pp. 168-171.

3. Hood, Laura, «The right way to breathe during the coronavirus pandemic», *The Conversation* (19 de junio de 2020), <https://theconversation.com/the-right-way-to-breathe-during-the-coronavirus-pandemic-140695>.

4. Dallam, George M., Steve R. McClaren, *et al.*, «Effect of nasal versus oral breathing on VO2max and physiological economy in recreational runners following an extended period spent using nasally restricted breathing», *International Journal of Kinesiology and Sports Science*, 6 (2) (2018), pp. 22-29.

5. Nestor, James, *Breath: The lost science of a New Art*, Penguin, Nueva York, 2020. Versión castellana de Arnau Figueras Deulofeu, *Respira: la nueva ciencia de un arte olvidado*, Editorial Planeta, Barcelona, 2021.

6. Weitzberg, Eddie y Jon O. N. Lundberg, «Humming greatly increases nasal nitric oxide», *American Journal of Respiratory and Critical Care Medicine*, 166 (2), (2002), pp. 144-145.

Semana 6: Dar un paseo enlodado

1. St. Martin, Greg, «Newly discovered antibiotic kills pathogens without resistance», *NewsNortheastern* (7 de enero de 2015), <https://news.northeastern.edu/2015/01/07/kim-lewis-teixobactin-nature-paper>.

2. Mackenzie, Debora, «Eat bacteria to boost brain power», *New Scientist* (27 de mayo de 2010), <https://www.newscientist.com/article/dn18967-eat-bacteria-to-boost-brain-power>.

3. O'Brien, M. E. R., H. Anderson, *et al.*, «SRL172 (killed *Mycobacterium vaccae*) in addition to standard chemotherapy improves quality of life without affecting survival, in patients with advanced non-small-cell lung cancer: Phase III results», *Annals of Oncology*, 15 (6) (junio de 2004), pp. 906-914.

4. Cissel, Anne, «It's in the dirt! Bacteria in soil may make us happier, smarter», National Wildlife Federation (9 de marzo de 2011), <https://blog.nwf.org/2011/03/its-in-the-dirt-bacteria-in-soil-may-make-us-happier-smarter>.

5. La bacteria se llama *Kineothrix alysoides*.

6. Liddicoat, Craig, Harrison Sydnor, *et al.*, «Naturally diverse airborne environmental microbial exposures modulate the gut microbiome and may provide anxiolytic benefits in mice», *Science of the Total Environment*, 701 (20 de enero de 2020): p. 134.684.

7. Entrevista con la autora el 18 de septiembre de 2020.

8. Coyne, Kristen, «FSU researchers find sun and rain transform asphalt binder into potentially toxic compounds», Florida State University News (13 de julio de 2020), <https://news.fsu.edu/news/science-technology/2020/07/13/fsu-researchers-find-sun-and-rain-transform-asphalt-binder-into-potentially-toxic-compounds>.

Semana 7: Dar un paseo de doce minutos

1. Nayor, Matthew, Ravi V. Shah, *et al.*, «Metabolic architecture of acute exercise response in middle-aged adults in the community», *Circulation*, 142 (20) (15 de septiembre de 2020), pp. 1.905-1.924.

2. Ácido valérico dimetilguanidino (DMGV).

3. 1-metilnicotinamida.

4. Cooper, Edward, «Just 12 minutes of exercise offers huge benefits, Harvard-affiliated study finds», *Men's Health* (12 de diciembre de 2020), <https://www.menshealth.com/uk/health/a34845423/small-workouts-harvard-study-health>.

5. Wheeler, Michael J., *et al.*, «Effect of morning exercise with or without

breaks in prolonged sitting on blood pressure in older overweight/obese adults», *Hypertension*, 73 (4) (2019), pp. 859-867.

Semana 8: Caminar con visión panorámica

1. Esto es, por necesidad, una explicación muy abreviada de cómo funciona la terapia EMDR. Para más información, véase <www.emdr.com>.
2. Chamberlin, D. Eric, «The predictive processing model of EMDR», *Frontiers in Psychology*, (4 de octubre de 2019), p. 2.267.
3. Véase Huberman Lab, Departamento de Neurobiología de la Universidad de Stanford, <www.hubermanlab.com/index.html>.
4. Cao, Liyu, Barbara Händel, «Walking enhances peripheral visual processing in humans», *PLoS Biol*, 17 (10) (2019), p. e3000511.
5. Cole, Shana, Matthew Riccio, Emily Balcetis, «Focused and fired up: Narrowed attention produces perceived proximity and increases goal-relevant action», *Motivation and Emotion*, 38 (6) (2014), pp. 815-822.
6. Shepherd, Nan, *The Living Mountain*, Canongate, 2019 (publicado por primera vez en 1977). Versión castellana de Silvia Moreno Parrado, *La montaña viva*, Errata Naturae, Madrid, 2019, p. 63.

Semana 9: Pasear con viento

1. Mawson, Douglas, *Home of the Blizzard*, vol. 1, 1915.
2. Watson, Lyall, *Heaven's Breath: A Natural History of the Wind*, Hodder & Stoughton, Londres, 1984.
3. Klimstra, Theo A., Tom Frijns, *et al.*, «Come rain or come shine: Individual differences in how weather affects mood», *Emotion*, 11 (6) (2011), pp. 1.495-1.499.
4. Ettema, Dick, *et al.*, «Season and weather effects on travel-related mood and travel satisfaction», *Frontiers in Psychology*, 8 (2017), p. 140.
5. Connolly, Marie, «Some like it mild and not too wet: The influence of weather on subjective well-being», *Journal of Happiness Studies*, 14 (2) (2013), pp. 457-473.
6. Abbs, Annabel, *Windswept: Walking the paths of trailblazing women,* Tin House Books, Portland, 2020.

Semana 10: Caminar durante la primera hora tras despertarte

1. Andrews, Kerri, *Wanderers: A history of women walking*, Reaktion Books, Londres, 2020, p. 135.

2. Panzer, A., «Depression or cancer: The choice between serotonin or melatonin?», *Medical Hypotheses*, 50 (5) (1998), pp. 385-387.

3. Oyama, Yoshimasa, Colleen M. Bartman, *et al.*, «Intense light-mediated circadian cardioprotection via transcriptional reprogramming of the endothelium», *Cell Reports*, 28 (6) (2019), pp. 1.471-1.484.e11.

4. Hanlon, Bliss, Michael J. Larson, *et al.*, «Neural response to pictures of food after exercise in normal-weight and obese women», *Medicine & Science in Sports & Exercise*, 44 (10) (2012), pp. 1.864-1.870.

5. Hoon Jeong, Jae, Dong Kun Lee, *et al.*, «Activation of temperature-sensitive TRPV1-like receptors in ARC POMC neurons reduces food intake», *PLOS Biology*, 16 (4) (24 de abril de 2018), p. e2004399.

6. Klein, Anders B., Trine S. Nicolaisen, *et al.*, «Pharmacological but not physiological GDF15 suppresses feeding and the motivation to exercise», *Nature Communications*, 12 (2021), artículo n.º 1.041.

7. Wang, Jun, Shu-hua Li, *et al.*, «Changes in negative air ions concentration under different light intensities and development of a model to relate light intensity to directional change», *Journal of Environmental Management*, 90 (8) (2009), pp. 2.746-2.754.

8. Martin, James, «Dawn Chorus: why do birds sing in the morning?», *Woodland Trust*, (19 de abril de 2019), <https://www.woodlandtrust.org.uk/blog/2019/04/dawn-chorus/#:~:text=Why%20do%20birds%20sing%20so>.

9. «Exposure to trees, the sky and birdsong in cities beneficial for mental wellbeing», King's College London News Centre, 16 de enero de 2018, <https://www.kcl.ac.uk/news/spotlight/exposure-to-trees-the-sky-and-birdsong-in-cities-beneficial-for-mental-wellbeing-1>.

Semana 11: Dar un paseo olfativo por la ciudad

1. Mapas sensoriales, investigación, análisis y diseño de los mapas sensoriales de Kate McLean, <http://sensorymaps.blogspot.com>.

2. *Ibíd.*

3. Li, Xi y Forshing Lui, «Anosmia», *StatPearls* (24 de marzo de 2021), <https://www.ncbi.nlm.nih.gov/books/NBK482152>.

4. Van Regemorter, Victoria, Thomas Hummel, *et al.*, «Mechanisms linking

olfactory impairment and risk of mortality», *Frontiers in Neuroscience*, 14 (21 de febrero de 2020), p. 140.

5. Speth, Marlene M., Thirza Singer-Cornelius, *et al.*, «Mood, anxiety and olfactory dysfunction in COVID-19: Evidence of central nervous system involvement?», *Laryngoscope*, 130 (11) (2020), pp. 2.520-2.525.

6. Masjedi, Shirin, Laurence J. Zwiebel y Todd D. Giorgio, «Olfactory receptor gene abundance in invasive breast carcinoma», *Scientific Reports,* 9, artículo n.° 13.736 (2019).

7. Al Aïn, Syrina, Daphnée Poupon, *et al.*, «Smell training improves olfactory function and alters brain structure», *Neuroimage*, 189 (2019), pp. 45-54.

Semana 12: Caminar bajo la lluvia

1. Shepherd, Nan, *La montaña viva*, *op. cit.*, p. 117.

2. Barnett, Cynthia, «Making perfume from the rain», *The Atlantic* (22 de abril de 2015), <https://www.theatlantic.com/international/archive/2015/04/making-perfume-from-the-rain/391011>.

3. Chu, Jennifer, «Can rain clean the atmosphere?», MIT News Office (28 de agosto de 2015), <http://news.mit.edu/2015/rain-drops-attract-aerosols-clean-air-0828>.

4. PM2.5 son partículas contaminantes del aire cien veces más finas que un cabello humano y capaces de atravesar la barrera hematoencefálica, así como de llegar a lo más profundo de los pulmones. La inhalación de estas partículas microscópicas se ha asociado a numerosos trastornos de salud, desde la COVID-19 a las cardiopatías, la demencia, el cáncer de pulmón y el asma.

5. Nico Bunzeck y Emrah Düzel, «Absolute coding of stimulus novelty in the human substantia nigra/VTA», *Neuron*, 51 (3) (3 de agosto de 2006), pp. 369-379.

6. Ito, R., M. Nakano, *et al.*, «Effects of rain on energy metabolism while running in a cold environment», *International Journal of Sports Medicine*, 34 (8) (2013), pp. 707-711.

Semana 13: Dar un paseo-baile o un baile-paseo

1. Kemp, Will, *Kemps nine daies wonder. Performed in a daunce from London to Norwich...* escrito por él mismo, impreso en 1600, disponible en la Bodleian Library, University of Oxford.

2. «Morris man arrives in Norwich after 120-mile dance», *Eastern Daily*

Press (23 de febrero de 2011), <https://www.edp24.co.uk/news/morris-man-arrives-in-norwich-after-120-mile-dance-471434>.

3. Proyer, René T., Fabian Gander, *et al.*, «Can playfulness be stimulated? A randomised placebo-controlled online playfulness intervention study on effects on trait playfulness, well-being, and depression», *Applied Psychology: Health and Well-Being*, 13 (1) (febrero de 2021), pp. 129-151.

4. Sanders, Robert, «Marian Diamond, known for studies of Einstein's brain, dies at 90», *Berkeley News* (28 de julio de 2017), <https://news.berkeley.edu/2017/07/28/marian-diamond-known-for-studies-of-einsteins-brain-dies-at-90>.

5. Slepian, Michael L. y Nalini Ambady, «Fluid movement and creativity», *Journal of Experimental Psychology: General*, 141 (4) (2012), pp. 625-629.

6. Kovakevic, Ana, Barbara Fenesi, *et al.*, «The effects of aerobic exercise intensity on memory in older adults», *Applied Physiology, Nutrition and Metabolism*, 45 (6) (junio de 2020), pp. 591-600.

7. Véase *Miranda – Galloping* en YouTube: <https://www.youtube.com/watch?v=pmKtC8_4_wM>.

Semana 14: Caminar con el oído

1. Bauer, Brent A., Susanne A. Cutshall, *et al.*, «Effect of the combination of music and nature sounds on pain and anxiety in cardiac surgical patients: A randomized study», *Alternative Therapies in Health and Medicine*, 17 (4) (2011), pp. 16-23.

2. Thoma, Myriam Verena, Ricarda Mewes y Urs M. Nater, «Preliminary evidence: The stress-reducing effect of listening to water sounds depends on somatic complaints», *Medicine (Baltimore),* 97 (8) (2018), p. e9.851.

3. Van Praag, Cassandra D. Gould, Sarah N. Garfinkel*, et al.*, «Mind-wandering and alterations to default mode network connectivity when listening to naturalistic versus artificial sounds», *Nature: Scientific Reports*, 7, artículo n.º 45.273 (2017).

4. *Burden of disease from environmental noise – Quantification of healthy life years lost in Europe*, Oficina Regional de la OMS para Europa, Copenhague, 2011.

5. «Woodland sounds boost wellbeing according to new study», National Trust (12 de septiembre de 2019), <https://www.nationaltrust.org.uk/press-release/woodland-sounds-boost-wellbeing-according-to-new-study>.

6. Kjellgren, Anette, Hanne Buhrkall, «A comparison of the restorative effects of a natural environment with a simulated natural environment», *Journal of Environmental Psychology*, 30 (4) (2010), pp. 464-472.

Semana 15: Caminar de manera solitaria

1. Vyvyan, Clara, *Journey Up the Years*, Peter Owen, 1966.

2. Hazlitt, William, «On Going a Journey», 1822, cita extraída de Duncan Minshull, ed., *While wandering: A walking companion*, Vintage, 2014. Versión castellana de Enrique Maldonado Roldán, *Caminar*, Nórdica Libros, Madrid, 2018, pp. 77-78.

3. Fong, Jack, «A view from sociology: The role of solitude in transcending social crises – New possibilities for existential sociology», de Copland, Robert J. y Julie C. Bowker (eds.), *The Handbook of Solitude*, John Wiley, 2013, pp. 499-516.

4. Storr, Anthony, *Solitude: A Return to the self*, HarperCollins, 1997. Versión castellana de Ricardo García Pérez, *Soledad*, Editorial Debate, Barcelona, 2001, pp. 50-58.

5. Larson, R. y M. Lee, «The capacity to be alone as a stress buffer», *Journal of Social Psychology*, 136 (1) (1996), pp. 5-16.

6. Ben-Ari, Adital, «Rethinking closeness and distance in intimate relationships: Are they really two opposites?», *Journal of Family Issues*, 33 (3) (2012), pp. 391-412.

7. Nguyen, Thuy-Vy T., Richard M. Ryan y Edward L. Dec, «Solitude as an approach to affective self-regulation», *Personality and Social Psychology Bulletin*, 44 (1) (2018), pp. 92-106.

8. Pilley, Dorothy, *Climbing days*, Quinn Press, 2011 (originalmente publicado en 1935).

9. Véase, por ejemplo, Bowker, Matthew H., «A view from political theory: Desire, subjectivity, and pseudo-solitude», de Robert J. Coplan y Julie C., Bowker (eds.), *The handbook of solitude*, John Wiley, 2013, pp. 539-556.

10. Pilley, Dorothy, *Climbing Days*, *op. cit.*

11. Noar, Lia y Ofra Mayseless, «How personal transformation occurs following a single peak experience in nature: A phenomenological account», *Journal of Humanistic Psychology*, 60 (6) (2017), pp. 1-24.

12. Bowker, Matthew, «Interview on the Stigmatisation of Solitude» (9 de septiembre de 2018), <https://matthewhbowker.com/2018/09/09/interview-on-the-stigmatisation-of-solitude-elle-magazine-uk>.

Semana 16: Recoger basura mientras caminas

1. Mukerjea, Olivia, «"Litter picking has saved their life": How doing an hour of litter picking can improve your mental health», *Salford Now* (13 de octu-

bre de 2020), <http://www.salfordnow.co.uk/2020/10/13/litter-picking-has-saved-their-life-how-doing-an-hour-of-litter-picking-can-improve-your-mental-health>.

2. Wyles, Kayleigh J., Sabine Pahl, *et al.*, «Can beach cleans do more than clean-up litter? Comparing beach cleans to other coastal activities», *Environment and Behavior*, 49 (5) (2017), pp. 509-535.

3. Sneed, Rodlescia S. y Sheldon Cohen, «A prospective study of volunteerism and hypertension risk in older adults», *Psychology and Aging*, 28 (2) (2013), pp. 578-586.

4. Guiney, Hayley y Liana Machado, «Volunteering in the community: Potential Benefits for cognitive aging», *The Journals of Gerontology, series B: Psychological Sciences and Social Sciences*, 73 (3) (2018), pp. 399-408.

5. Furness, Hannah, «Princes William and Harry reveal how they got teased after their father used to take them on litter-picking holiday», *Telegraph* (4 de noviembre de 2018), <https://www.telegraph.co.uk/news/2018/11/04/princes-william-harry-reveal-got-teased-father-used-take-litter>.

Semana 17: Seguir un río

1. Abbs, Annabel, *Windswept: Walking the paths of trailblazing women*, *op. cit.*

2. Andrews, Kerri, *Wanderers: A History of Women Walking*, Reaktion Books, Londres, 2020.

3. Rohde, C. L. E. y A. D. Kendle, «Human well-being, natural landscapes and wildlife in urban areas: A review», *English Nature Science Reports* (1 de enero de 1994), <http://publications.naturalengland.org.uk/publication/2320898>.

4. Völker, Sebastian y Thomas Kistermann, «The impact of blue space on human health and well-being – Salutogenetic health effects of inland surface waters: A review», *International Journal of Hygiene and Environmental Health*, 214 (6) (noviembre de 2011), pp. 449-460.

5. Thoma, Myriam Verena, Ricarda Mewes y Urs M. Nater, «Preliminary evidence: The stress-reducing effect of listening to water sounds depends on somatic complaints», *Medicine (Baltimore)*, 97 (8) (febrero de 2018), p. e9851.

6. Esta idea se origina en el libro de 1989 titulado *Experience of nature* de Stephen y Rachel Kaplan y defiende que la exposición a la naturaleza ayuda a las personas a mejorar su capacidad de centrarse y concentrarse.

7. «How cold water swimming could slow the onset of dementia», BBC News: Health (19 de octubre de 2020), <https://www.bbc.co.uk/news/av/health-54600555>.

Semana 18: Caminar con un perro

1. Eyre, Mary, *A lady's walks in the South of France*, 1865.

2. Westgarth, C., M. Knuiman y H. E. Christian, «Understanding how dogs encourage and motivate walking: Cross-sectional findings from RESIDE», *BMC Public Health*, 16 (1) (2016), p. 1.019.

3. Headey, Bruce y Markus M. Grabka, «Pets and human health in Germany and Australia: National longitudinal results», *Social Indicators Research*, 80 (2007), pp. 297-311.

4. Cita extraída de Annabel Streets y Susan Saunders, *The Age-Well Project: Easy ways to a longer, healthier, happier life*, Piatkus, Londres, 2019.

5. Tsai, Chia-Chun, Erika Friedmann y Sue A. Thomas, «The effect of animal-assisted therapy on stress responses in hospitalized children», *Anthrozoös*, 23 (3) (2010), pp. 24-258.

6. Rondeau, Lynda, Hélène Corriveau, *et al.*, «Effectiveness of a rehabilitation dog in fostering gait retraining for adults with a recent stroke: A multiple single-case study», *NeuroRehabilitation*, 27 (2) (2010), pp. 155-163.

7. Schiffman, Richard, «Are pets the new probiotic?», *New York Times* (6 de junio de 2017).

8. Schultz, Claudia, Hans-Helmut König y André Hajek, «Differences in self-esteem between cat owners, dog owners, and individuals without pets», *Frontiers in Veterinary Science*, 7 (2 de septiembre de 2020), p. 552.

9. Wenden, Elizabeth J., Leanne Lester, *et al.*, «The relationship between dog ownership, dog play, family dog walking, and pre-schooler social-emotional development: Findings from the PLAYCE observational study», *Pediatric Research*, 89 (4) (2021), pp. 1.013-1.019.

Semana 19: Deambular entre los árboles

1. Twohig-Bennett, Caoimhe y Andy Jones, «The health benefits of the great outdoors: A systematic review and meta-analysis of greenspace exposure and health outcomes», *Environmental Research*, 166 (2018), pp. 628-637.

2. Tyrväinen, Liisa, Ann Ojala, *et al.*, «Health and well-being from forests — Experience from Finnish research», *Santé publique* (Vandoeuvre-les-Nancy, Francia), (13 de mayo de 2019), pp. 249-256.

3. Yau, Katherine Ka-Yin y Alice Yuen Loke, «Effects of forest bathing on pre-hypertensive and hypertensive adults: A review of the literature», *Environmental Health and Preventive Medicine*, 25 (2020): p. 23.

4. «Largest study ever finds that urban green space can prevent premature

deaths», Instituto de Salud Global de Barcelona (21 de noviembre de 2019), <https://www.somma.es/articles/largest-study-ever-finds-urban-green-space-can-prevent-premature-deaths>.

5. Kuo Ming, *et al.*, «Greening for academic achievement: Prioritizing what to plant and where», *Landscape and Urban Planning*, 206 (febrero de 2021), p. 103.962.

6. Li, Qing, *Shinrin-Yoku: The Art and Science of Forest Bathing*, Penguin, Londres, 2018, p. 99. Versión castellana de Jorge Rizzo, *El poder del bosque. Shinrin-yoku: cómo encontrar la felicidad y la salud a través de los árboles*, Roca Editorial, Barcelona, 2018.

7. Roslund, Marja I., Riikka Puhakka, *et al.*, «Biodiversity intervention enhances immune regulation and health-associated commensal microbiota among daycare children», *Scientific Advances*, 6 (42) (octubre de 2020), eaba2578.

8. Li, Qing, *Shinrin-Yoku: The Art and Science of Forest Bathing*, *op. cit.*

9. Mitten, Denise, Jillisa R. Overholt, *et al.*, «Hiking: A low-cost, accessible intervention to promote health benefits», *American Journal of Lifestyle Medicine*, 12 (4) (2018).

Semana 20: Un paseo para recordar

1. Schaefer, Sabine, Martin Lövdén, *et al.*, «Cognitive performance is improved while walking: Differences in cognitive-sensorimotor couplings between children and young adults», *European Journal of Developmental Psychology*, 7 (3) (2010), pp. 371-398.

2. Salas, Carlos R., Katsumi Minakata y William L. Kelemen, «Walking before study enhances free recall but not judgement-of-learning magnitude», *Journal of Cognitive Psychology*, 23 (4) (2011), pp. 507-513.

3. La memoria asociativa suele describirse como la capacidad de aprender y recordar la relación entre los elementos sin relación, como caras y nombres.

4. Aksentijevic, Aleksandar, Kaz R. Brandt, *et al.*, «It takes me back: The mnemonic time-travel effect», *Cognition*, 182 (2018), pp. 242-250.

5. Speer, Megan E. y Mauricio R. Delgado, «Reminiscing about positive memories buffers acute stress responses», *Nature Human Behaviour*, 1 (5) (2017), p. 93; y «Recalling positive events and experiences can help protect young people against depression in later life», *Cambridge Neuroscience*, <https://www.neuroscience.cam.ac.uk/news/article.php?permalink=0677198f2c>.

6. Erickson, K., C. A. Raji, *et al.*, «Physical activity predicts gray matter volume in late adulthood: The Cardiovascular Health Study», *Neurology*, 75 (16) (19 de octubre de 2010), pp. 1415-1422.

7. Tomoto, Tsubasa, Jie Liu, *et al.,* «One-year aerobic exercise reduced carotid arterial stiffness and increased cerebral blood flow in amnestic mild cognitive impairment», *Journal of Alzheimer's Disease*, 80 (2) (2021), pp. 841-853.

8. Chang, Y. K, J. D. Labban, *et al.*, «The effects of acute exercise on cognitive performance: A meta-analysis», *Brain Research*, 1453 (9 de mayo de 2012), pp. 87-101.

9. Samuel, Roy David, Ofir Zavdy, *et al.,* «The effects of maximal intensity exercise on cognitive performance in children», *Journal of Human Kinetics*, 57 (junio de 2017), pp. 85-96.

Semana 21: Ejercitar el músculo de la curiosidad: caminar por una línea ley

1. Watkins, Alfred, *Early British trackways*, 1921, y *The old straight track*, 1925.

2. Sullivan, Danny, *Ley lines – A comprehensive guide to alignments*, Green Magic, Langport, 2004.

3. Gruber, Matthias J., Maureen Ritchey, *et al.*, «Post-learning hippocampal dynamics promote preferential retention of rewarding events», *Neuron*, 89 (5) (2 de marzo de 2016), pp. 1.110-1.120.

4. Kashdan, Todd B. y Michael F. Steger, «Curiosity and pathways to well-being and meaning in life: Traits, states, and everyday behaviors», *Motivation & Emotion*, 31 (2007), pp. 159-173.

5. Kashdan, Todd, *Curious? Discover the missing ingredient to a fulfilling life*, HarperCollins, Londres, 2009.

6. Chatterjee, Rangan, «Auschwitz survivor Dr Edith Eger on how to discover your inner power», Dr. Chatterjee (1 de enero de 2021), <https://drchatterjee.com/auschwitz-survivor-dr-edith-eger-on-how-to-discover-your-inner-power>.

7. Kashdan, Todd, *Curious? Discover the missing ingredient to a fulfilling life*, *op. cit.*

Semana 22: Dar una vuelta en silencio

1. Kraus, K. S., S. Mitra, *et al.,* «Noise trauma impairs neurogenesis in the rat hippocampus», *Neuroscience*, 167 (4) (2 de junio de 2010), pp. 1.216-1.226.

2. Kirste, Imke, Zeina Nicola, *et al.*, «Is silence golden? Effects of auditory stimuli and their absence on adult hippocampal neurogenesis», *Brain Structure and Function*, 220 (2) (2015), pp. 1221-1228.

3. Weuve, Jennifer, Jennifer D'Souza, *et al.*, «Long-term community noise exposure in relation to dementia, cognition, and cognitive decline in older adults», *Alzheimer's & Dementia*, 17 (3) (marzo de 2021), pp. 525-533.

4. 168 Wallop, Harry, «How noise pollution affects your health — it takes years off your life», *The Times* (18 de junio de 2019), <https://www.thetimes.co.uk/article/noise-pollution-isnt-just-annoying-it-affects-your-health-and-takes-years-off-your-life-q36rn2bvr>.

5. Bernardi, L., C. Porta y P. Sleight, «Cardiovascular, cerebrovascular, and respiratory changes induced by different types of music in musicians and non-musicians: The importance of silence», *Heart*, 92 (4) (abril de 2006), pp. 445-452.

6. «Researchers find how brain hears the sound of silence», University of Oregon, 10 de febrero de 2010, <https://uonews.uoregon.edu/archive/news-release/2010/2/researchers-find-how-brain-hears-sound-silence>.

7. Cheng, Miao, Masaharu Kato, *et al.*, «Paired walkers with better first impression synchronize better», *PLoS One* (21 de febrero de 2020), DOI:doi.org/10.1371/journal.pone.0227880.

8. Matthiessen, Peter, The Snow Leopard, Vintage, Londres, 1998 (publicado originalmente en 1978). Versión castellana de José Luis López Muñoz, *El leopardo de las nieves*, Editorial Siruela, Madrid, 2018.

Semana 23: Caminar en altitud

1. Ezzati, Majid, Mara E. M. Horwitz, *et al.*, «Altitude, life expectancy and mortality from ischaemic heart disease, stroke, COPD and cancers: National population-based analysis of US counties», *Journal of Epidemiology and Community Health*, 66 (7) (2012), p. e17.

2. Maze, Rhea, «A 17,000-foot view: CSU researcher finds surprising results in high-altitude study», Colorado State University College News (27 de julio de 2018), <https://cvmbs.source.colostate.edu/a-17000-foot-view-csu-researcher-finds-surprising-results-in-high-altitude-study>.

3. Guo, Yanfei, Zhenzhen Xing, *et al.*, «Prevalence and risk factors for COPD at high altitude: A large cross-sectional survey of subjects living between 2,100-4,700 m above sea level», *Frontiers in Medicine* (Lausanne), 7 (2020), p. 581.763.

4. Dos de los muchos estudios sobre la materia son: Larsen, J. J., J. M. Hansen, *et al.*, «The effect of altitude hypoxia on glucose homeostasis in men», *Journal of Physiology*, 504 (1) (1997), pp. 241-249; y Kayser, B., S. Verges, «Hypoxia, energy balance and obesity: From pathophysiological mechanisms to new treatment strategies», *Obesity Reviews*, 14 (7) (julio de 2013), pp. 579-592.

5. Burtscher, M., W. Nachbauer, *et al.,* «Benefits of training at moderate altitude versus sea level training in amateur runners», *European Journal of Applied Physiology and Occupational Physiology,* 74 (1996), pp. 558-563.

Semana 24: Caminar con un mapa

1. Hartley, Sarah, *Mrs P's Journey*, Simon & Schuster, Londres, 2001.
2. Maguire, Eleanor A., David G. Gadian, *et al.*, «Navigation-related structural change in the hippocampi of taxi drivers», *Proceedings of the National Academy of Science of the USA*, 97 (8) (11 de abril de 2000), pp. 4.398-4.403.
3. Knapton, Sarah, «Google Maps increases risk of developing Alzheimer's expert warns», *Telegraph*, <https://www.telegraph.co.uk/science/2019/05/29/google-maps-increases-risk-developingalzheimers-expert-warns>.
4. Epstein, Russell A., Eva Zita Patel, *et al.*, «The cognitive map in humans: Spatial navigation and beyond», *Nature Neuroscience*, 20 (11) (26 de octubre de 2017), pp. 1.504-1.513.
5. Requiere más del córtex prefrontal que del hipocampo. Véase Epstein, *et al.*, «The cognitive map in humans».
6. Handwerk, Brian, «In some ways, your sense of smell is actually better than a dog's», *Smithsonian Magazine* (22 de mayo de 2017), <https://www.smithsonianmag.com/science-nature/you-actually-smell-better-dog-180963391>.
7. Por ejemplo, Gooley, Tristan, *The walker's guide to outdoor clues and signs*, Sceptre, Londres, 2014.
8. Michael Bond, *Wayfinding, the art and science of how we find and lose our way*, Picador, Londres, 2020.

Semana 25: Caminar con un propósito

1. Pae, Gilsu y Gulsah Akar, «Effects of walking on self-assessed health status: Links between walking, trip purposes and health», *Journal of Transport & Health*, 18 (septiembre de 2020), p. 100.901.
2. Entrevista con la autora (noviembre de 2020).

Semana 26: Caminar bajo la luz del sol

1. Alpert, Joseph S., «The Jeremiah Metzger Lecture: Jeremiah Metzger and the Era of Heliotherapy», *Transactions of the American Clinical and Climatological Association*, 126 (2015), pp. 219-226.

2. *The Times,* citado en Carter, Simon, *Rise and shine: sunlight, technology and health*, Berg, Oxford y Nueva York, 2007, p. 64.

3. Alfredsson, Lars, Bruce K. Armstrong, *et al.*, «Insufficient sun exposure has become a real public health problem», *International Journal of Environmental Research and Public Health*, 17 (14) (2020), p. 5.014.

4. Cannell, John, *et al.*, «On the epidemiology of Influenza», *Virology Journal* 5, artículo n.º 29 (2008). Véase también Cannell, John, *et al.*, «Epidemic influenza and vitamin D», *Epidemiology and Infection*, 134 (6) (2006), pp. 1.129-1.140.

5. Por ejemplo, Gruber-Bzura, Beata M., «Vitamin D and Influenza – Prevention or therapy?», *International Journal of Molecular Sciences*, 19 (8) (2018), p. 2.419.

6. Frellick, Marcia, «Avoiding sun as dangerous as smoking», *Medscape* (23 de marzo de 2016); o Lindqvist, P. G., E. Epstein, *et al.*, «Avoidance of sun exposure as a risk factor for major causes of death: A competing risk analysis of the melanoma in Southern Sweden cohort», *Journal of Internal Medicine*, 280 (4) (2016), pp. 375-387.

7. Reichrath, Jörg (ed.), *Sunlight, vitamin D and skin cancer*, Springer, Cham, Suiza, 2017, p. 120.

8. «Sunshine could benefit health and prolong life, study suggests», *EurekAlert!* (7 de mayo de 2013), <https://www.eurekalert.org/pub_releases/2013-05/uoe-scb050713.php>.

9. Phan, Thieu X., Barbara Jaruga, *et al.*, «Intrinsic photosensitivity enhances motility of T lymphocytes», *Nature Scientific Reports,* 6, artículo n.º 39.479 (2016).

10. Van der Rhee, H. J., E. de Vries y J. W. Coebergh, «Regular sun exposure benefits health», *Medical Hypotheses*, 97 (2016), pp. 34-37.

11. Véase, por ejemplo, Spector, Dr. Tim, «The sun goes down on vitamin D: Why I changed my mind about this celebrated supplement», *The Conversation* (6 de enero de 2016), <https://theconversation.com/the-sun-goes-down-on-vitamin-d-why-i-changed-my-mind-about-this-celebrated-supplement-52725>.

12. Citado en Elena Conis, «The rise and fall of sunlight therapy», *Los Angeles Times* (28 de mayo de 2007).

13. Hosseinpanah, Farhad, Sima Hashemi pour, *et al.*, «The effects of air pollution on vitamin D status in healthy women: A cross sectional study», *BMC Public Health*, 10 (2010), p. 519.

Semana 27: Cantar mientras caminas

1. Fancourt, Daisy, Aaron Williamon, *et al.*, «Singing modulates mood, stress, cortisol, cytokine and neuropeptide activity in cancer patients and carers»,

ecancer (5 de abril de 2016), <https://ecancer.org/en/journal/article/631-singing-modulates-mood-stress-cortisol-cytokine-and-neuropeptide-activity-in-cancer-patients-and-carers/abstract>.

2. Schladt, T. Moritz, Gregory C. Nordmann, *et al.*, «Choir versus solo singing: Effects on mood, and salivary oxytocin and cortisol concentrations», *Frontiers in Human Neuroscience*, 11 (14 de septiembre de 2017), p. 430.

3. «"Imperfect harmony": How singing with others changes your life», NPR (3 de junio de 2013), <https://www.npr.org/2013/06/03/188355968/imperfect-harmony-how-chorale-singing-changes-lives>.

4. Lee, Seung Yeol, Hyun Seok, *et al.*, «Immediate effects of mental singing while walking on gait disturbance in hemiplegic stroke patients: A feasibility study», *Annals of Rehabilitation Medicine*, 42 (1) (2018), pp. 1-7.

5. Harrison, Elinor C., Marie E. McNeely y Gammon M. Earhart, «The feasibility of singing to improve gait in Parkinson disease», *Gait & Posture*, 53 (2017), pp. 224-229.

Semana 28: Caminar con una canasta de pícnic

1. Beeton, Isabella, *Beeton's book of household management*, 1861.

2. Babault, N., M. Pousson, *et al.*, «Activation of human quadriceps femoris during isometric, concentric, and eccentric contractions», *Journal of Applied Physiology*, 91 (6) (2001), pp. 2.628-2.634.

3. Ellen Weeton, *Journal of a Governess, 1807-1811* y *1811-1825*.

4. Coles, Gladys Mary, *Mary Webb,* Seren Books, Bridgend, 1996.

5. Laws, Bill, *Byways, boots & blisters: A history of walkers & walking*, The History Press, Stroud, 2009.

6. McRae, Mike, «Weight training in one arm has benefits for the other, even if it doesn't do a thing», *Science Alert* (25 de octubre de 2020), <https://www.sciencealert.com/weight-training-in-one-arm-has-benefits-for-the-other-one-even-if-it-doesn-t-lift-a-thing>.

Semana 29: Caminar descalzo

1. Society for Barefoot Living, <https://www.barefooters.org/the-barefoot-league>.

2. Weintraub, Karen, «Going barefoot is good for the sole», *Scientific American* (26 de junio de 2019), <https://www.scientificamerican.com/article/going-barefoot-is-good-for-the-sole>.

3. Zipfel, B., L. R. Berger, «Shod versus unshod: The emergence of forefoot pathology in modern humans?», *The Foot*, 17 (4) (2007), pp. 205-213.

4. Society for Barefoot Living, Medical Research, <https://www.barefooters.org/medical-research>.

5. Sichting, Freddy, Nicholas B. Holowka, *et al.*, «Effect of the upward curvature of toe springs on walking biomechanics in humans», *Nature Scientific Reports*, 10, artículo n.° 14.643 (2020).

6. Miller, Elizabeth F., Katherine Whitcome, *et al.*, «The effect of minimal shoes on arch structure and intrinsic foot muscle strength», *Journal of Sport and Health Science*, 3 (2) (2014), pp. 74-85.

Semana 30: Caminar con iones

1. Todas las citas de Samuel Taylor Coleridge y Robert Macfarlane de este capítulo han sido extraídas de Macfarlane, *The wild places*, Granta, Londres, 2007, pp. 207-210.

2. Los iones negativos del aire (NAI) a veces se denominan aniones, y los iones positivos del aire (PAI) a veces se denominan cationes. Los NAI tienen una carga extra, mientras que los PAI han perdido uno o más electrones.

3. Jiang, Shu-Ye, Ali Ma y Srinivasan Ramachandran, «Negative air ions and their effects on human health and air quality improvement», *International Journal of Molecular Sciences*, 19 (10) (2018), p. 2.966.

4. Kolarž, Predrag, Martin Gaisberger, *et al.*, «Characterization of ions at Alpine waterfalls», *Atmospheric Chemistry and Physics*, 12 (8) (2012), pp. 3.687-3.697.

5. Gaisberger, Martin, Renata Šanović, *et al.*, «Effects of ionized waterfall aerosol on pediatric allergic asthma», *Journal of Asthma*, 49 (8) (2012), pp. 830-838.

6. Grafelstätter, Carina, Martin Gaisberger, *et al.*, «Does waterfall aerosol influence mucosal immunity and chronic stress? A randomized controlled clinical trial», *Journal of Physiological Anthropology*, 36 (10) (2017).

7. Scherlag, Benjamin J., Ronald A. Scherlag y Sunny S. Po, «A potential non-invasive therapy to treat COVID-19, as yet unrecognized in the medical literature», *International Archives of Internal Medicne*, 4 (2) (2020), <https://clinmedjournals.org/articles/iaim/international-archives-of-internal-medicine-iaim-4-027.pdf>.

8. Wang, Hui, Bing Wang, *et al.*, «Study on the change of negative air ion concentration and its influencing factors at different spatio-temporal scales», *Global Ecology and Conservation*, 23 (2020), p. e01008.

9. *Ibíd.*

10. Kamra, A. K., A. S. Gautam y Devendraa Siingh, «Charged nanoparticles produced by splashing of raindrops», *JGR: Atmospheres*, 120 (13) (16 de julio de 2015), pp. 6.669-6.681.

11. Wang, Hui, Bing Wang, *et al.*, «Study on the change of negative air ion concentrationand its influencing factors at different spatio-temporal scales», *op. cit.*

Semana 31: Caminar junto al mar

1. Roberts, Callum, *Ocean of Life*, Penguin, Londres, 2013. Versión castellana de Alejandra Freund y Belén Urrutia, *Océano de vida*, Alianza Editorial, Madrid, 2014, p. 440.

2. Garrett, Joanne K., Theodore J. Clitherow, *et al.*, «Coastal proximity and mental health among urban adults in England: The moderating effect of household income», *Health & Place*, 59 (septiembre de 2019), p. 102.200.

3. Dempsey, Seraphim, *et al.*, «Coastal blue space and depression in older adults», *Health & Place*, 54 (2018), p. 110-117.

4. Cita extraída de Nichols, Wallace J., *Blue mind: How water makes you happier, more connected and better at what you do*, Abacus, Londres, 2014.

5. Dr. Mathew White, cita extraída de Elle Hunt, «Blue spaces: Why time spent near water is the secret of happiness», *The Guardian* (3 de noviembre de 2019), <https://www.theguardian.com/lifeandstyle/2019/nov/03/blue-space-living-near-water-good-secret-of-happiness>.

6. Turns, Anna, «The ocean effect», *Coast* (enero de 2017), <https://bluehealth2020.eu/wp/wp-content/uploads/2017/01/Coast_January-2017_BlueHealth.pdf>.

Semana 32: Caminar dentro del agua

1. Lee, Jae-Hyun, Eunsook Sung, «The effects of aquatic walking and jogging program on physical function and fall efficacy in patients with degenerative lumbar spinal stenosis», *Journal of Exercise Rehabilitation,* 11 (5) (2015), pp. 272-275.

2. Conti, A., C. Minganti, *et al.*, «Cardiorespiratory of land and water walking on a non-motorized treadmill», *Journal of Sports Medicine and Physical Fitness*, 55 (3) (2015), pp. 179-184.

3. Rodriguez, Daniel, Valter Silva, *et al.*, «Hypotensive response after water-walking and land-walking exercise sessions in healthy trained and untrained women», *International Journal of General Medicine*, 4 (2011), pp. 549-554.

4. Denton, Hannah, y Kay Aranda, «The wellbeing benefits of sea swimming. Is it time to revisit the sea cure?», *Qualitative Research in Sport, Exercise and Health*, 12 (5) (2020), pp. 647-663.

5. La fuerza gravitacional se reduce un 30 % cuando el agua está a la altura de la rodilla, un 50 % al nivel de la cintura y un 90% a la altura del cuello.

6. Lim, Hyosok, Daniel Azurdia, *et al.*, «Influence of water depth on energy expenditure during aquatic walking in people post stroke», *Physiotherapy Research International*, 23 (3) (2018), p. e1717.

Semana 33: Dibujar mientras caminas

1. Staricoff, Rosalia Lelchuk, «Arts in health: the value of evaluation», *Journal of the Royal Society for the Promotion of Health*, 126 (3) (2006), pp. 116-120.

2. Bolwerk, Anne, Jessica Mack-Andrick, *et al.*, «How art changes your brain: Differential effects of visual art production and cognitive art evaluation on functional brain connectivity», *PLoS One*, 7 (2014), p. e101035.

3. Regev, Dafna y Liat Cohen-Yatziv, «Effectiveness of art therapy with adult clients in 2018 – What progress has been made?», *Frontiers in Psychology*, 9 (2018), p. 1.531.

4. Roberts, Rosebud O., Ruth H. Cha, *et al.,* «Risk and protective factors for cognitive impairment in persons aged 85 years and older», *Neurology*, 84 (18) (5 de mayo de 2015), pp. 1.854-1.861.

Semana 34: Caminar bajo la luna llena

1. Wake, Ryotaro, Takuya Misugi, *et al.*, «The effect of the gravitation of the moon on frequency of births», *Environmental Health Insights*, 4 (2010), pp. 65-69.

2. Cajochen, Christian, Songül Altanay-Ekici, *et al.,* «Evidence that the lunar cycle influences human sleep», *Current Biology*, 23 (15) (2013), pp. 1.485-1.488.

3. Della Monica, Ciro, Guiseppe Atzori y Derk-Jan Dijk, «Effects of lunar phase on sleep in men and women in Surrey», *Journal of Sleep Research*, 24 (6) (2015), pp. 687-694.

4. Näyhä, Simo, «Lunar cycle in homicides: A population-based time series study in Finland», *BMJ Open*, 1 (2019), p. e022759.

5. Lieber, A. L., «Human aggression and the lunar synodic cycle», *National Criminal Justice Reference Service* (1978), <https://www.ojp.gov/ncjrs/virtual-library/abstracts/human-aggression-and-lunar-synodic-cycle>.

6. Benno, Victor, Meyer-Rochow, Tapani Hakko, *et al.*, «Synodic lunar pha-

ses and suicide: Based on 2605 suicides over 23 years, a full moon peak is apparent in premenopausal women from northern Finland», *Molecular Psychiatry*, 26 (9) (2021), pp. 5.071-5.078.

7. Raible, Florian, Hiroki Takekata y Kristin Tessmar-Raible, «An overview of monthly rhythms and clocks», *Frontiers in Neurology*, 8 (2017), p. 189.

Semana 35: Caminar como un nómada

1. Laird, Kelsey T., Pattharee Paholpak, *et al.*, «Mind-body therapies for late-life mental and cognitive health», *Current Psychiatry Reports*, 20, artículo n.º 2 (2018).

Semana 36: Caminar con una mochila

1. Brown, Alice, *By oak and thorn: a record of English days*, 1886.

2. «Human hearts evolved for endurance», *Science Daily* (16 de septiembre de 2019), <https://www.sciencedaily.com/releases/2019/09/190916170120.htm>.

3. Lieberman, Daniel, *Exercised: The science of physical activity, rest and health*, Penguin, Londres, 2020.

4. Jim Pate, fisiólogo sénior del Center for Health & Human Performance; cita extraída de la revista *Health* (enero de 2020).

5. Kelty, Taylor J., Todd R. Schachtman, *et al.*, «Resistance-exercise training ameliorates LPS-induced cognitive impairment concurrent with molecular signaling changes in the rat dentate gyrus», *Journal of Applied Physiology*, 127 (1) (2019), pp. 254-263.

6. «Training for ruck marches», Stew Smith Fitness, <http://www.stewsmith.com/linkpages/ruckmarches.htm>.

7. Lisa Mosconi, *The XX brain: The groundbreaking science empowering women to prevent dementia*, Allen & Unwin, Sídney, 2020, p. 232.

8. Entrevista de la autora con Martin Christie (marzo de 2019).

9. Entrevista de la autora con el teniente coronel Liam O'Kelly (20 de diciembre de 2020).

10. Schnall, Simone, Kent D. Harber, *et al.*, «Social support and the perception of geographical slant», *Journal of Experimental Social Psychology*, 44 (5) (2008), pp. 1.246-1.255.

11. *Ibíd.*

Semana 37: Recolectar mientras caminas

1. Gray, Patience, *Honey from a Weed*, Prospect Books, Londres, 2001.

2. Crittenden, Alyssa N. y David A. Zes, «Food sharing among Hadza hunter-gatherer children», *PLos One*, 10 (7) (2015), p. e0131996.

3. Brooks, Anna, «15 superfoods and the scientific reasons to eat them», *Everyday Health* (12 de mayo de 2020), <https://www.everydayhealth.com/photogallery/superfoods.aspx>.

4. Shukitt-Hale, Barbara, Vivian Cheng y James A. Joseph, «Effects of blackberries on motor and cognitive function in aged rats», *Nutritional Neuroscience*, 12 (3) (2009), pp. 135-140.

5. Zmitrovich, Ivan V., Nina V. Belova, *et al.,* «Cancer without pharmacological illusions and a niche for mycotherapy (review)», *International Journal of Medicinal Mushrooms*, 21 (2) (2019), pp. 105-119.

6. Abedinzade, Mahmood, Mohammad Rostampour, *et al.*, «*Urtica dioica* and *Lamium album* decrease glycogen synthase kinase-3 beta and increase K-Ras in Diabetic rats», *Journal of Pharmacopuncture*, 22 (4) (2019), pp. 248-252.

7. Leontiev, Roman, Nils Hohaus, *et al.*, «A comparison of the antibacterial and antifungal activities of thiosulfinate analogues of allicin», *Scientific Reports,* 8, artículo n.º 6.763, (2018), <https://www.nature.com/articles/s41598-018-25154-9>.

8. «Eating nuts can lower cholesterol, say experts», *BBC News* (10 de mayo de 2010), <http://news.bbc.co.uk/1/hi/health/8673208.stm>.

9. «Short walk cuts chocolate consumption in half», *Research News*, University of Exeter, 7 de diciembre de 2011.

Semana 38: Subir montañas

1. Cita extraída de Minshull, Duncan, *The Vintage Book of Walking*, Vintage, Londres, 2000.

2. Shepherd, Nan, *La montaña viva, op. cit.*

3. Franz, J. R., Kram., R., «The effects of grade and speed on leg muscle activations during walking», *Gait Posture*, 35 (1) (2012), pp. 143-147.

4. Phillippe, Marc, Hannes Gatterer, *et al.,* «The effects of 3 weeks of uphill and downhill walking on blood lipids and glucose metabolism in pre-diabetic men: A pilot study», *Journal of Sports Science & Medicine*, 16 (1) (2017), pp. 35-43.

5. Roche, Clare, «Women climbers 1850-1900: A challenge to male hegemony?», *Sport in History*, 33 (3) (2013), pp. 236-259.

6. Giovanelli, Nicola, Michele Sulli, *et al.*, «Do poles save energy during

steep uphill walking?», *European Journal of Applied Physiology*, 120, n.º 7 (2019), pp. 1.557-.1563.

7. Clarissa S. Whiting, Stephen P. Allen, y *et al.,* «Steep (30°) uphill walking vs. running: COM movements, stride kinematics, and leg muscle excitations», *European Journal of Applied Physiology*, 120, 10 (octubre de 2020), pp. 2.147-2.157.

8. Schnall, Simone, Kent D. Harber, *et al.*, «Social Support and the Perception of Geographical Slant», *Journal of Experimental Social Psychology*, 44 (5) (2008), pp. 1.246-1.255.

Semana 39: Caminar con el olfato

1. Carson, Rachel, «An Island I Remember», *Lost woods: The discovered writing of Rachel Carson*, Boston, Mass., Beacon Press, 1999. Versión castellana de Salvador Cobo, *Los bosques perdidos, «Una isla que recuerdo»,* Ediciones El Salmón, Alicante, 2020, p. 65.

2. Elshafie, Hazem S., e Ippolito Camele, «An Overview of the Biological Effects of Some Mediterranean Essential Oils on Human Health», *Bioactive Natural Products* (2017), <https://www.hindawi.com/journals/bmri/2017/9268468>.

3. Qui, Bing, Wei Jiang, *et al.*, «Pine needle oil induces G2/M arrest of HepG2 cells by activating the ATM pathway», *Experimental and Therapeutic Medicine*, 15 (2) (2018), pp. 1975-1981.

4. Thi Hoai, Nguyen, Ho Viet Duc, *et al.*, «Selectivity of *Pinus sylvestris* extract and essential oil to estrogen-insensitive breast cancer cells *Pinus sylvestris* against cancer cells», *Pharmacognosy Magazine*, 11 (supl. 2) (2015), pp. S290-S295.

5. Véase, por ejemplo, Rahbardar, Mahboobeh Ghasemzadeh, Bahareh Amin, *et al.*, «Anti-inflammatory effects of ethanolic extract of *Rosmarinus officinalis* L. and rosmarinic acid in a rat model of neuropathic pain», *Biomedicine & Pharmacotherapy*, 86 (2017), pp. 441-449. Un estudio de 2019 afirmó que los compuestos fenólicos del romero «tuvieron un gran efecto en la inflamación y los mediadores inflamatorios». Rahbardar, Mahboobeh Ghasemzadeh, *et al.*, «Rosmarinic acid attenuates development and existing pain in a rat model of neuropathic pain: An evidence of anti-oxidative and anti-inflammatory effects», *Phytomedicine*, 40 (2018), pp. 59-67.

6. Donelli, Davide, Michele Antonelli, *et al.*, «Effects of lavender on anxiety: A systematic review and meta-analysis», *Phytomedicine*, 65 (2019), p. 153.099.

7. Shady, Kathryn, Julie M. Nair y Courtney Crannell, «Lavender aromatherapy: Examining the effects of lavender oil patches on patients in the hema-

tology-oncology setting», *Clinical Journal of Oncology Nursing*, 23 (5) (2019), pp. 502-508.

8. Sowndhararajan, Kandhasamy, y Songmun Kim, «Influence of fragrances on human psychophysiological activity: With special reference to human electroencephalographic response», *Scientia Pharmaceutica*, 84 (4) (2016), pp. 724-752.

9. Mohr, Carla, Cassandra Jensen, *et al.*, «Peppermint essential oil for nausea and vomiting in hospitalized patients: Incorporating holistic patient decision making into the research design», *Journal of Holistic Nursing*, (27 de septiembre de 2020), DOI: 10.1177/0898010120961579.

10. Mitic, Milena, Adrijana Zrnič*, et al.*, «Clary sage essential oil and its effect on human mood and pulse rate: An in vivo pilot study», *Planta Medica*, 86 (15) (2020), pp. 1.125-1.132.

Semana 40: Caminar como un peregrino

1. Solnit, Rebecca, *Wanderlust: A history of walking*, Granta, Londres, 2014.

2. Gogerty, Clare, *Beyond the footpath: Mindful adventures for modern pilgrims*, Piatkus, Londres, 2019.

3. Frey, Nancy Louise, *Pilgrim stories: On and off the road to Santiago*, University of California Press, Berkeley, 1998.

4. *Ibíd.*

5. Hathaway, Bill, «Where the brain processes spiritual experiences», Yale News (29 de mayo de 2018), <https://news.yale.edu/2018/05/29/where-brain-processes-spiritual-experiences>.

6. Gergianaki, Irini, Maria Kampouraki, *et al.,* «Assessing spirituality: Is there a beneficial role in the management of COPD?», *NPJ Primary Care Respiratory Medicine*, 29, artículo n.º 23 (2019).

7. Bruce, Marino A., y David Martins, «Church attendance, allostatic load and mortality in middle aged adults», *PLoS One*, 12 (5) (2017), p. e0177618.

8. Mohandas, E., «Neurobiology of Spirituality», *Mens Sana Monographs*, 6 (1) (2008), pp. 63-80.

9. Mosconi, Lisa, *The XX brain: The groundbreaking science empowering women to prevent dementia*, Allen & Unwin, Sídney, 2020.

10. May, Kate Torgovnick, «What we learned from walking in the footsteps of Harriet Tubman», Ideas.TED.com (17 de enero de 2019), <https://ideas.ted.com/what-we-learned-from-walking-in-the-footsteps-of-harriet-tubman>.

Semana 41: Caminar para perderse

1. Debord, Guy, «Theory of the Dérive», *Les Lèvres Nues*, 9 (noviembre de 1956), <https://www.cddc.vt.edu/sionline/si/theory.html>.
2. Gagnon, Kyle T., Elizabeth A. Cashdan, *et al.*, «Sex differences in exploration behavior and the relationship to harm avoidance», *Human Nature*, 27 (2016), pp. 82-97.
3. Para obtener más información sobre Sorby y los cursos de entrenamiento que ha diseñado, véase: «Spatial skills are building blocks to STEM success», Ohio State University College of Engineering (29 de febrero de 2016), <https://engineering.osu.edu/news/2016/02/spatial-skills-are-building-blocks-stem-success>.
4. Debord, *Theory of the Dérive*, <https://www.cddc.vt.edu/sionline/si/theory.html>.

Semana 42: Caminar después de comer

1. Oettlé, G. J, «Effect of moderate exercise on bowel habit», *Gut*, 32 (8) (1991), pp. 941-944.
2. De Schryver, Anneke M., Yolande C. Keulemans, *et al.*, «Effects of regular physical activity on defecation pattern in middle-aged patients complaining of chronic constipation», *Scandinavian Journal of Gastroenterology*, 40 (4) (2005), pp. 422-429.
3. Reynolds, Andrew N., Jim I. Mann, *et al.*, «Advice to walk after meals is more effective for lowering postprandial glycaemia in type 2 diabetes mellitus than advice that does not specify timing: A randomised crossover study», *Diabetologia*, 59 (12) (2016), pp. 2.572-2.578.
4. Aqeel, Marah, Anna Forster, *et al.*, «The effect of timing of exercise and eating on postprandial response in adults: A systematic review», *Nutrients*, 12 (1) (2020), p. 221.
5. Park, S., L. D. Rink y J. P Wallace, «Accumulation of physical activity: Blood pressure reduction between 10-min walking sessions», *Journal of Human Hypertension*, 22 (7) (2008), pp. 475-482.

Semana 43: Caminar en compañía

1. Ingold, Tim y Jo Lee Vergunst (eds.), *Ways of walking*, serie Anthropological Studies of Creativity and Perception, Ashgate, Aldershot, 2008.
2. Cohut, Maria, «What are the health benefits of being social?», *Medical*

News Today (23 de febrero de 2018), <https://www.medicalnewstoday.com/articles/321019#Why-are-we-a-social-species?>.

3. Streets, Annabel y Susan Saunders, *The Age-Well Project: Easy Ways to a Longer, Healthier, Happier Life*, Piatkus, Londres, 2019.

4. Loades, Maria Elizabeth, Eleanor Chatburn, *et al.*, «Rapid systematic review: The impact of social isolation and loneliness on the mental health of children and adolescents in the context of COVID-19», *Journal of the American Academy of Child & Adolescent Psychiatry,* 59 (11) (2020), pp. 1218-1239.e3.

5. Streets y Saunders, *The Age-Well Project*, *op. cit.,* p. 207.

6. Meads, Catherine y Josephine Exley, «A systematic review of group walking in physically healthy people to promote physical activity», *International Journal of Technology Assessment in Health Care*, 34 (1) (17 de enero de 2018), pp. 27-37.

7. Pollard, Tessa M., Cornelia Guell y Stephanie Morris, «Communal therapeutic mobility in group walking: A meta-ethnography», *Social Science and Medicine*, 262 (octubre de 2020), p. 113241.

8. Entrevista con la autora, noviembre de 2020.

9. Morris, Stephanie, Cornelia Guell y Tessa M. Pollard, «Group walking as a "lifeline": Understanding the place of outdoor walking groups in women's lives», *Social Science & Medicine*, 238 (octubre de 2019), p. 112.489.

10. Lieberman, Daniel, *Exercised: The Science of Physical Activity, Rest and Health*, Penguin, Londres, 2020.

11. Marselle, Melissa R., Sara L. Warber y Katherine N. Irvine, «Growing resilience through interaction with nature: Can group walks in nature buffer the effects of stressful life events on mental health?», *International Journal of Environmental Research and Public Health*, 16 (6) (2019), p. 986.

12. Buckley, Ralf y Diane Westaway, «Mental health rescue effects of women's outdoor tourism: A role in COVID-19 recovery», *Annals of Tourism Research*, 85 (noviembre de 2020), p. 103.041.

13. Williams, Florence, *The nature fix: Why nature makes us happier, healthier, and more creative*, W. W. Norton, Nueva York, 2017, p. 167.

Semana 44: En busca de lo sublime

1. Michelle, N. Shiota, *et al.*, «The faces of positive emotion: prototype displays of awe, amusement, and pride», *Annals of the New York Academy of Sciences*, 1000 (2003), pp. 296-299.

2. Rudd, Melanie, Kathleen Vohs, y Jennifer Aaker, «Awe expands people's

perception of time, alters decision making, and enhances well-being», *Psychological Science*, 23 (10) (2012), pp. 1130-1136.

3. Piff, Paul K., *et al.*, «Awe, the small self, and prosocial behavior», *Journal of Personality and Social Psychology*, 108 (6) (2015), pp. 883-899.

4. Los niveles elevados de IL-6 también son prevalentes en la sangre de las personas con depresión grave; por eso se considera un marcador biológico de suicidios. Véase V. A. L. Miná, S. F. Lacerda-Pinheiro, *et al.,* «The influence of inflammatory cytokines in physiopathology of suicidal behavior», *Journal of Affective Disorders*, 172 (2015), pp. 219-230.

5. Stellar, Jennifer E., Neha John-Henderson, *et al.*, «Positive affect and markers of inflammation: Discrete positive emotions predict lower levels of inflammatory cytokines», *Emotion*, 15 (2) (2015), pp. 129-133.

6. Weiler, Nicholas, «"Awe Walks" boost emotional well-being», University of California San Francisco (21 de septiembre de 2020), <https://www.ucsf.edu/news/2020/09/418551/awe-walks-boost-emotional-well-being>.

7. Anderson, Craig L., Dante D. Dixson, *et al.,* «Are awe-prone people more curious? The relationship between dispositional awe, curiosity, and academic outcomes», *Journal of Personality*, 88 (4) (agosto de 2020), pp. 762-779.

Semana 45: Trabajar mientras caminas

1. Frodsham, Kayla M., Nicholas R. Randall, *et al.,* «Does type of active workstation matter? A randomized comparison of cognitive and typing performance between rest, cycling, and treadmill active workstations», *PLoS One*, 15 (8) (2020), e0237348.

2. Labonté-LeMoyne, Élise, Radhika Santhanam, *et al.,* «The delayed effect of treadmill desk usage on recall and attention», *Computers in Human Behavior*, 46 (mayo de 2015), pp. 1-5.

3. Dodwell, Gordon, Hermann J. Müller y Thomas Töllner, «Electroencephalographic evidence for improved visual working memory performance during standing and exercise», *British Journal of Psychology*, 110 (2) (mayo de 2019), pp. 400-427.

4. Oppezzo, M. y D. L. Schwartz, «Give your ideas some legs: The positive effect of walking on creative thinking», *Journal of Experimental Psychology: Learning, Memory, and Cognition*, 40 (4) (2014), pp. 1.142-1.152.

5. Christian Rominger, Andreas Fink, *et al.,* «Everyday bodily movement is associated with creativity independently from active positive affect: A Bayesian mediation analysis approach», *Nature Scientific Reports*, 10, artículo n.º 11.985 (2020).

6. O'Mara, Shane, *In praise of walking: The new science of how we walk and why it's good for us*, Penguin, Londres, 2019.

7. Imaizumi, Shu, Ubuka Tagami y Yi Yang, «Fluid movements enhance creative fluency: A replication of Slepian and Ambady (2012)», *PloS One*, 15 (7) (30 de julio de 2020), p. e0236825. <https://pubmed.ncbi.nlm.nih.gov/32730311>.

8. Oppezzo y Schwartz, «Give your ideas some legs».

Semana 46: Dar un paseo nocturno

1. Entrevista con la autora, noviembre de 2020.

2. Chepesiuk, Ron, «Missing the dark: Health effects of light pollution», *Environmental Health Perspectives*, 117 (1) (2009), pp. A20-A27.

3. Selhub, Eva M. y Alan C. Logan, *Your brain on nature: The science of nature's influence on your health, happiness, and vitality*, Collins, Londres, 2014.

4. Davies, Rachael, «Why 'star walking' is the outdoor activity we need right now», *National Geographic* (10 de marzo de 2021); American Medical Association Council on Science and Public Health (2012).

5. Buttivant, Heather, *Rock pool: Extraordinary encounters between the tides*, September Publishing, 2019.

6. Puedes encontrarlos en esta página web: <https://darksky.net>.

Semana 47: Empezar a caminar de un salto para tener unos huesos tremendamente fuertes

1. International Osteoporosis Foundation, Facts and Statistics, <https://www.osteoporosis.foundation/facts-statistics>.

2. Feskanich, Diane, Walter Willett y Graham Colditz, «Walking and leisure-time activity and risk of hip fracture in postmenopausal women», *JAMA*, 288 (18) (2002), pp. 2.300-2.306.

3. Strong, J. Eric, «Effects of different jumping programs on hip and spine bone mineral density in pre-menopausal women mineral density in pre-menopausal women», Brigham Young University Theses and Dissertations (2 de febrero de 2004), <https://scholarsarchive.byu.edu/cgi/viewcontent.cgi?article=1666&context=etd>.

4. Véase, por ejemplo, Dimitris Vlachopoulos, Alan R. Barker, *et al.*, «The effect of a high-impact jumping intervention on bone mass, bone stiffness and fitness parameters in adolescent athletes», *Archives of Osteoporosis*, 13 (1) (2018), p. 128; y Hinton, Pamela S., Peggy Nigh y John Thyfault, «Effectiveness of resistance

training or jumping-exercise to increase bone mineral density in men with low bone mass: A 12-month randomized, clinical trial», *Bone*, 79 (2015), pp. 203-212.

5. Nikander, R., P. Kannus, *et al.*, «Targeted exercises against hip fragility», *Osteoporosis International*, 20 (8) (2009), pp. 1321-1328.

6. Pelikaan, Pim, Georgios Giarmatzis, *et al.*, «Ranking of osteogenic potential of physical exercises in postmenopausal women based on femoral neck strains», *PLoS One*, 13 (4) (2018), p. e0195463.

7. Chevalier, Claire, Silas Kieser, *et al.*, «Warmth prevents bone loss through the gut microbiota», *Cell Metabolism*, 32 (4) (2020), pp. 575-590.e7.

8. Guest, Nanci S., Trisha A. Van Dusseldorp, *et al.,* «International society of sports nutrition position stand: Caffeine and exercise performance», *Journal of the International Society of Sports Nutrition*, 18 (1) (2021), p. 1.

9. Andreoli, A., M. Celi, *et al.,* «Long-term effect of exercise on bone mineral density and body composition in post-menopausal ex-elite athletes: A retrospective study», *European Journal of Clinical Nutrition*, 66 (1) (2012), pp. 69-74.

Semana 48: Caminar con hambre

1. Edinburgh, Robert M., Aaron Hengist, *et al.*, «Skipping breakfast before exercise creates a more negative 24-hour energy balance: A randomized controlled trial in healthy physically active young men», *Journal of Nutrition*, 149 (8) (2019), pp. 1.326-1.334.

2. Edinburgh, Robert M., *et al.,* «Lipid Metabolism Links Nutrient-Exercise Timing to Insulin Sensitivity in Men Classified as Overweight or Obese», *The Journal of Clinical Endocrinology & Metabolism*, 105 (3) (2020), p. 660-676.

3. Liepinsh, Edgars, Elina Makarova, *et al.*, «Low-intensity exercise stimulates bioenergetics and increases fat oxidation in mitochondria of blood mononuclear cells from sedentary adults», *Physiological Reports*, 8 (12) (junio de 2020), p. e14.489.

4. Peeke, Pamela M., Frank L. Greenway, *et al.,* «Effect of time restricted eating on body weight and fasting glucose in participants with obesity: Results of a randomized, controlled, virtual clinical trial», *Nutrition & Diabetes*, 11 (1) (2021), p. 6.

Semana 49: Caminar de espaldas

1. Ben Montgomery, *The man who walked backward: An American dreamer's search for meaning in the great depression*, Little, Brown Spark, Nueva York, 2018.

2. Awosika, Oluwole O., Saira Matthews, *et al.,* «Backward locomotor treadmill training combined with transcutaneous spinal direct current stimulation in stroke: A randomized pilot feasibility and safety study», *Brain Communications*, 2 (1) (2020), fcaa045.

3. Whitley, Chet R. y Janet S. Dufek, «Effects of backward walking on hamstring flexibility and low back range of motion», *International Journal of Exercise Science*, 4 (3) (2011).

4. Dufek, Janet, Anthony House, *et al.,* «Backward walking: A possible active exercise for low back pain reduction and enhanced function in athletes», *Journal of Exercise Physiology Online*, 14 (2) (2011), pp. 17-26.

5. Cha, Hyun-Gyu, Tae-Hoon Kim y Myoung-Kwon Kim, «Therapeutic efficacy of walking backward and forward on a slope in normal adults», *Journal of Physical Therapy Science*, 28 (6) (2016), pp. 1901-1903.

6. Viggiano, Davide, Michele Travaglio, *et al.,* «Effect of backward walking on attention: Possible application on ADHD», *Translational Medicine @UniSa* (19 de diciembre de 2014), pp. 48-54.

7. «Using Failures, Movement & Balance to Learn Faster», Huberman Lab Podcast #7, <https://www.youtube.com/watch?v=hx3U64IXFOY>.

Semana 50: Caminar por un bosque perenne (para dormir bien)

1. Wollstonecraft, Mary, *Letters written during a short residence in Sweden, Norway, and Denmark*, 1796.

2. Wohlleben, Peter, *The Hidden Life of Trees*, William Collins, Londres, 2016. Versión castellana de Margarita Gutiérrez Manuel, *La vida secreta de los árboles*, Ediciones Obelisco, Rubí, 2018.

3. Sadao Yamaoka, Teruyo Tomita, *et al.*, «Effects of plant-derived odors on sleep-wakefulness and circadian rhythmicity in rats», *Chemical Senses*, 30 (supl. 1) (2005), pp. i264-i265.

4. Hyeyun Kim, Yong Won Lee, *et al.*, «An exploratory study on the effects of forest therapy on sleep quality in patients with gastrointestinal tract cancers», *International Journal of Environmental Research and Public Health*, 16 (14) (2019), pp. 2.449.

5. Emi Morita, Makato Imai, *et al.*, «A before and after comparison of the effects of forest walking on the sleep of a community-based sample of people with sleep complaints», *BioPsychoSocial Medicine*, 5 (1) (2011), p. 13.

6. Li, Qing, *Shinrin-Yoku: The art and science of forest bathing*, Penguin, Londres, 2018. Versión castellana de Jorge Rizzo, *El poder del bosque. Shinrin-yoku: cómo encontrar la felicidad y la salud a través de los árboles*, Roca Editorial, Barcelona, 2018.

7. Lee, Jaeseok, Kyoung Sang Cho, *et al.*, «Characteristics and distribution of terpenes in South Korean forests», *Journal of Ecology and Environment*, 41 (19) (2017).

8. Anderse, Liisa, Sus Sola Corazon y Ulrika Karlsson Stigsdotter, «Nature exposure and its effects on immune system functioning: A systematic review», *International Journal of Environmental Research and Public Health*, 18 (4) (2021), p. 1.416.

Semana 51: Caminar como forma de meditación

1. Van der Riet, Pamela, Tracy Levett-Jones y Catherine Aquino-Russell, «The effectiveness of mindfulness meditation for nurses and nursing students: An integrated literature review», *Nurse Education Today*, 65 (2018), pp. 201-211.

2. Venditti, Sabrina, Loredana Verdone, *et al.*, «Molecules of silence: Effects of meditation on gene expression and epigenetics», *Frontiers in Psychology*, 11 (2020), p. 1.767.

3. Britta K. Hölzel, James Carmody, *et al.,* «Mindfulness practice leads to increases in regional brain gray matter density», *Psychiatry Research: Neuroimaging*, 191 (1) (30 de enero de 2011), pp. 36-43.

4. «Welcome to the Lazar Lab», <https://scholar.harvard.edu/sara_lazar/home>, y Sue McGreevey, «Eight weeks to a better brain», *Harvard Gazette* (21 de enero de 2011), <https://news.harvard.edu/gazette/story/2011/01/eight-weeks-to-a-better-brain>.

5. Prakinkit, Susaree, Siriluck Suppapitiporn, *et al.,* «Effects of Buddhism walking meditation on depression, functional fitness, and endothelium-dependent vasodilation in depressed elderly», *Journal of Alternative and Complementary Medicine*, 20 (5) (2014), pp. 411-416.

6. Apsornsawan Chatutain, Jindarut Pattana, *et al.,* «Walking meditation promotes ankle proprioception and balance performance among elderly women», *Journal of Bodywork and Movement Therapies*, 23 (3) (2019), pp. 652-657.

7. Boorstein, Sylvia, *Don't just do something, sit there*, HarperCollins, Londres, 1996, p. 65.

8. Hanh, Thich Nhat, «Walk Like a Buda», Tricycle (verano de 2011), <https://tricycle.org/magazine/walk-buddha>.

9. Edwards, Meghan K., Simon Rosenbaum y Paul D. Loprinzi, «Differential experimental effects of a short bout of walking, meditation, or combination of walking and meditation on state anxiety among young adults», *American Journal of Health Promotion*, 32 (4) (2018), pp. 949-958; Polaski, Anna M., Amy L. Phelps, *et al.,* «Integrated meditation and exercise therapy: A randomized con-

trolled pilot of a combined nonpharmacological intervention focused on reducing disability and pain in patients with chronic low back pain», *Pain Medicine*, 22 (2) (2021), pp. 444-458.

Semana 52: Dar paseos profundos y buscar fractales

1. Hiss, Tony, *In motion: The experience of travel*, Knopf, Nueva York, 2010.

2. Smith, Julian, Conor Rowland, *et al.*, «Relaxing floors: Fractal fluency in the built environment», *Nonlinear Dynamics, Psychology and Life Sciences*, 24 (1) (2020), pp. 127-141.

3. Taylor, R. P., «Reduction of physiological stress using fractal art and architecture», *Leonardo*, 39 (3) (2006), pp. 245-251.

4. Robles, Kelly E., Nicole A. Liaw, *et al.,* «A shared fractal aesthetic across development», *Humanities and Social Sciences Communications*, 7, artículo n.º 158 (2020).

5. Para saber más sobre fractales, véase Williams, Florence, *The nature fix: Why Nature makes us happier, healthier, and more creative*, W. W. Norton, Nueva York, 2017.

6. Hiss, Tony, *In motion: The experience of travel*, *op. cit.*

LECTURAS RECOMENDADAS

Abbs, Annabel, *Windswept: Walking the paths of trailblazing women,* Tin House Books, Portland, 2021.

Andrews, Kerri, *Wanderers: A history of women walking*, Reaktion, Londres, 2020.

Elkin, Lauren, *Flâneuse: women walk the city in Paris, New York, Tokyo, Venice and London*, Chatto & Windus, Londres, 2016. Versión castellana de Aurora Echevarría, *Flâneuse: una paseante en París, Nueva York, Tokio, Venecia y Londres*, Malpaso Ediciones, Barcelona, 2017.

Geddes, Linda, *Chasing the sun: The new science of sun light,* Wellcome Collection, Londres, 2019. Versión castellana de Antonio-Prometeo Moya, *Bajo el sol: la nueva ciencia de la luz solar y cómo influye en el cuerpo y la mente*, Urano, Barcelona, 2019.

Godwin, Fay, y Shirley Toulson, *The drovers' roads of Wales*, Wildwood House, Londres, 1977.

Gogerty, Clare, *Beyond the footpath: Mindful adventures for modern pilgrims*, Piatkus, Londres, 2019

Humble, Kate, *Thinking on my feet: The small joy of putting one foot in front of another*, Octopus, Londres, 2018.

Jebb, Miles, *Walkers*, Constable, Londres, 1985.

Kagge, Erling, *Walking: One Step at a Time*, Viking Press, Londres, 2019. Versión castellana de K. T. Lotte, *Caminar: las ventajas de descubrir el mundo a pie*, Taurus, Madrid, 2019.

Laws, Bill, *Byways, Boots & Blisters: A History of Walkers & Walking*, The History Press, Stroud, Inglaterra, 2009.

Li, Qing, *Shinrin-Yoku: The Art and Science of Forest Bathing*, Penguin, Londres 2018. Versión castellana de Jorge Rizzo, *El poder del bosque.* Shinrin-yoku: *cómo encontrar la felicidad y la salud a través de los árboles,* Roca Editorial, Barcelona, 2018.

Lieberman, Daniel, *Exercised: The science of physical activity, rest and health*, Penguin, Londres, 2021.

Nestor, James, *Breath: The new science of a lost art*, Penguin, Londres, 2020.

Nicholson, Geoff, *The lost art of walking*, Harbour Books, Newmarket, 2010.

Malchik, Antonia, *A walking life: Reclaiming our health and our freedom one step at a time,* Da Capo, Nueva York, 2019.

Minshull, Duncan (ed.), *Sauntering: Writers Walk Europe*, Notting Hill Editions, Londres, 2021.

Minshull, Duncan, *Beneath my feet: Writers on walking*, Notting Hill Editions, Londres, 2019.

Minshull, Duncan, *While wandering: A walking companion*, Vintage, Londres, 2014.

Montgomery, Ben, *Grandma Gatewood's walk: The inspiring story of the woman who saved the Appalachian Trail*, Chicago Review Press, Chicago, 2016.

Montgomery, Ben, *The man who walked backward: An american dreamer's search for meaning in the Great Depression*, Little, Brown Spark, Nueva York, 2018.

Nichols, Wallace J., *Blue mind: How water makes you happier, more connected and better at what you do*, Abacus, Londres, 2018.

O'Mara, Shane, *In praise of walking: The new science of how we walk and why it's good for us*, Penguin, Londres, 2019.

Selhub, Eva M., y Alan C. Logan, *Your brain on nature: The science of nature's influence on your health, happiness, and vitality*, Collins, Londres, 2014.

Shepherd, Nan, *The living mountain*, Canongate, Edimburgo, 2011. Versión castellana de Silvia Moreno Parrado, *La montaña viva*, Errata Naturae, Madrid, 2019.

Solnit, Rebecca, *Wanderlust: A History of Walking*, Granta, Londres, 2014. Versión castellana de Andrés Anwandter, *Wanderlust,* Capitán Swing, Madrid, 2021.

Strayed, Cheryl, *Wild: A journey from lost to found*, Atlantic, Londres, 2013.

Streets, Annabel, y Susan Saunders, *The Age-Well Project: Easy Ways to a Longer, Healthier, Happier Life*, Piatkus, Londres, 2019.

Sullivan, Danny, *Ley lines: The greatest landscape mystery*, Green Magic, Langport, 2004.

Walker, Peter, *The miracle pill: Why a sedentary world is getting it all wrong*, Simon & Schuster, Londres, 2021.

Williams, Florence, *The nature fix: Why nature makes us happier, healthier, and more creative*, W. W. Norton, Nueva York, 2017.

Williams, Florence, *The 3-day effect*, leído por la propia autora, Audible Original, 2019.

Wohlleben, Peter, *The hidden life of trees: What they feel, how they communicate – Discoveries from a secret world*, traducido por Jane Billinghurst, William Collins, Londres, 2017. Versión castellana de Margarita Gutiérrez Manuel, *La vida secreta de los árboles*, Ediciones Obelisco, Rubí, 2018.

Wohlleben, Peter, *Walks in the wild: A guide through the forest,* traducido por Ruth Ahmedzai Kemp, Rider, Londres, 2017. Versión castellana de Eva Nieto Silva, *Guía del bosque: identificar los animales y plantas: descubrir su ecosistema*, Ediciones Omega, Barcelona, 2018.

De este libro me quedo con...

52 maneras de caminar ha sido posible gracias
al trabajo de su autora, Annabel Streets, así como
de la traductora Marta de Bru de Sala, la correctora
Eva Robledillo, el diseñador José Ruiz-Zarco Ramos,
la ilustradora Alexis Seabrook, el equipo de Realización
Planeta, la directora editorial Marcela Serras,
la editora ejecutiva Rocío Carmona, la editora
Ana Marhuenda, y el equipo comercial,
de comunicación y marketing de Diana.

En Diana hacemos libros que fomentan
el autoconocimiento e inspiran a los lectores
en su propósito de vida. Si esta lectura te ha gustado
te invitamos a que la recomiendes y que así, entre todos,
contribuyamos a seguir expandiendo
la conciencia.